NOUVEAU GUIDE GÉNÉRAL
DU VOYAGEUR
EN ALGÉRIE

PARIS. — IMP. SIMON RAÇON ET COMP., RUE D'ERFURTH, 1.

GUIDES GARNIER FRÈRES

NOUVEAU GUIDE GÉNÉRAL
DU VOYAGEUR
EN ALGÉRIE

PAR

ACHILLE FILLIAS

Géographie, Histoire, Statistique, Description des Villes, Bourgs, Villages, Monuments, etc.
et tous les renseignements nécessaires aux voyageurs.

AVEC TROIS CARTES ROUTIÈRES SÉPARÉES ET DES VUES
DE VILLES ET DE MONUMENTS

PARIS

GARNIER FRÈRES, LIBRAIRES-ÉDITEURS

6, RUE DES SAINTS-PÈRES, ET PALAIS-ROYAL, 215

1865

AVANT-PROPOS

Tout a été dit et sur les agréments et sur les avantages qu'offre aux touristes, ainsi qu'aux immigrants, un voyage en Algérie ; nous n'avons donc point à revenir sur un thème depuis longtemps épuisé, et il nous suffira d'expliquer en peu de mots le plan de cet ouvrage :

Le *Guide général du voyageur en Algérie* comprend quatre parties distinctes : Géographie physique, — Histoire, — l'État actuel — et la Description des principales localités de la colonie.

L'État social des indigènes, l'organisation administrative, les ressources et les productions du pays ont été l'objet d'études particulières ; les documents statistiques qui complètent ces études ont été puisés dans les ouvrages spéciaux publiés, cette année même, par le gouvernement général de l'Algérie.

Notre premier devoir était d'être exact : — nous espérons l'avoir rempli.

A. F.

TABLE DES MATIÈRES

GÉOGRAPHIE.

Description physique. 1
Divisions naturelles. 6
Explorations scientifiques. 8
Pays des Touaregs. 10

HISTOIRE.

Période anté-historique. 12
Période de l'indépendance numide. 13
Période de la domination romaine. 14
Période de la domination vandale. 15
Domination des Grecs byzantins. 15
Domination arabe. 16
Domination des Turcs. 21
Occupation française. 35

ÉTAT ACTUEL.

Administration centrale. 39
Division du territoire. 41
Administration provinciale. 42
Administration municipale. 44
Population. 45
Européens. 46
Juifs indigènes. 47
Arabes. 50
Kabyles. 51
Culte musulman. 54
Ordres religieux. 59
Des femmes arabes. 64
Instruction publique chez les indigènes. 70

Justice musulmane. 73
De la propriété chez les Arabes. 76
Productions de l'Algérie. 83
Céréales. 83
Tabacs. 86
Cotons. 87
Production de la soie. 88
Vignes. 88
Orangers. 89
Bananiers. 89
Dattiers. 89
Oliviers. 90
Bétail. 91
Chevaux. 93
Bois et forêts. 95
Animaux nuisibles. 97
Industrie (Européens et indigènes). 98
Textiles. 99
Essences. 102
Cigares. 102
Cuirs et peaux 103
Cire et miel. 104
Pêche. 104
Salaires industriels. 105
Commerce. 107
Mouvement de la navigation. 109

RENSEIGNEMENTS GÉNÉRAUX.

De Paris à Marseille. 110
De Marseille en Algérie. 112
En mer. 114
Hygiène ; — Conseils aux immigrants 117
Voyage sur le littoral. 122
Voyage à l'intérieur. 125

PROVINCES.

Province d'Alger. 125
Province d'Oran. 201
Province de Constantine. 222

APERÇU
GÉOGRAPHIQUE, HISTORIQUE ET STATISTIQUE
DE L'ALGÉRIE

GÉOGRAPHIE

DESCRIPTION PHYSIQUE.

Limites. — L'Algérie est bornée : au Nord, par la Méditerranée, à l'Est, par la Tunisie, à l'Ouest par l'empire du Maroc; au Sud, enfin, elle a pour limite, bien vague encore, celle des « *Terres de parcours* » des Tribus Sahariennes soumises à la France. — Elle est ainsi comprise entre le 32ᵉ et le 37ᵉ degrés de latitude Nord, entre le 4ᵉ degré de longitude occidentale et le 6ᵉ degré de longitude orientale.

La ligne du Nord a un développement de 1,000 kilomètres (250 lieues); celles de l'Est et de l'Ouest ont, en moyenne, 390 kilomètres (97 lieues). La superficie totale de l'Algérie peut donc être évaluée, approximativement, à 390,000 kilomètres carrés; — soit 24,375 lieues carrées.

Côtes. — La côte s'étend presque en ligne droite de l'Ouest à l'Est; les falaises qui la bordent surgissent du fond de la mer et offrent l'aspect général d'un mur à pic. Les seules sinuosités remarquables sont :

1 Le golfe d'Oran, qui comprend les baies d'Oran et d'Arzeu;
2º La baie d'Alger;

3° Le golfe de Bougie, qui comprend les baies de Bougie et de Djidgelli ;
4° Le golfe de Philippeville, qui comprend les baies de Collo et de Stora ;
5° Le golfe de Bone.

Les cinq grands enfoncements du rivage correspondent aux principales vallées du littoral algérien ; ils sont généralement bordés au Sud par de belles plages de sable, et présentent, tous, la forme régulière d'un croissant dont la concavité regarde le Nord. — Pendant l'été, on peut mouiller partout dans ces enfoncements, dès qu'on est à deux ou trois mille mètres de terre, car on y trouve sur tous les points un bon fond de vase ; mais on ne peut s'y mettre à l'abri des mauvais temps et de la houle du Nord, qu'en se plaçant au dedans des caps qui forment les pointes Est et Ouest du croissant. Les mouillages derrière les pointes Est sont peu fréquentés, parce qu'ils sont battus par les vents du N.-O., qui dominent dans la mauvaise saison ; les abris formés par les pointes Ouest sont les seuls où l'on puisse stationner en hiver, — les seuls, par conséquent, qui méritent la dénomination de rade.

Ces abris naturels sont :

DANS LE GOLFE D'ORAN

1° La rade de Mers-El-Kebir ;
2° La rade d'Arzeu.

DANS LA BAIE D'ALGER :

La rade foraine d'Alger.

DANS LE GOLFE DE BOUGIE :

1° La rade de Bougie ;
2° La rade foraine de Djidgelli.

DANS LE GOLFE DE PHILIPPEVILLE :

1° La rade foraine de Collo ;
2° La rade foraine de Stora.

DANS LE GOLFE DE BONE :

La rade foraine du Fort Génois.

Toutes ces rades présentent les mêmes dispositions, le même régime nautique, mais elles sont plus ou moins fermées au N.-E. et, par conséquent, plus ou moins sûres.

Montagnes. — L'Algérie est traversée dans le sens de sa largeur par l'Atlas qui s'étend de l'océan, auquel elle a donné son nom d'*Atlantique*, jusqu'au golfe de Gabès, en Tunisie. — Une série de hautes protubérances, l'*Ouanseris*, le *Zakkar*, les pics des *Mouzaïa* et des *Beni-Salah*, le *Djurjura*, les *Toumiat*, le *Djebel-M'taïa* et les pitons de l'*Aurès* forment les points culminants de la chaîne : leur élévation maxima ne dépasse pas 2,500 mètres.

Mines et carrières. — Il existe en Algérie une quantité considérable de gisements minéralogiques ; nous citerons :

L'antimoine, à l'état de sulfure ou d'oxyde radié et vitreux ;

L'argent, mêlé au cuivre et au plomb ;

L'arsenic, à l'état de sulfure rouge ;

Le cuivre, à l'état de cuivre pyriteux, cuivre gris, cuivre carbonaté, oxyde et quartz cuprifère ;

Le cobalt ; le fer ; le mercure ; le plomb ; le zinc.

Presque toutes les substances minérales non métalliques se rencontrent également en Algérie : la pierre à bâtir, le plâtre, la chaux, l'argile à poteries, la terre à briques, les calcaires hydrauliques, la pouzzolane, les porphyres, le marbre, s'y trouvent en abondance et sont de qualité supérieure.

Rivières. — En Algérie, comme dans beaucoup d'autres contrées, d'ailleurs, les rivières changent plusieurs fois de nom, suivant les territoires qu'elles traversent. Pour ne point fatiguer la mémoire, nous donnerons au courant principal le nom sous lequel il est le plus généralement connu.

Les rivières les plus considérables, en allant de l'Est à l'Ouest, sont les suivantes :

La *Mafrag*, qui a son embouchure à 5 lieues à l'Est de Bone.

La *Seybouse*, formée par l'Oued-Zenati et l'Oued-Cherf. Elle passe à Guelma, traverse les ruines d'Hippone, et se jette à la mer près de Bone, après un cours d'environ 40 lieues ; à son embouchure, elle a près de 100 mètres de largeur.

L'*Oued-el-Kebir*, ou *Rummel* : il prend sa source dans les montagnes qui bordent la plaine des Abdel-N'our, reçoit le *Bou-Mezroug*, passe à Constantine et se jette dans la Méditerranée, à l'Est de Djidgelli, après un cours de 30 lieues.

Le *Sahul*, qui se jette dans la mer près de Bougie.

Le *Sébaou*, navigable du temps des Romains ; l'*Isser*, cours d'eau considérable ; — ces deux rivières se jettent dans la Méditerranée, à l'Ouest de Dellys ;

L'*Hamise*, le *Boudouaou* et l'*Harrach*, qui se jettent dans la mer, à quelques kilomètres d'Alger.

Le *Mazafran*, qui est formé par la réunion de la *Chiffa*, du *Bou-Roumi* et de l'*Oued-Djer*; il arrose la Mitidja occidentale, et se jette dans la mer un peu au-dessus de Sidi-Ferruch.

Le *Chélif*, dont les sources sont situées au pied de l'Ouanseris, un peu à l'Est de Tiaret : il arrose la plaine à laquelle il a donné son nom, traverse Orléansville et va se jeter dans la Méditerranée entre le cap Ivi et Mostaganem, après un cours d'environ 100 lieues ; — il a pour principaux affluents l'*Oued-Bouïnam*, la *Mina* et l'*Ourek*;

La *Macta*, formée par l'*Habra* et le *Sig*.

La *Tafna*, qui se jette dans la mer en face de l'île de Rachgoun.

Lacs, Chotts et Sebkhras. — Les pentes sont, aujourd'hui, généralement dénudées : par suite de leur déboisement, elles ont perdu la propriété d'absorber et de retenir les eaux pluviales ; il en résulte que les rivières, grandes et petites, ont, toutes, le caractère de torrents : ce sont les lits, secs ou pleins d'eau, de ces torrents que les indigènes désignent sous le nom générique d'*oued*. Néanmoins, sur quelques points, les eaux forment des nappes permanentes appelées *Lacs*, ou bien elles se réunissent dans des bassins d'une nature particulière, appelés alors *Chotts* et *Sebkhras*.

Peu de ces réservoirs méritent le nom de lac; les plus remarquables sont :

Dans l'Est :

Le lac *Tonga*, près de la frontière tunisienne.

Le lac *Oubeïra*, qui est complétement enveloppé de collines, à l'exception du point par lequel il se décharge dans l'Oued-el-Kebir.

Le lac *El-Melah* (lac salé), qui communique directement avec la mer, et est aussi nommé lac du *Bastion*, à cause du voisinage de cet ancien établissement français. — Ces trois grands lacs forment comme une ceinture autour du territoire de La Calle.

Le lac *Fetzara*, dont le niveau est à 12 mètres au-dessus du niveau de la mer : il a une superficie de 12 lieues carrées. Ses eaux ont une profondeur maxima de $2^m 60^c$. — Il est situé à 18 kilom. Sud-Ouest de Bone : on y trouve en abondance des cygnes et des grèbes dont les peaux préparées fournissent de coquettes fourrures.

Dans l'Ouest :

Le *lac salé d'Arzeu*, ayant 12 kilomètres de long sur 2 kilomètres 500 mètres de large.

Le *grand lac d'Oran*, au Sud de cette ville, entre Misserghin et Valmy : il a 20 kilom. de large sur 50 de long.

(*Nota* : le lac *Halloula*, au S.-O. d'Alger, est aujourd'hui complétement desséché : il avait 6 kilom. de long sur 2 kilom. de large.)

Par *Chott* ou *Sebkhras*, on désigne des espaces plus ou moins profondément déprimés qui, en hiver, reçoivent les eaux pluviales de la région environnante, et, en été, par suite de la vaporisation solaire et des infiltrations, sont généralement à sec, ou seulement à l'état de marécages. — Nous citerons :

Dans l'Est : — Le *chott de Saïda*, qui couvre tout le fond du bassin du Hodna ;

Au Centre : — Les *chotts du Zarez*, encaissés au milieu des montagnes des Ouled-Nayls ;

Dans l'Ouest : — Le *chott El-R'arbi* et le *chott El-Chargui*, qui occupent une surface de 225,000 hectares.

Ces différents chotts, sans toutefois communiquer entre eux, au moins d'une manière apparente ou connue, suivent une direction générale parallèle à la côte, c'est-à-dire allant du S.-O. au N.-E.

Sources thermales. — L'Algérie possède des sources minérothermales qui, sous le rapport de l'abondance, de la diversité et des propriétés thérapeutiques, ne le cèdent à aucune de celles qui, en Europe, sont les plus recherchées ; nous signalerons comme les plus efficaces :

Dans l'Est : — 1° *Hammam-Meskoutine*, source thermale d'où l'eau s'échappe en abondance par une ouverture principale, à une température de 95 degrés centigrade ; — 2° *Hammam-Sidi-Mimoun*, au Sud de Constantine, près du Rummel ;

Au Centre : — 1° La source thermale d'*Hammam-Melouan*, près du village de Rovigo, à 40 kilom. d'Alger ; — 2° Les eaux thermales d'*Hammam-R'ira*, à quelques lieues de Milianah ;

Dans l'Ouest : — 1° La source thermale des *Bains de la Reine*, entre Mers-el-Kebir et Oran, à 2 kilom. de cette dernière ville ; — 2° *Aïn-Merdja*, sur la rive gauche de la Tafna ; — 3° *Aïn-el-Hammam*, à 20 kilom. de Mascara.

Température, Climat. — En Algérie, la température est à peu près celle de la Provence et de l'Andalousie : l'été commence au mois de juillet et finit avec septembre.

La saison pluviale s'ouvre, généralement, en octobre et dure jusqu'à la fin de février. — Durant cette période, mais sur quelques points de l'intérieur seulement, le froid atteint une certaine intensité : c'est ainsi qu'il gèle à Sétif, à Médéah, à Milianah, et même à Laghouat, à 120 lieues du littoral. Les plus hautes montagnes, et particulièrement celles du Djurjura, qu'on aperçoit d'Alger, sont, durant cette période, couvertes de neige et de glace.

De mars à la fin de juin, les pluies deviennent rares, et la température s'élève progressivement. — On pourrait donc compter en Algérie trois saisons seulement : l'été, l'hiver et le printemps.

En été, les nuits sont fraîches, même après les plus chaudes journées ; d'abondantes rosées, et souvent des brouillards, se produisent alors pour ne se dissiper qu'aux premiers rayons du soleil. — En hiver, l'humidité est toujours grande.

Dans l'Est et au Centre, les pluies ne durent guère qu'une soixantaine de jours, mais il en tombe une quantité presque double de celle qui s'observe à Paris pendant toute l'année. Il pleut sensiblement moins dans l'Ouest.

Les vents généraux soufflent, depuis le mois d'octobre jusqu'au mois de mai, dans la direction du N. O.; après le mois de mars, cependant, ils varient tantôt du Nord à l'Est, tantôt du Nord à l'Ouest. Ces variations sont de courte durée. Pendant l'été, leur action est subordonnée aux causes locales : ainsi, le long de la côte, il fait grand calme, et la chaleur est tempérée par la brise de mer. — Dans l'intérieur, l'air est plus échauffé ; et, quand il souffle, le vent du Sud élève la température jusqu'à 45 degrés centigrade : c'est le *simoun* des Arabes, le *siroco* des Espagnols. Le soleil alors est obscurci par des tourbillons de poussière ; le ciel prend une teinte rougeâtre, et de brûlantes effluves se succèdent, qui enlèvent jusqu'au dernier atome d'humidité répandue dans l'atmosphère. Toute fonction vitale est momentanément suspendue chez les végétaux : tout ce qui est herbacé se flétrit et meurt ; les hommes et les animaux eux-mêmes sont affectés.

Le vent du Nord a toujours une température très-basse vers le milieu de l'hiver ; il est en même temps très-sec, et, quand il persiste, il frappe de stérilité tout ce qu'il touche directement : c'est le *mistral*.

ASPECT GÉNÉRAL, DIVISIONS NATURELLES.

Au point de vue de la géographie physique et dans sa configuration la plus générale, l'Algérie présente trois régions distinctes :

1° Le versant maritime, — région dont toutes les eaux se rendent à la Méditerranée ;

2° La région des hauts plateaux, — dont les eaux se réunissent dans les lacs intérieurs ou les chotts que nous avons mentionnés plus haut ;

3° Enfin, le Sahara : — les eaux de cette région suivent de longs talwegs dont les uns vont aboutir à des bas-fonds, comme dans les hauts plateaux, tandis que les autres vont se perdre au milieu de dunes de sable.

Au point de vue agricole et pastoral, on distingue :

Au Nord, le Tell, — région agricole et forestière ;

Au Sud, le Sahara, — pays des nomades et des pasteurs.

Le Tell (du mot latin *Tellus*) s'étend de la Méditerranée à la région des plateaux ; il embrasse la Kabylie dans ses vastes limites. Sa longueur moyenne est de 120 kilom. l'Ouest et au Centre, et de 260 à l'Est ; son étendue mesure environ 14 millions d'hectares. Il produit d'abondantes récoltes, fournit aux habitants et à l'Europe même des grains, du tabac, et du bois essentiellement propre à l'ébénisterie : bientôt il fournira des cotons et du vin. — La population musulmane était ainsi composée, lors du dernier recensement quinquennal : 700,000 Kabyles, et 1,391,812 Arabes divisés en 1,200 tribus, fractionnées elles-mêmes en 10,000 douars.

La Sahara, qu'on a longtemps appelé le *Pays de la soif et du simoun*, a pourtant ses richesses ; c'est là que paissent, sous la garde des Arabes pasteurs, d'innombrables troupeaux. Le sol est à peine cultivé : mais on y trouve d'immenses pacages, et il fournit des moutons qui alimentent jusqu'aux boucheries de la métropole, et des laines qu'on tisse dans toutes ses fabriques. — On évaluait (1861) sa population à 600,000 Arabes, et le nombre des tribus à 200.

Plus au Sud, sont les *Oasis* : « Chaque grande oasis a sa ville principale, autour de laquelle rayonnent les *ksours* (villages) de sa dépendance et les tentes des tribus alliées, errantes au printemps pour faire paître leurs troupeaux, émigrant pendant l'été pour aller acheter des grains dans le Tell, toujours de retour en novembre pour les emmagasiner, pour cueillir les dattes ou s'en approvisionner et passer l'hiver en famille « sous la maison de poils. »

Dans chacune de ces deux régions, et d'après les statistiques les plus récentes, le sol se divise comme suit :

TELL :

Terres cultivées.	2,500,000 hect.
Pacages	4,200,000
Broussailles.	4,500,000
Forêts	1,800,000
Marais	30,000
Rochers, lacs, rivières, routes, etc.	970,000

SAHARA :

Oasis, terres irrigables	100,000
Landes et pacages.	31,000,000
Rochers, lacs, rivières	900,000
	46,000,000 hect.

Soit 46 millions d'hectares, dont 14 pour le Tell, et 32 pour le Sahara; mais ces chiffres, qui reposent sur des évaluations encore assez vagues, ne peuvent être donnés que comme approximatifs.

Peu de voyageurs français ont osé s'aventurer dans les solitudes du Sahara et sur les routes du Soudan ; c'est donc pour nous un devoir de rappeler, en quelques lignes, les explorations qui ont été faites depuis la conquête d'Alger jusqu'à ce jour.

En 1836, un médecin en résidence à Constantine, M. de Montgazon, fut mandé à Tougourt par le cheick de l'Oued-R'ir, Si-Ahmed. Le choléra décimait l'oasis : le docteur fut accueilli avec reconnaissance, et il put étudier à loisir les mœurs des indigènes. A son retour, il consigna ses observations dans la *Revue de l'Orient*.

Ahmed mourut (1838); il eut pour successeur Ben-abd-er-Rhaman, Arabe intelligent, point fanatique, et tout disposé à entrer en relations avec les Européens. On le sut à Constantine et un cantinier, nommé Michel, se rendit dans l'oasis où il vendit avantageusement une pacotille de menus objets (1840). Par malheur, cet homme était illettré, et il ne put donner sur les hommes et sur les choses que de vagues renseignements.

La route était ouverte : — Un commerçant, M. Garcin, voulut la suivre. Il acheta des marchandises et parvint jusqu'à Tougourt, où il les échangea contre les produits du pays. — Le récit de son excursion a été publié dans le *Journal de Constantine*.

Le Gouvernement crut devoir profiter des bonnes dispositions d'Abd-er-Rhaman, et il chargea M. Prax de visiter la partie orientale de la province de l'Est (1847). — M. Prax était un homme instruit, façonné de longue date aux habitudes des indigènes dont il parlait la langue : il explora le Souf en voyageur qui sait observer, et publia dans la *Revue de l'Orient* le récit de son voyage.

Vers la même époque, deux colonnes mobiles commandées, l'une par le général Renault, l'autre par le général Cavaignac, exploraient le Sud de la province de l'Ouest et poussaient jusqu'à la ligne des oasis (Voy la *relation* du Dr Jaquot, 1849.)

Plus tard (1850), MM. Renou et Berbrugger partaient de deux points différents et s'avançaient dans le Sud :

M. Renou comptait se rendre à Tombouctou : il dut s'arrêter à Negouça, dans l'Ouest, les indigènes s'opposant à ce qu'il continuât sa route.

M. Berbrugger, lui, partait de Soukahrras et gagnait Tunis par la vallée de la Medjerba, côtoyait l'extrême Sud, visitait le Djérid, le Souf et l'Oued R'ir, l'oasis de Nefta, celles de Tougourt et d'Ouargla, puis rentrait à Alger après avoir traversé le M'zab que, trois ans après, M. Renou, membre de l'Institut, parcourait en détail.

Les renseignements ainsi obtenus étaient précieux, sans doute, mais il importait de les compléter par des études plus spéciales : le Gouverneur général de l'Algérie confia donc à des officiers d'État-major la mission délicate, non moins que périlleuse, de dresser la carte du Sahara; et les capitaines Mircher, Saget et Minot, attachés au service topographique, furent chargés, sous la direction du colonel Durrieu, d'explorer le Sud de nos possessions. C'est ainsi qu'ils visitèrent Metlili, Ouargla, tout le M'zab, et qu'ils en déterminèrent la position.

En 1856, de nouvelles explorations furent faites par les capitaines Vuillemot, Mircher et Davenet, qui accompagnaient trois colonnes, parties des trois provinces de l'Algérie et qui furent réunies et passées en revue sous les murs d'Ouargla (1er janvier 1857), par le général Desvaux, commandant la subdivision de Batna.

D'autres explorateurs sont venus, qui ont suivi les traces de leurs devanciers

Le capitaine Bonnemain est allé jusqu'à Ghadamès (1857) dans la Tripolitaine.

M. Ismaël Boudérba est allé plus loin encore : il ne s'est arrêté qu'à Ghât (1857).

M. Duveyrier a parcouru toute la partie orientale du Souf, le M'zab et poussé ses explorations jusqu'à Ghât, d'où il est revenu par Mourzouk et Tripoli (1860-1861).

Enfin, en 1862, deux officiers d'État-major, MM. Mircher et de Polignac furent chargés par le maréchal Pelissier, alors Gouverneur général, de se rendre à Ghadamès et d'y conclure avec les chefs Touaregs un traité de commerce qui assure, dans les profondeurs même du Sahara, la prépondérance de la France et la sécurité des voyageurs.

Mais quelques explications sont nécessaires :

Les Touaregs, ou Imochars, occupent l'immense région qui s'étend, au sud de la Tripolitaine, du Sahara algérien et du Touat, jusqu'aux régions soudaniennes. Ils se divisent en quatre grandes fractions : au Nord-Est les Azgueurs, au Nord-Ouest les Hoggards, au Sud-Est les Aïrs, au Sud-Ouest les Ouélimden.

Ils ont, autrefois, occupé le littoral de la Méditerranée et celui de l'Atlantique; les grandes irruptions des Vandales et des Arabes les refoulèrent vers l'intérieur du continent. Là, d'épais remparts de sables les ont protégés contre toute nouvelle invasion ; mais sous ce ciel torride, où le sol calciné se refuse à toute végétation, ils ont dû, pour conserver leur liberté et leur indépendance, se créer une existence exceptionnelle : c'est ainsi qu'ils forment une race unique dans le monde.

L'aridité de leur pays ne leur permettant de devenir ni pasteurs, ni agriculteurs, ni industriels, les Touaregs se sont faits les convoyeurs du désert; ils se chargent donc, moyennant certaines redevances traditionnelles qu'ils prélèvent sur les voyageurs, de conduire et de protéger à travers l'océan de sables les caravanes qui, des marchés du Sahara, se rendent dans le Soudan. — Ces redevances ou *Coutumes* constituent leur seule richesse.

Le Sahara est périodiquement traversé par les caravanes qui vont, du Nord au Sud, échanger les produits du Tell ou d'outre-Méditerranée contre les produits du Soudan. Ses principaux marchés, points de départ et de retour des caravanes, sont :

1° *Ghadamès*, dans la Tripolitaine. Grand marché dont les négociants ont des succursales à Kanô, Tombouctou, Tunis et Tripoli ; — population 7,000 habitants ;

2° *Ghât*, ville indépendante, habitée par une tribu berbère consanguine des Touaregs, mais que ses mœurs urbaines ont séparée des tribus nomades; — population 4,000 habitants; marché annuel en dehors de la ville ;

3° *Mourzouk*, chef-lieu du Fezan (pachalick turc dépendant directement de Constantinople) ; — population 2,500 habitants. — Ghadamès, Ghât et Mourzouck sont les centres commerciaux qu'exploitent les Touaregs de l'Est ;

4° *Ouargla*, l'oasis la plus méridionale de notre Sahara algérien, et placée sur la route la plus directe du Soudan : elle s'est soumise à la France en 1853. C'est une ville très-ancienne ; elle fut riche et florissante. Elle est aujourd'hui ruinée ; — population 6,000 habitants ;

5° Le *Touat*, grand archipel d'environ 300 oasis, dont le point le plus important est *Insalah*, centre commercial auquel se rattachent les Touaregs de l'Ouest. — Insalah est à égale distance de Tombouctou sur le Niger, de Mogador sur l'Océan, de Tanger à l'entrée du détroit de Gibraltar, d'Alger et de Tripoli. Cette position lui donne une importance exceptionnelle ; — population 6,000 habitants.

Telles sont les grandes divisions politiques des Touaregs.

Ainsi que nous l'avons dit plus haut, le Gouvernement de l'Algérie avait tenté, à plusieurs reprises, d'ouvrir des relations avec le Soudan ; quelques Touaregs, poussés peut-être par esprit d'aventure, étaient venus, de leur côté, parcourir le Tell et saluer à Alger même le Gouverneur général ; mais, quoi qu'il en fût de ces voyages, le cercle de nos relations était essentiellement restreint, et il y eût eu danger véritable à le vouloir franchir.

Les choses en étaient là lorsque, en 1862, le cheick Targui Si-Othman vint, avec deux de ses neveux, rendre visite au maréchal Pelissier, alors gouverneur, et s'offrit à lui comme intermédiaire officieux entre le gouvernement de l'Algérie et les populations soudaniennes.

Le Gouverneur général accueillit l'offre avec empressement : et, désireux de faire apprécier à ces hommes du Désert la puissance de la France et son génie commercial, il invita les chefs touaregs à se rendre à Paris ; ces chefs acceptèrent ; — et le cheick Othman, tout émerveillé de ce qu'il avait vu, s'engagea à provoquer une assemblée générale des chefs politiques des Touaregs, dans laquelle seraient fixées solennellement les bases d'une convention commerciale entre la France et les Touaregs. Le vieux Targui tint sa parole : les chefs de tribus, convoqués par lui, se rendirent à Ghadamès et conclurent avec le chef d'escadron Mircher, délégué par le Gouverneur général, la convention dont nous avons parlé plus haut. (*Voy. Mission de Ghadamès*, H. Mircher, 1 vol. in-8°, Alger, 1863.)

HISTOIRE

L'Afrique septentrionale, nommée Barbarie par les Grecs et les Romains, du nom des Berbères ses plus anciens habitants, était autrefois divisée, de l'Est à l'Ouest, en Libye maritime, Région syrtique, Afrique propre, Numidie et Mauritanie.

La Lybie maritime comprenait la Marmarique et la Cyrénaïque ; l'Afrique propre, la Tripolitaine et le territoire de Carthage ; la Numidie, la Massylie et la Massessylie ; la Mauritanie, la Mauritanie césarienne, et la Mauritanie tingitane.

L'Algérie actuelle ne formait qu'une province de l'Afrique propre. Mais l'histoire des peuples qui habitaient la Mauritanie césarienne est étroitement liée à celle des Maures, des Gétules et des Numides. Au lieu de faire une monographie spéciale et qui n'offrirait que peu d'intérêt, nous tracerons donc une esquisse rapide des faits principaux qui se sont accomplis dans le Nord de l'Afrique, depuis la fondation de Carthage jusqu'à celle de la Régence d'Alger.

Période antéhistorique. — « Les premiers habitants de l'Afrique, dit Salluste, ont été les Gétules et les Libyens, peuples grossiers et stupides, qui n'avaient pour toute nourriture que la chair des animaux sauvages ou bien l'herbe des champs, comme les troupeaux. Ils n'étaient régis ni par les mœurs, ni par la loi, ni par l'autorité d'un chef ; errants, dispersés, ils se faisaient un gîte là où la nuit les surprenait. — Lorsque Hercule fut mort en Espagne, son armée, qui était un mélange de différentes nations, désunie par la perte de son chef et par les prétentions de mille rivaux qui se disputaient le commandement, ne tarda point à se dissiper. Dans le nombre, les Mèdes, les Perses et les Arméniens passèrent en Afrique et occupèrent la côte voisine de l'Italie. Insensiblement, par de fréquents mariages, ils se confondirent avec les Gétules, et, comme dans leurs diverses tentatives ils avaient souvent parcouru tantôt un lieu, tantôt un autre, ils se donnèrent eux-mêmes le nom de Numides (*changeant de pâturages*). » Ainsi dit Salluste ; complétons-le :

Didon, fille de Bélus et sœur de Pygmalion, aborda en Afrique vers l'an 860 avant Jésus-Christ. Elle s'expatriait pour échapper aux embûches que lui tendait son frère, dont elle connaissait l'âpre cupidité et les instincts sauvages. — Ce fut à Carthage qu'elle débarqua avec ses serviteurs.

La république grandit peu à peu : son territoire fertile suffit longtemps aux besoins des habitants ; mais elle en recula progressivement les bornes aux dépens des indigènes, ses voisins, qu'elle finit par absorber tous, à l'exception des Numides.

Bientôt, elle prospéra : ses habitants se livrèrent au commerce, dont ils firent la base de leur puissance, et ils devinrent en peu de temps les maîtres de la mer : « Ils allaient partout acheter, le moins cher possible, le superflu de chaque nation, pour le convertir, envers les autres, en un nécessaire qu'ils leur vendaient très-chèrement. Ils tiraient d'Égypte le lin, le papier, le blé, les voiles et les câbles pour les vaisseaux ; des côtes de la mer Rouge, les épiceries, l'encens, les parfums, l'or, les perles et les pierres précieuses ; de Tyr et de la Phénicie, la pourpre et l'écarlate, les riches étoffes, les meubles somptueux, les tapisseries et tous les ouvrages d'un travail recherché. Ils donnaient en échange : le fer, l'étain, le plomb et le cuivre qu'ils tiraient de la Numidie, de la Mauritanie et de l'Espagne. » (*Rollin*.)

Carthage devint ainsi une puissance militaire de premier ordre, et conquit en Afrique tout le territoire qui forme les États actuels de Tunis et de Tripoli. Plus tard, elle s'empara successivement des îles Baléares, d'une partie de l'Espagne, de la Sardaigne et de la Sicile.

La possession de la Sicile mit les Carthaginois en contact avec les Romains, et devint l'occasion d'une lutte acharnée entre les deux peuples, lutte qui est connue dans l'histoire sous le nom de *Guerres puniques*. On en compte trois : la première (264 ans av. J. C.) enleva la Sicile à Carthage ; la seconde (219 av. J. C.) lui fit perdre l'Espagne ; la troisième (149 av. J. C.), qui eut lieu dans l'Afrique même, anéantit Carthage, qui s'abîma dans un immense incendie (146 ans av. J. C.). — Carthage fut rebâtie plus tard par César ou par Octave, et devint la seconde ville de l'Empire romain.

Période de l'indépendance numide. — Les Numides prirent constamment parti dans ces luttes : tantôt pour les Carthaginois, tantôt pour les Romains, ils se mettaient à la solde de celui des deux peuples qui leur offrait le plus d'avantages. Leur indépendance était complète. — Depuis l'an 146 jusqu'à l'an 47 av. J. C. plusieurs de leurs chefs régnèrent avec le titre de rois, mais sous le protectorat des Romains.

Le plus célèbre d'entre eux, Jugurtha, roi de Massylie, s'empara de la Numidie occidentale, soutint avec habileté la guerre contre les Romains (de 110 à 106 ans av. J. C.), fut livré à Sylla par Bocchus, roi de Mauritanie, son beau-père et son allié, conduit à Rome où il orna le triomphe de Marius, et mourut de faim dans un cachot après six jours d'horribles souffrances. — Bocchus fut récompensé par le don de la Massessylie.

Période de la domination romaine (de l'an 47 av. J. C. à l'an 438). — L'an 47 avant J. C. César déclara la Numidie province romaine; l'historien Salluste en fut le premier Gouverneur. Toute la Barbarie se trouva réduite alors en provinces romaines, à l'exception de la Mauritanie tingitane (l'Empire actuel du Maroc), où les armées romaines ne pénétrèrent jamais. — « Alors, dit L. Galibert dans son excellent ouvrage sur l'Algérie, de vastes contrées qui n'avaient jamais obéi aux Carthaginois, passèrent sous l'autorité de Rome; le littoral ne fut, pour ainsi dire, qu'une seule colonie romaine, et là, comme dans tout l'Occident, l'élément national fut absorbé par l'élément latin avec une prodigieuse rapidité. Avec cet admirable instinct d'assimilation qui leur faisait adopter tout ce qu'ils trouvaient de bon et d'utile chez les peuples soumis à leurs armes, les Romains suivirent, pour coloniser l'Afrique et y affermir leur puissance, le système que leur avaient indiqué les Carthaginois. Ils s'efforcèrent, comme l'avaient fait leurs rivaux, de lier par le commerce et l'agriculture leurs intérêts et ceux des indigènes, afin de les dominer et de les exploiter plus sûrement. C'est surtout à la production du blé qu'ils s'attachèrent avec le plus de persévérance et d'ardeur. Ils portèrent en Afrique leurs méthodes de culture, et répandirent les lumières de leur vieille expérience sur l'industrie naissante des vaincus; desséchèrent les marais et les lacs, élevèrent des ponts, creusèrent des canaux, tracèrent des routes d'une solidité vraiment admirable. Ainsi aidée par le travail de l'homme, cette terre fit des prodiges et devint le grenier de Rome. Sous Auguste, lorsque le luxe des grands, arrachant l'Italie aux bras qui la cultivaient, l'eût transformée en un immense jardin de plaisance semé de somptueux palais, la métropole demanda la moitié de sa subsistance aux moissons africaines, et chaque année le port de Carthage expédiait de quoi la nourrir pendant six mois, au moins. Enfin, car telle est l'influence du travail sur les mœurs, sur le caractère des peuples, l'on vit une foule de tribus numides et gétules adopter la vie sédentaire des colons, et préférer aux fatigues d'une existence nomade les paisibles travaux de l'agriculture... »

L'occupation, cependant, ne fut jamais tranquille : les villes de la côte et la province de l'Est acceptèrent aisément les mœurs et les habitudes des vainqueurs ; mais à l'Ouest et au Sud, on ne domptait les tribus que par la force, et les colonies romaines, toujours sur le qui-vive, étaient fréquemment attaquées par les Maures, qui apportaient dans la lutte cet acharnement indomptable que communiquent le sentiment national et l'amour de la liberté. — Longtemps les Romains résistèrent à ces attaques impétueuses ; mais un jour vint où les maîtres du monde devaient, eux aussi, subir le joug : — l'Empire oscille et tombe, les Barbares se précipitent à la curée, et les Vandales envahissent l'Afrique.

Période de la domination vandale. (De 438 à 554.) — Genséric s'élance d'Espagne à la tête de 50,000 hommes, aborde dans le Maroc, ravage la côte, de l'Ouest à l'Est, et vient assiéger Hyppone que défend saint Augustin. Les Vandales multiplient leurs attaques : les habitants combattent avec le courage du désespoir et repoussent les assaillants. Mais le siège se prolonge ; la famine et la peste réduisent les défenseurs aux abois : saint Augustin meurt, et les Romains, découragés par une lutte de quatorze mois, faiblissent au dernier moment. Hippone est prise et brûlée.

Genséric, gorgé de butin, entre en négociations avec Rome et s'éloigne. Quatre ans plus tard, il revint à l'improviste, marcha contre Carthage, qu'il mit au pillage, et s'empara de toute la province. — A cette nouvelle, l'Italie entière fut frappée de stupeur : Rome et Byzance, pour échapper au péril, firent un suprême effort. Les troupes qui tenaient garnison dans les Gaules furent rappelées en toute hâte, et une flotte considérable prit aussitôt la mer. — On sait le reste : les Vandales s'abattirent sur l'Empire et vinrent saccager Rome, puis ils retournèrent en Afrique et s'y établirent jusqu'au jour où ils en furent chassés par Bélisaire.

Domination des Grecs byzantins. (de 534 à 670.) — Bélisaire plaça à Carthage un Exarque, réunissant dans sa personne les pouvoirs civils et militaires ; sous l'Exarque étaient cinq commandants particuliers, dont deux siégeaient dans la région qui forme l'Algérie actuelle : l'un à Constantine et l'autre à Césarée (aujourd'hui Cherchell).

Mais la domination des Grecs byzantins fut de courte durée : Salomon, le plus habile lieutenant de Bélisaire, eut à soutenir contre les indigènes une lutte continuelle et ne maintint que difficilement son autorité ; les Barbares se répandirent dans les plaines de la Numidie (province de Constantine), et tinrent longtemps en échec les légions étrangères. — L'Aurès devint le théâtre d'une guerre acharnée : au dire de Procope, les tribus de cette seule région pouvaient alors mettre en campagne « deux mille cavaliers et trente mille fantassins. »

Salomon meurt : les généraux qui lui succèdent considèrent l'Afrique comme une proie que le gouvernement abandonne à leur appétit glouton, et ne songent qu'à s'enrichir ; aussi les indigènes redoublent d'audace, et, moins d'un siècle après la destruction des Vandales, nous les voyons faire cause commune avec de nouveaux envahisseurs et se fondre avec les Arabes, chez lesquels ils trouvent idendîté d'origine, de langue, de mœurs et de manières.

Domination arabe. (De 670 à 1516.) — La conquête de l'Afrique par les Arabes est une magnifique épopée :

« Mahomet, dit M. de Sédillot dans son *Histoire des Arabes*, s'était appliqué à développer le génie militaire des Arabes en leur inspirant l'esprit de prosélytisme. La persuasion intime que Dieu avait donné aux Fidèles le monde en partage doublait leurs forces ; une sorte d'exaltation religieuse s'était emparée de toutes les âmes. Avec ces mots : « Le pa-
« radis est devant vous, l'enfer derrière, » les chefs entraînaient leurs soldats au milieu d'une mêlée furieuse, et ce délire superstitieux, cette véhémence de sentiment et d'action renversaient les plus grands obstacles. »

Étrangers à toute idée de tactique savante, les Arabes n'avaient pour eux que la Foi, le courage et l'audace, — mais ils étudiaient avec soin les dispositions de leurs adversaires et les imitaient. Inhabiles dans l'art des siéges, ils auraient échoué dans leurs entreprises contre les Grecs et les Perses, si ces peuples n'avaient pas épuisé, dans leurs guerres continuelles, ce qui leur restait de séve et de vie : affaiblis par leurs succès mêmes, comme par leurs revers, ils offraient, à qui saurait la prendre, une proie aussi riche que facile. — Les Grecs, divisés en factions ennemies par des sectes inconciliables, accoutumés à confier le soin de leur défense à des mercenaires, ne comprirent pas à quels adversaires ils avaient affaire : ils crurent que c'était une de ces guerres ordinaires, où l'on finit par s'entendre et s'accorder, et perdirent un temps précieux à négocier avec des hommes qui, vainqueurs ou vaincus, répétaient sans se déconcerter : « *Devenez Musulmans, ou soyez tributaires.* »

Sous la conduite de leurs chefs intrépides, le Coran d'une main et le sabre de l'autre, ils avaient déjà conquis l'Égypte et la Syrie, et fondé près de Carthage la ville de Kairowan. Jusqu'alors, ils avaient marché, pour ainsi dire, de victoire en victoire; mais un jour vint où ils durent reculer devant des forces trop supérieures.

Attaqués à l'improviste, puis chassés de Kairowan par les Maures et les Grecs réunis, dénués de ressources, ils s'étaient retirés à Barka, et, dit M. Sédillot, désespéraient presque de la fortune, lorsque Abd-el-Malek, vainqueur de tous ses rivaux, envoya au Gouverneur de l'Égypte l'ordre de rétablir dans l'Afrique septentrionale l'honneur de l'étendard du Prophète, compromis par les derniers événements. Hassan, chargé de cette glorieuse entreprise, assiégea Carthage, qui, grâce à ses fortifications, présentait une ligne de défense formidable. Rien ne résista à l'impétuosité des troupes musulmanes : la ville fut emportée, et ses richesses passèrent entre les mains des Arabes. Carthage fut détruite (697). — Quant aux Grecs, ils avaient cherché leur salut sur leurs vaisseaux et fui loin de la côte.

Il ne restait plus que les Maures à soumettre. Leurs tribus étaient alors réunies en confédération, et toutes groupées autour de la Prophétesse Kahina, qui avait su prendre un ascendant marqué sur les Berbères de l'Aurès ; sa renommée s'était ensuite répandue rapidement, et son courage, aussi bien que sa haine pour les Arabes, en qui elle ne voyait que des spoliateurs, avait rendu général le soulèvement. Telles étaient les forces dont elle disposait, qu'Hassan revint en Égypte afin de déposer en lieu de sûreté le butin fait à Carthage. Pendant son absence, les Berbères avaient dévasté tout le pays. Hassan comprit qu'il fallait, avant tout, détruire le lien qui unissait cette confédération, et, rassemblant ses troupes, il se mit à la poursuite de Kahina.

La Prophétesse voulait éviter les hasards d'une bataille : elle essaya d'échapper à l'ennemi en faisant un désert de l'Afrique et en affamant les Arabes ; les moissons furent détruites, et les villages rasés. — Hassan la poursuivit sans relâche et finit par l'atteindre : Kahina, vaincue et tuée, laissa aux Musulmans la possession définitive du littoral et de l'intérieur du pays.

«... Il serait difficile, ajoute M. Sédillot, de fixer aujourd'hui avec exactitude jusqu'où s'étendit la domination arabe en Afrique. Tout ce qu'on peut dire, c'est que le *Magreb* (nom que les Arabes donnèrent à toute la contrée qui s'étend de Barka à l'Atlantique) fut toujours à leurs yeux une de leurs possessions les plus importantes. Le Calife Walid l'éleva à un très-haut rang dans la hiérarchie des provinces en lui donnant un vice-roi, et en la dégageant de toute dépendance à l'égard du gouvernement de l'Égypte. — Les riches dépouilles rapportées par Hassan provoquèrent un mouvement d'émigration considérable; tandis que trois cent mille Berbères étaient transportés en Asie, on vit un grand nombre d'Arabes quitter leur pays pour aller chercher fortune en Afrique, où ils répandirent le code religieux de l'Islamisme. Les Berbères étaient, comme eux, indépendants et pasteurs nomades : ils avaient les mêmes instincts et les mêmes sentiments, la fierté hautaine, l'amour de la liberté, l'esprit de rapine, le respect de l'hospitalité. L'analogie de leurs passions et de leurs mœurs renversa les barrières que n'avaient pu franchir les Romains, les Vandales et les Grecs, et les Berbères devinrent les plus fermes appuis des armes musulmanes. »

Maîtres de l'Afrique, les Arabes, poussés par leur esprit d'aventures, franchissent le détroit de Gibraltar, s'emparent de l'Espagne, envahissent la France où leur armée est détruite par Charles-Martel (739), puis se rejettent sur l'Espagne et s'y maintiennent jusqu'au quinzième siècle, — c'est-à-dire jusqu'à la chute de Grenade (1492) qui marqua la fin de leur domination.

De cette époque date une ère nouvelle, et l'Algérie devient le théâtre d'événements qui constituent sa propre histoire :

Aussitôt après la prise de Grenade, ceux d'entre les Maures qui ne voulaient point supporter la domination des chrétiens s'étaient établis de l'autre côté du détroit, dans la province d'Oran. Exilés de l'Espagne, mal accueillis de leurs coreligionnaires, contre lesquels ils avaient eu souvent à combattre, ils occupèrent les points principaux du littoral, et, poussés qu'ils étaient par un irrésistible besoin de vengeance, ils se firent écumeurs de mer.

Ferdinand, qui tenait à honneur d'achever son œuvre, résolut de châtier les pirates : le marquis de Comarès s'embarqua donc avec cinq mille hommes et vint s'emparer de Mers-el-Kebir (août 1504). — L'occupation de cette place assurait aux Espagnols un port militaire important : on fortifia la ville, de manière à tenir en respect les Arabes de la plaine, et Comarès conclut un traité de paix avec le Chérif d'Oran. Mais le nouveau Gouverneur cède bientôt à l'esprit de conquête qui le tourmente : jaloux d'étendre sa domination, il marche, avec la plus grande partie de son armée contre les tribus de Misserghin, les attaque à l'improviste et fait un butin considérable : — au retour, il est assailli par les cavaliers maures : sa retraite se change en déroute, et il regagne péniblement Mers-el-Kebir.

Un pareil échec compromettait la vieille réputation de bravoure dont jouissaient les Espagnols et ajoutait à l'audace de l'ennemi. Le gouvernement s'en émut, et le marquis de Comarès fut rappelé. — Le cardinal Ximénès, qui ne voulait laisser aux infidèles ni trêve ni repos, conseilla une nouvelle expédition : Ferdinand, alors entraîné dans la guerre d'Italie, se souciait peu d'envoyer ses soldats guerroyer contre les Maures, et motivait ses refus par la pénurie du Trésor ; mais Ximénès leva d'un mot l'objection : il déclara prendre à sa charge tous les frais de la campagne. L'Église, jalouse de participer à cette nouvelle croisade, ouvrit ses coffres-forts, et l'expédition fut résolue.

L'armée était forte de 15,000 hommes. Le cardinal la commandait ; il avait pour lieutenant un véritable homme de guerre, Pierre de Navarre. On mit à la voile le 16 mai 1509. Le surlendemain, grâce à la trahison d'un Juif qui leur livra la porte principale de la ville, les Espagnols s'emparaient d'Oran après un combat de quelques heures.

Ce succès inespéré détermina Ferdinand à adopter les projets du cardinal : il fut décidé qu'on poursuivrait les conquêtes en Afrique.

Pierre de Navarre prit le commandement des troupes. L'année suivante (1510) il s'emparait de Bougie et s'y installait militairement. Les villes voisines lui envoyèrent, à l'envi, des députés pour implorer sa clémence et faire acte de soumission au roi d'Espagne. — Alger donna l'exemple.

Alger formait, dès cette époque, un État indépendant : « C'était, dit naïvement l'historien Mariana, une ville peu considérable, qui, depuis, est devenue fameuse, la terreur de l'Espagne, s'est élevée à nos dépens et enrichie de nos dépouilles. » — Cette ville était alors gouvernée par un prince indigène, Sélim Eutémi : les pirates qui l'habitaient, trop éloignés de Bougie pour être activement surveillés, ravageaient les côtes d'Espagne et causaient au commerce un préjudice notable. Ferdinand enjoignit au comte de Navarre de faire cesser ces brigandages, et la flotte espagnole se présenta devant Alger. Les habitants capitulèrent aussitôt : ils s'engagèrent à rendre hommage au monarque chrétien, à lui payer tribut pendant dix ans, et à ne plus armer en course. Mais Pierre de Navarre croyait peu aux serments des pirates, et il fit élever une forteresse, armée de canons, sur une des îles situées en avant du port (1510). Les pièces étaient braquées sur la ville : aucun navire ne pouvait entrer dans le port, ni en sortir, sans l'autorisation expresse des Espagnols qui surveillaient, nuit et jour, les mouvements des Arabes.

La puissance de Ferdinand était alors à son apogée ; tous les ports de la côte d'Afrique, à l'exception de Tunis, étaient occupés par ses troupes ; il put croire, et il crut, à la durée de son œuvre. Mais le temps était proche où cette puissance allait crouler : — voici venir Aroudj et Kaïr-ed-Din.

Aroudj et Kaïr-ed-Din étaient fils du renégat Jacoub-Reïs. Dressés, dès leur enfance, au rude métier de la mer, ils s'étaient voués, corps et âme, à la piraterie. — A peine ont-ils l'âge d'homme qu'ils sont déjà célèbres ; leur fortune s'accroît ; ils équipent huit galères et désolent la côte depuis l'embouchure du Guadalquivir jusqu'à Marseille ; les corsaires les reconnaissent pour chefs suprêmes, et les Bougiottes, fatigués du joug que leur impose Pierre de Navarre, les pressent d'attaquer les Espagnols.

Aroudj cède à leurs instances ; une première fois, il se présente devant Bougie (1512) avec douze navires, et canonne la place pendant huit jours ; les troupes royales tiennent ferme. Aroudj a le bras gauche emporté ; il lève l'ancre aussitôt et rentre à Tunis. Deux ans plus tard (1514), il renouvelle son attaque, mais sans plus de succès ; furieux, il se retire à Djidjelli, en chasse les Génois et y établit son quartier général.

La mort de Ferdinand le Catholique (1516) servit les intérêts du pirate et décupla sa puissance.

Le successeur du roi d'Espagne était encore enfant ; les Algériens pensèrent qu'il y aurait, durant la régence, compétition de pouvoirs entre les grands dignitaires de l'Etat, partant, guerre dans les provinces, et qu'ils pourraient secouer, à la faveur de ces troubles, le joug incommode des Espagnols. Le Penon (cette forteresse que Pierre de Navarre avait fait construire à l'entrée du port) se dressait devant eux comme une menace ; Sélim Eutémi résolut de l'abattre. Trop faible pour tenter avec ses seules ressources une pareille entreprise, il s'adresse directement à Aroudj ; celui-ci part aussitôt, débarque à Alger et s'y installe avec ses compagnons, gens de sac et de corde, tous recrutés parmi les Turcs. — Sélim comptait sur la bonne foi de son allié ; il s'aperçut trop tard qu'en appelant les corsaires à son aide il avait préparé sa ruine.

Aroudj avait promis de vaincre ; il élève une batterie à cinq cents pas du Penon et le canonne pendant un mois, mais sans résultat décisif.

Tandis que les Algériens suivent avec anxiété toutes les phases de la lutte, lui, mûrit son plan et poursuit son œuvre. Il se fait des partisans parmi les Arabes, séduit les uns, épouvante les autres et commande à tous. Ses soldats violentent les habitants, méconnaissent ou bravent l'autorité du roi; ils parlent et agissent en maîtres. — Bientôt, Aroudj lui-même jette le masque; ce qu'il veut, ce n'est plus la destruction de la forteresse espagnole : c'est le trône de son allié. Lorsqu'il juge que le moment est venu de frapper un coup décisif, il fait étrangler Eutémi et se déclare Souverain d'Alger. Le peuple tremble et s'humilie.

Mais les Arabes sont versatiles et ils peuvent, revenus de leur surprise, chasser le Corsaire-Roi. Aroudj abandonne l'administration du pays à ses principaux lieutenants, livre aux exécuteurs ceux d'entre les Maures qui résistent, ou sont accusés de résister à son autorité, appelle à lui tous les pirates de l'Archipel, et donne à sa milice une puissante organisation. « Les membres seuls de cette milice peuvent concourir aux emplois; à l'exception des renégats étrangers, nul ne peut en faire partie s'il n'est originaire de Turquie; enfin, pour mieux soustraire la troupe aux influences locales, les fils mêmes des miliciens en sont exclus s'ils sont nés à Alger. »

L'Odjeac ainsi constitué, Aroudj, que son frère Kaïr-ed-Din est venu rejoindre, bravera la vengeance des Maures et la haine des chrétiens.

Domination des Turcs (de 1516 à 1830). — Depuis que les Turcs occupaient Alger, la piraterie avait repris son essor, et les troupes royales qui défendaient le Penon se voyaient sans cesse menacées d'une attaque sérieuse. — Le cardinal Ximénès, chargé de gouverner le royaume pendant la minorité de Charles-Quint, voulut mettre ordre à cet état de choses. En politique habile, il fit taire ses vieilles haines et songea sérieusement à se ménager l'alliance des Arabes. Une occasion se présenta, qui lui permettait de jouer le rôle de protecteur; il la saisit avec empressement :

Eutémi laissait un fils, lequel avait pu, à la faveur du tumulte qui suivit la mort de son père, échapper aux assassins et gagner la province d'Oran, alors gouvernée par Comarès. Ce dernier adressa le jeune cheick au cardinal Ximénès. — Le cardinal prouva au Conseil de régence que l'Espagne avait un intérêt direct à soutenir l'héritier d'Eutémi, ou, qui mieux est, à étouffer dans son germe la puissance du Roi-Corsaire, et Francesco de Véro, maître de l'artillerie, fut chargé de diriger l'expédition.

Une flotille, portant 8,000 hommes, sortit de Carthagène et se présenta devant Alger ; le débarquement s'opéra en toute sécurité et l[es] troupes, divisées en quatre corps, marchèrent contre la ville.

Le général espagnol comptait, sinon sur l'assistance, au moins sur l[a] neutralité des indigènes ; il fut cruellement désabusé. La question religieuse dominait la question politique : les Arabes se réunirent au[x] Turcs en haine des chrétiens. — Après un combat de quelques heures[,] les troupes royales, attaquées avec furie, se débandent, lâchent pie[d] et regagnent précipitamment leurs navires. Aroudj rentre dans Alger où il est accueilli comme un sauveur (1516).

Débarrassé des Espagnols, Aroudj songe à étendre sa puissance ; i[l] ravage la Mitidja, dont les principaux chefs lui étaient hostiles, s'empar[e] successivement de Ténès, de Médéah et de Milianah, puis, à la demand[e] des habitants de Tlemcen, se porte sur cette dernière ville, s'en empar[e] et s'en proclame roi.

A cette nouvelle, Comarès, qui occupait Oran, organise un corp[s] d'armée et charge le colonel Martin d'Argote de prendre l'offensive[.] Tlemcen est aussitôt investie : bientôt les assiégés manquent de vivres[.] Aroudj juge la résistance impossible et il se décide à fuir. Les Espagnols le poursuivent et l'atteignent sur les bords du Rio-Salado (Oued el-Malat) : un soldat le renverse d'un coup de pique et lui coupe l[a] tête. — Ainsi finit Aroudj (1518).

Son frère Kaïr-ed-Din lui succède : mais le nouveau chef de l'Odjea[c] connaissait trop les hommes et les choses pour prendre au sérieux sa royauté. Constamment menacé soit par les Espagnols, soit par les Arabe[s] de l'intérieur, soumis aux caprices des Turcs, sans argent, sans armée, — pour échapper aux périls qui le menacent, il fait au Sultan de Constantinople hommage de l'Odjeac, et se reconnaît volontairement tributaire de la Sublime Porte.

Le grand Turc accepte avec empressement : il nomme Kaïr-ed-Din gouverneur de la province d'Alger, sous le titre de bey, et lui expédie en toute hâte deux mille hommes de ses meilleures troupes. — De cette époque date la prise de possession d'Alger par les Ottomans, et le même fait qui s'était produit en Asie va se reproduire en Afrique : Les Turs se substitueront aux Arabes comme défenseurs de l'Islamisme.

De l'avènement d'Aroudj à la conquête d'Alger, la domination turque embrasse une période de trois siècles. Nombre d'historiens en ont raconté toutes les phases ; quant à nous, l'espace nous est trop étroitement mesuré pour que nous puissions entrer ici dans de longs développements. Nous nous bornerons donc à tracer, à grands traits, le tableau moral de la Régence et à rappeler, suivant leur ordre chronologique, les événements principaux auxquels les puissances européennes furent directement mêlées.

Dans le principe, la milice était exclusivement composée, nous l'avons dit, de Turcs et de renégats qui s'étaient liés à la fortune d'Aroudj. Elle se divisait en deux corps : l'un (*les janissaires*) comprenait les troupes destinées à opérer à l'intérieur du pays; l'autre (*les reïss*) constituait la marine.

Les janissaires pillaient les tribus et vivaient de leurs brigandages.

Les reïss avaient le monopole de la piraterie : ils équipaient un navire, choisissaient leurs hommes et croisaient sur les côtes; au retour de l'expédition, l'équipage se partageait les prises.

Mais, peu à peu, les Arabes se soumirent : l'autorité du dey d'Alger étant ainsi acceptée et reconnue, les coups de main devinrent plus rares, et les janissaires se plaignirent de leur inaction; ils voulaient leur part de dangers et leur part de butin. Il fallut compter avec eux, et l'un des chefs du Beylick, Mohammed-Pacha, prescrivit qu'ils seraient, à l'avenir, admis comme soldats à bord des navires.

C'était fournir aux reïss d'intrépides auxiliaires, et la marine prit aussitôt une immense extension. — Déjà les bâtiments du bey promenaient impunément leur pavillon de Gibraltar à l'Archipel; bientôt, les particuliers même armèrent en course : chaque Algérien se fit corsaire. — La piraterie eut son organisation propre, son code et ses lois : « Quand ils avaient opéré des prises importantes, les pirates rentraient dans le port, où l'on procédait au partage selon le rang et le droit de chacun : Douze pour cent sur la valeur totale étaient attribués au Pacha; un pour cent était réservé pour l'entretien du môle; un pour cent pour les marabouts qui servaient dans les mosquées. Après ce prélèvement, on partageait par moitié : l'une était partagée entre le reïss et les armateurs, suivant les proportions convenues; l'autre formait la part des janissaires, des officiers et des soldats qui montaient le vaisseau capteur. »

Et telle fut l'importance de leurs prises qu'à la fin du dix-neuvième siècle on comptait 30,000 prisonniers chrétiens dans les différentes parties de la Régence. — C'est ici le cas de rappeler à quelle triste condition les esclaves étaient assujettis.

La vente des prisonniers constituant, en partie, le bénéfice des corsaires, on divisait les captifs en deux catégories :

La première comprenait le capitaine et les officiers du bâtiment capturé, les passagers qui semblaient appartenir à une famille riche, leurs femmes et leurs enfants. — Les hommes de cette classe, présumés rachetables, jouissaient à Alger d'une certaine liberté : les femmes entraient dans les harems, ou servaient les Mauresques ; quant aux enfants, ils étaient remis au bey et aux principaux officiers de l'Odjeac.

La seconde catégorie comprenait les matelots, les soldats et les artisans : — Ceux-là, « chiens de chrétiens, » étaient vendus au plus offrant et dernier enchérisseur.

Les esclaves appartenant à l'État étaient logés dans les bagnes et employés aux travaux publics. Leur situation était véritablement intolérable : « Nourris de pain grossier de gruau, d'huile rance et de quelques olives, il n'y avait, dit Loweso, que les plus adroits qui pouvaient, par leur industrie, en travaillant pour leur compte après le soleil couché, se procurer quelquefois une meilleure nourriture et un peu de vin. » Occupés tout le jour, et par une chaleur torride, aux plus rudes travaux, sous la surveillance d'un gardien responsable, ils étaient, le soir même, entassés dans des bouges infectés de vermine. Leur existence était un supplice perpétuel ; pour le motif le plus futile, on les frappait à outrance.

Ceux qui appartenaient aux particuliers avaient une condition meilleure : ils servaient comme domestiques dans la ville, ou travaillaient aux champs. Lorsqu'ils voulaient se racheter, ils traitaient avec leur maître, de gré à gré.

Les rachats étaient fréquents : — Les États de l'Europe payaient, de temps à autre, la rançon de leurs prisonniers ; de leur côté, les Religieux de la Merci consacraient le produit de leurs quêtes à la délivrance des chrétiens ; quelquefois, aussi, des parents ou des amis achetaient la liberté des captifs.

C'était, surtout, contre la catholique Espagne que les corsaires aimaient à guerroyer : — Charles-Quint voulut, après s'être emparé de Tunis (1535), se rendre maître d'Alger, et il débarqua, à la tête de 24,000 hommes, entre la ville et le cap Matifou : il considérait son triomphe comme tellement certain, qu'avant d'entamer l'action il fit sommer les habitants de se rendre à merci. Trois jours après, cependant, sa flotte était détruite, son armée presque anéantie, et lui-même était forcé de fuir au plus vite, laissant au pouvoir des vainqueurs un matériel immense et 6,000 prisonniers (octobre 1541).

A dater de ce jour, l'influence espagnole fut absolument détruite dans les États-Barbaresques, et ce furent les rois de France qui se chargèrent de venger la Chrétienté.

Les relations commerciales entre le gouvernement Français et celui de la Régence datent du seizième siècle : — François 1er, mettant à profit l'alliance qu'il avait contractée avec l'Empereur des Turcs, obtint l'autorisation d'établir plusieurs comptoirs sur la côte d'Afrique; en 1520 des négociants marseillais traitèrent avec les tribus indigènes pour faire exclusivement la pêche du corail depuis Tabarka jusqu'à Bone. — Sous Charles IX, le Sultan concéda à la France le commerce de ports et hâvres de la Calle, de Collo, du cap Rose et de Bone : « le *Bastion de France*, » fut établi : — délaissées sous le gouvernement de Henri III ces concessions furent, plus tard, confirmées par les sultans, et, sur les instances de Richelieu, de nouvelles conventions garantirent à la France l'entière propriété des établissements qu'elle avait fait construire (1614). Mais, il faut bien le dire, ces conventions ne furent pas toujours observées, et, de 1520 à 1640, notre marine eut souvent à souffrir.

Un jour vint où les choses changèrent de face : Louis XIV, conseillé par Colbert, se fit le protecteur de toutes les nations assises au bord de la Méditerranée, et jugea que le moyen le plus infaillible de contenir les pirates était de fonder sur les côtes de la Régence un établissement durable. On choisit, comme point le plus convenable, la petite ville de Djidgelli, et le duc de Beaufort reçut l'ordre de s'en emparer : Djidgelli fut prise, mais, bientôt après, abandonnée (1664). — L'entreprise était manquée : comme on ne pouvait rester sur cet échec, le duc de Beaufort eut le commandement de nouvelles troupes, se présenta devant Alger, attaqua la flotte des corsaires et la détruisit en partie (1665).

Les pirates s'humilièrent ; puis, lorsqu'ils eurent réparé leurs pertes, ils recommencèrent leurs brigandages. — Le châtiment ne se fit point attendre :

Sur l'ordre de Louis XIV, Duquesne vint avec sa flotte bombarder Alger (1682); forcé par les mauvais temps de s'éloigner de la côte, il reparut l'année suivante, incendia la ville et les navires et se fit rendre six cents esclaves.

Quelques années plus tard, les corsaires inquiétant de nouveau notre commerce, le maréchal d'Estrées reçut l'ordre de sévir contre Alger : il jeta sur la ville près de 10,000 bombes (1688).

Ces différentes expéditions ne rapportaient à la France aucun profit et nécessitaient d'énormes dépenses. Louis XIV, qui avait besoin de toutes ses forces pour tenir tête à la coalition des grandes puissances européennes, fit proposer par l'intermédiaire du bey de Tunis de nouvelles négociations : le bey réussit : les traités antérieurs furent modifiés au profit des Algériens, et la paix fut définitivement conclue (1688).

Au milieu de ce perpétuel état de guerre, le gouvernement de la Régence était en pleine anarchie. Le bey d'Alger, bien qu'élu par la milice, relevait directement de l'Empereur des Turcs et restait soumis au contrôle d'un haut dignitaire de l'empire, en résidence à Alger même. Entre ces deux fonctionnaires, dont l'un représentait la milice et le peuple, l'autre, l'autorité royale, il devait donc y avoir, et il existait effectivement une sourde rivalité. Le chargé d'affaires parlait au nom du Maître, et, pour faire respecter son pouvoir chaque jour plus compromis, il adressait plainte sur plainte à Constantinople, ou intriguait à Alger ; le bey, fort de l'appui que lui prêtaient les janissaires, agissait sous leurs inspirations et bravait les ordres qu'on lui donnait au nom du Divan. Cette constante rivalité provoquait parfois de sanglantes révolutions : Baba-Ali, qui venait d'être porté au beylikat (1710), prit, dès les premiers jours de son avènement, un parti décisi.

Son élection n'avait été contestée par personne. Bientôt, cependant, il se forma au sein de la milice et du divan une puissante opposition, dont le représentant de la Sublime-Porte était l'âme et le chef. Une catastrophe pouvait s'ensuivre : Ali fit arrêter les principaux conjurés, puis saisir et jeter sur un navire en partance pour Constantinople l'envoyé du Grand-Turc, lui défendant, sous peine de mort, de reparaître dans la Régence.

Le fait était grave ; mais Ali était un politique habile : pour échapper à l'accusation dont il allait être l'objet, il accusa lui-même. Il fit partir pour Constantinople un ambassadeur chargé d'exposer la situation et de justifier sa conduite : « Depuis longtemps, dit l'Envoyé, les pachas semaient dans la ville le trouble et le désordre, et déconsidéraient l'autorité souveraine ; la milice et le peuple s'en plaignaient à bon droit, et, pour mettre un terme à ce honteux scandale, tous suppliaient l'Empereur de supprimer ces fonctionnaires inutiles et de confier au bey le titre de pacha. » — L'ambassadeur d'Ali fut d'autant plus persuasif qu'il appuyait ses arguments de cadeaux magnifiques. Le visir et les grands officiers du sérail furent promptement convaincus de la légitimité de ses réclamations, et le bey gagna sa cause (1710).

Du jour où l'unité de pouvoir et de commandement fut concentrée entre les mains du bey, l'Odjeac devint indépendant et se transforma en une république militaire : de nouvelles lois déterminèrent les droits et les devoirs du chef électif, ainsi que sa responsabilité ; on reconstitua l'administration politique ; la milice, qui seule avait droit au vote, fut souveraine et maîtresse ; et, sous l'empire d'un système qui avait l'égalité pour base, chaque soldat put atteindre au poste le plus élevé.

De ce jour encore, la marine algérienne prit une rapide extension. Les Reïss empruntèrent aux Génois leurs plus habiles constructeurs ; au lieu de lougres et de barques ils eurent, pour faire la course, des bâtiments pontés et se livrèrent avec un redoublement d'ardeur à la piraterie.

La France et l'Angleterre commerçaient librement alors avec les États barbaresques, et leurs pavillons étaient respectés ; mais les autres peuples de l'Europe, moins résolus ou moins forts, osaient à peine envoyer leurs vaisseaux dans la Méditerranée. La marine espagnole était particulièrement inquiétée, et, sous le règne de Charles III, les corsaires commirent de si grandes dévastations que la cour de Madrid résolut de détruire Alger.

On confia le commandement de l'expédition au colonel O'Reilly. L'escadre portait 23,000 hommes de troupes, tant infanterie que cavalerie, 100 bouches à feu et un matériel considérable.

L'armée opéra son débarquement à une lieue de l'Harrach, du côté de la ville : les Turcs, que soutenaient les Kabyles, vinrent à sa rencontre et la bataille s'engagea. — Cette fois encore les troupes espagnoles furent culbutées et durent se rembarquer en toute hâte, laissant à l'ennemi une partie de leur matériel (1775).

Le gouvernement de Madrid s'en vengea en faisant, quelques années plus tard, bombarder Alger (1784-1785).

De cette dernière époque à 1816, les corsaires algériens considèrent la Méditerranée comme leur domaine, exigent des puissances européennes qui veulent commercer avec la Régence, des tributs onéreux, violent les traités, pillent, brûlent ou capturent, sans distinction de pavillon, tous les navires qu'ils rencontrent.

L'Europe, enfin, s'en émut, et l'Angleterre confia à lord Exmouth la mission de faire cesser ce brigandage. — Lord Exmouth se présenta donc devant Alger, fit pleuvoir sur la ville une grêle d'obus et incendia, dans le port même, tous les bâtiments qui s'y trouvaient (1816).

On crut, un moment, que cette exécution rendrait les corsaires plus circonspects; il n'en fut rien : le dey régnant fit connaître à la Sublime Porte, à l'Empereur du Maroc et au bey de Tunis, la situation presque désespérée de la Régence, et sollicita des secours qui lui furent immédiatement accordés. En moins d'un an, Alger était rebâtie, la marine reconstituée, et les Reïss continuaient, comme par le passé, à ravager les côtes d'Espagne et d'Italie.

A quelque temps de là, le Gouvernement Français, gravement insulté dans la personne de son représentant, prenait résolûment en main la cause de toutes les puissances de l'Europe, et, du même coup, chassait les Turcs de la Régence et détruisait la piraterie.

Les évènements qui motivèrent cette glorieuse expédition sont peu connus du public; aussi croyons-nous pouvoir entrer, à ce sujet, dans de plus longs détails :

Vers la fin du siècle dernier, le mauvais état de nos récoltes força le gouvernement de la République à demander au dey d'Alger l'autorisation d'acheter des blés dans ses États. Le dey s'y prêta de bonne grâce, et les juifs Busnach et Bacri expédièrent à Marseille, de 1793 à 1798, des fournitures de céréales dont le prix peut être évalué à quinze millions de francs.

Les premières livraisons furent soldées en monnaie métallique ; mais lorsque les assignats devinrent la monnaie légale de la France, les créanciers protestèrent contre ce mode de payement et réclamèrent une indemnité considérable. — En droit, ils avaient raison; mais ils surchargèrent leur mémoire en y ajoutant des intérêts nouveaux, et les négociateurs français chargés de liquider leurs comptes exigèrent une diminution notable, « attendu que les dernières fournitures se composaient entièrement de blés avariés. » — On ne put s'accorder, et l'affaire resta pendante.

Cependant, sur les réclamations du dey d'Alger, personnellement intéressé dans les fournitures, on signa, en 1801, une convention dont l'un des articles était ainsi conçu : « S. E. le dey d'Alger s'engage à faire rembourser toutes les sommes qui pourraient être dues à des Français par ses sujets comme le consul de France prend l'engagement, au nom de son gouvernement, de faire acquitter toutes celles qui seraient légitimement réclamées. »

Il fallait procéder à une liquidation difficile mais ; le Gouvernement Français, dont l'attention était ailleurs, se borna à donner, de temps à autre, de faibles à-compte. — Vint la Restauration : Louis XVIII chargea M. A. Pléville d'apurer le compte des Algériens et de s'entendre à ce sujet avec leur fondé de pouvoirs. — On arrêta à sept millions de francs la dette de la France (octobre 1819) et il fut stipulé que cette somme serait payée par douzièmes, à dater du 1er mars 1820. Mais il fut expressément convenu (art. 4) « que les sujets français qui auraient eux-mêmes des réclamations à faire valoir contre les sieurs Busnach et Bacri pourraient mettre opposition au payement, et qu'une somme égale au montant de leurs réclamations serait tenue en réserve, jusqu'à ce que les tribunaux français eussent prononcé sur le mérite de leurs titres de créance. »

Or, en vertu de cet article, des négociants de Marseille, qui avaient fait à Busnash et à Bacri de fortes avances, produisirent leurs réclamations et demandèrent la retenue du montant de leurs créances, dont le chiffre s'élevait à 2,500,000 francs. Le Trésor paya donc aux Juifs algériens une somme de 4,500,000 francs, et, suivant l'usage, versa le complément à la Caisse des dépôts et consignations. — Le dey, instruit de cette mesure, dépêcha immédiatement à Paris un Envoyé extraordinaire présenter ses doléances : il était, disait-il, créancier du sieur Bacri et réclamait, comme lui appartenant en propre, la somme consignée par le Trésor ; en outre, il exigeait le remboursement d'une autre somme de deux millions, perçue, affirmait-il, par notre consul général « pour prix de bons offices que cet agent avait rendus à Bacri, actuellement prisonnier. » On répondit à l'ambassadeur que les tribunaux étant saisis de l'affaire, le Gouvernement ne pouvait intervenir sans dépasser ses pouvoirs.

Cette réponse n'était point de nature à satisfaire Hussein-Dey : il s'emporta contre la Cour de France, se prétendit lésé dans ses intérêts et demanda, à plusieurs reprises, qu'on lui envoyât les créanciers privilégiés, pour qu'ils eussent à lui prouver la validité de leurs créances : à ce sujet même, il écrivit au Ministre des affaires étrangères, au Président du Conseil, et au Roi une lettre tellement hautaine, que M. le baron de Damas ne crut point devoir y répondre officiellement ; ordre fut donné au consul de s'expliquer verbalement avec le chef de la Régence.

Toutes ces lenteurs irritaient Hussein-Dey ; il se plaignait avec amertume et se déchaînait contre notre agent, (M. Deval), en termes les plus injurieux : un jour vint où, dans le paroxysme de sa fureur, il perdit toute mesure :

C'était à l'époque des fêtes du Beyram : les consuls de toutes les nations s'étaient rendus au palais, pour complimenter le dey. M. Deval était à peine introduit qu'Hussein l'interpella :

— Avez-vous à me remettre, lui demanda-t-il, une lettre de votre souverain ?

— Votre Altesse sait bien, répondit M. Deval, que le Roi de France ne peut correspondre avec le dey d'Alger.

Hussein se leva furieux, l'offense à la bouche ; il invectiva grossièrement le consul, et s'oublia jusqu'à le frapper au visage avec son chasse-mouches.

L'injure était grave..., M. de Damas enjoignit à M. Deval de cesser tout rapport officiel avec la Régence ; une division de six bâtiments de guerre, sous les ordres du capitaine Collet, se présenta bientôt après devant Alger (1827). Le capitaine devait exiger une éclatante réparation de l'outrage fait à la France en la personne de son Agent : il notifia sa mission en termes énergiques et pressants ; — Hussein se riait de nos menaces, et il repoussa toute ouverture d'accommodement. M. Deval et les Français résidant à Alger s'embarquèrent le lendemain.

Aussitôt après leur départ, injonction fut faite au dey de Constantine de détruire de fond en comble le comptoir de la Calle et nos autres Établissements : ce fut la réponse d'Hussein à la signification du chef de notre escadre.

À dater de ce moment, un blocus rigoureux fut établi devant Alger. On comptait appauvrir ainsi la ville et provoquer une révolution ; mais Alger tirait ses subsistances de l'intérieur, et la milice était toute dévouée au chef de l'Odjeac. Aussi le blocus, qui coûtait à la France sept millions par an, fut-il absolument illusoire. On le comprit, et comme il fallait sortir d'un *statu quo* ruineux, n'osant faire la guerre, on ne trouva rien de mieux que de s'adresser à Méhémet-Ali.

Des négociations furent donc ouvertes entre le Gouvernement Français et le pacha d'Égypte (1829) : Méhémet s'engageait à prendre possession des trois Régences, à détruire la piraterie et à abolir l'esclavage des chrétiens ; il gouvernerait au nom du Sultan et payerait tribut. La France devait fournir les subsides nécessaires à l'expédition. Mais on ne pouvait conclure sans l'assentiment des puissances européennes. La Porte, prévenue par notre ambassadeur, ne témoigna ni mécontentement, ni inquiétude, bien qu'elle fût particulièrement intéressée dans la question ; la Prusse et la Russie donnèrent leur complet assentiment ; l'Autriche se borna à présenter quelques objections ; l'Espagne applaudit des deux mains. La Cour de Londres, seule, protesta, et il fut impossible de vaincre sa résistance. — La France dut donc renoncer à cette combinaison et agir par elle-même.

Le blocus fut maintenu. M. le comte de la Bretonnière, capitaine de vaisseau, remplaça dans le commandement de l'escadre M. Collet, qui venait de mourir, et serra de près la ville. Bientôt, cependant, de faux avis donnèrent à penser que le chef de l'Odjeac désirait la paix. M. de la Bretonnière reçut mission de se rendre auprès du dey et d'entamer, s'il était possible, de nouvelles négociations. Le lendemain de son arrivée (juillet 1829) il fut reçu par Hussein-Dey.

L'entrevue dura trois heures : le représentant de la France exposa l'objet de sa démarche, énuméra les griefs dont il exigeait le redressement et déploya dans cette circonstance difficile autant d'habileté que d'énergie. — Le dey l'écouta patiemment, puis demanda vingt-quatre heures pour réfléchir.

Une seconde conférence fut fixée au 2 août. Là, M. de la Bretonnière renouvela ses arguments : conseils et menaces, tout fut inutile ; le dey ne voulut point céder ; il déclara que se trouvant lui-même offensé il entendait, non faire des excuses, mais en recevoir ; que si la France désirait la paix, il était prêt à la signer, mais à la condition formelle qu'on lui rendrait, sans retard, la somme par lui réclamée et qu'on l'indemniserait, en outre, des pertes occasionnées à la Régence par la longueur du blocus.

M. de la Bretonnière regagna son vaisseau (*La Provence*) et attendit jusqu'au lendemain pour mettre à la voile ; le 3 août on levait les ancres.

Alors eut lieu un acte incroyable de sauvagerie. — Tandis que *La Provence* louvoyait pour gagner le large, un coup de canon, chargé à poudre, partit de la batterie du Fanal. A ce signal, donné, s'il faut en croire les Arabes, par le ministre de la marine, les batteries de la ville et du môle répondirent par une décharge générale. Le vaisseau français, bien que portant au grand mât le pavillon parlementaire, devint le point de mire des canonniers algériens, et plusieurs boulets l'atteignirent, qui heureusement ne blessèrent personne, mais causèrent de nombreuses avaries à la voilure et au gréement.

A cette attaque imprévue, les équipages s'élancèrent à leurs pièces : officiers et soldats, tous demandèrent à combattre. M. de la Bretonnière sut, néanmoins, les contenir. Décidé à ne point compromettre son caractère de parlementaire, il commanda à sa propre indignation et continua sa route. — De retour en France, il exposa brièvement au Roi l'attaque dont il avait été l'objet : Charles X, dont la patience était à bout, renonça à toute idée de conciliation, et la guerre fut décidée.

Cette lointaine expédition contre les Barbaresques plaisait à Charles X, parce qu'elle rappelait à son esprit religieux les croisades du Moyen âge ; elle souriait au premier ministre, M. de Polignac, qui, sous l'empire de projets bien arrêtés, voulait distraire l'opinion publique et ruser avec elle ; elle flattait enfin, les instincts du peuple qui, de tout temps, a aimé la guerre pour la guerre elle-même. Mais elle rencontra dans le parti libéral et dans la presse une opposition systématique. Orateurs, écrivains et journalistes la jugeaient, en effet, non par son but, sa tendance et ses résultats, mais suivant les préventions et la haine qu'inspirait le Ministère. Aux yeux de tous, la conquête d'Alger masquait un coup d'État : après la guerre extérieure, on craignait la guerre civile.

Les Cours d'Europe, officiellement prévenues, applaudirent à la décision du Roi. L'Angleterre, seule, suivant en cela sa politique égoïste, présenta des objections fondées sur les intérêts de son commerce ; à vrai dire, ce qu'elle redoutait le plus, c'était de voir la France réussir là où lord Exmouth avait échoué. Les négociations furent pleines d'aigreur : le chef du *Foreing-Office*, craignant de voir la France augmenter son territoire, fit demander par son ambassadeur « ce que le gouvernement comptait faire d'Alger après s'en être emparé. » La question parut étrange ; M. de Polignac répondit : « que la France insultée ne demandait le secours de personne pour venger son injure, et qu'elle n'aurait besoin de consulter personne pour savoir ce qu'elle aurait à faire de sa nouvelle conquête. » — L'Angleterre comprit enfin que ses menaces n'effrayaient plus ; elle se tut.

Le ministère, cependant, ne se dissimulait point les difficultés de l'entreprise. La défaite de Charles-Quint, celle plus récente d'O'Reilly disaient assez avec quelle circonspection chefs et soldats devaient agir.

Le plan d'attaque fut, en conséquence, minutieusement élaboré, et on adopta le plan soumis à Napoléon Ier par le capitaine Boutin (1808), lequel demandait une attaque simultanée par terre et par mer, et indiquait la presqu'île de Sidi-Ferruch comme point de débarquement.

La flotte, placée sous le commandement du vice-amiral Duperré, comptait 101 bâtiments de guerre, et 27,000 marins officiers compris; 400 navires marchands de toutes classes étaient affectés aux transports.

L'armée de débarquement, composée de trois divisions, avait un effectif de 38,000 hommes. Elle était commandée par le comte de Bourmont, alors ministre de la guerre.

La flotte quitta Toulon le 25 mai 1830; forcée, par le gros temps, de relâcher à Palma, elle était, le 13 juin, devant Alger; le lendemain, au lever du soleil, les troupes débarquaient et s'emparaient, sans coup férir, d'une redoute dont la garnison turque s'était enfuie.

Le 19 au matin, 50,000 Arabes qui avaient pris position sur le plateau de Staouëli attaquèrent l'armée française. Ordre avait été donné à nos généraux de ne commander le feu qu'au moment même où les assaillants seraient à portée de fusil; cet ordre fut ponctuellement exécuté. Quand les troupes algériennes se présentèrent, elles furent reçues par un feu roulant de mousqueterie qui joncha le terrain de blessés et de morts. A trois fois différentes, cavaliers et fantassins se ruèrent avec furie contre les lignes françaises; chaque fois ils durent se replier en désordre. — Comme ils allaient tenter une dernière attaque, le général en chef prit l'offensive : les tambours battirent la charge, les deux premières divisions s'élancèrent en avant, et les Arabes, poursuivis à la baïonnette, décimés par la mitraille, abandonnèrent successivement leurs batteries; moins d'une heure après, le camp de Staouëli était occupé par les Français.

L'armée victorieuse continua sa marche, chassant devant elle l'ennemi : et, après une série de combats où, de part et d'autre, on déployait une égale ardeur, elle occupait les crêtes de la Bouzaréah.

Mais pour attaquer utilement l'enceinte d'Alger il fallait, avant tout, soumettre le *Fort de l'Empereur*, qui dominait la ville et la protégeait du côté de la campagne. Les travaux, poussés avec vigueur, malgré les tentatives désespérées des Arabes qui effectuèrent plusieurs sorties, étaient achevés dans la nuit du 3 juillet. — Le 4, toutes les batteries de siège commencèrent le feu.

Le Fort de l'Empereur était puissamment armé, et la milice turque, chargée de le défendre, se montra digne, cette fois, de sa vieille réputation de bravoure ; ses canonniers, surtout, furent admirables. Mais sa résistance devait avoir un terme. Dès neuf heures du matin, les murailles, incessamment battues par les boulets et les obus, étaient, en grande partie, détruites, les canons renversés, et des monceaux de cadavres couvraient les terre-pleins et les fossés du réduit. — La position n'était plus tenable. Hussein, prévenu de l'état des choses, donna l'ordre d'abandonner le Fort et de mettre le feu aux poudres. Les Arabes obéirent, et une épouvantable explosion déchira l'air. Quand la fumée qui obscurcissait l'horizon fut dissipée, on n'aperçut plus qu'un monceau de décombres.

Hussein s'humilia : abandonné par les Arabes, menacé par les Turcs, il fit implorer par l'un des siens la commisération du vainqueur. Peu d'heures après il signait, avec ses ministres, l'acte suivant qui consacrait sa déchéance :

Art. 1er. Le fort de la Casbah, tous les forts qui dépendent d'Alger et le port de cette ville seront remis aux troupes françaises.

Art. 2. Le général en chef de l'armée française s'engage envers S. A. le dey d'Alger à lui laisser la libre possession de toutes ses richesses personnelles.

Art. 3. Le dey sera libre de se retirer avec sa famille et ses richesses dans le lieu qu'il fixera, et, tant qu'il restera à Alger, il sera, lui et toute sa famille, sous la protection du général en chef de l'armée française.

Art. 4. Le général en chef assure à tous les soldats de la milice les mêmes avantages et la même protection.

Art. 5. L'exercice de la religion mahométane restera libre. La liberté des habitants de toutes classes, leur religion, leurs propriétés, leur commerce et leur industrie ne recevront aucune atteinte; leurs femmes seront respectées : le général en chef en prend l'engagement sur l'honneur.

A midi précis, le 5 juillet 1830, les troupes françaises entrèrent dans Alger et s'installèrent aussitôt dans les différents postes qui leur étaient assignés.

Ainsi disparut, après trois siècles d'existence, le Gouvernement fondé par Aroudj.

OCCUPATION FRANÇAISE.

La conquête de l'Algérie comprend trois périodes distinctes :
1° L'invasion proprement dite, c'est-à-dire l'occupation des villes principales du littoral et de l'intérieur que leur situation même désignait comme objectif;
2° La guerre sainte, dont Abd-el-Kader fut le promoteur et le héros;
3° La guerre des nationalités, c'est-à-dire les soulèvements partiels de peuplades guerrières.

Voici, par ordre de date, les faits les plus saillants accomplis depuis l'occupation d'Alger :

GUERRE D'INVASION, — GUERRE SAINTE.

COMMANDEMENT DU GÉNÉRAL BOURMONT (juillet et août 1830). — Reconnaissance de la Mitidja; — marche sur Blidah; — expulsion des Turcs accusés de complot.

COMMANDEMENT DU GÉNÉRAL CLAUZEL (août 1830, janvier 1831). — Occupation de Blidah; — marche sur Médéah (capitale du Beylick de Tittery; — combat de Thénia; — prise de Médéah; — installation d'un nouveau bey; — prise et occupation d'Oran.

COMMANDEMENT DU GÉNÉRAL BERTHEZENE (1831). — Retour à Médéah; — l'autorité française est méconnue; — l'armée rentre à Alger, harcelée par les Arabes qui livrent au passage du Col du Thénia un nouveau et sanglant combat; — envoi à Bone de troupes françaises pour protéger les habitants contre la garnison turque; — les officiers français sont égorgés; — rappel du général Berthezène.

COMMANDEMENT DU GÉNÉRAL DE ROVIGO (1831-1833). — Prise et occupation définitive de Bône; — Abd-el-Kader est proclamé Sultan des Arabes : il prêche, aussitôt, la guerre sainte.

COMMANDEMENT DES GÉNÉRAUX AVIZARD ET VOIROL (1833-1834). — Prise et occupation de Bougie; — le général Desmichels, commandant la province d'Oran, conclut un traité avec Abd-el-Kader; — ce traité a pour conséquences d'augmenter l'autorité de l'Émir et d'amoindrir la nôtre; — envoi en Algérie d'une Commission chargée de recueillir tous les faits propres à éclairer le gouvernement sur l'état actuel du pays et sur les mesures que réclame son avenir; — une seconde Commission est instituée « *à l'effet de décider si la France devrait, ou non, aban-*

donner ses possessions d'Afrique. » La question est posée devant les Chambres ; — le Ministère déclare solennellement que « *l'honneur et l'intérêt de la France lui commandent de conserver ces possessions.* »

GOUVERNEMENT DU GÉNÉRAL D'ERLON (juillet 1834, avril 1835). — Abd-el-Kader rompt le traité qu'il avait fait et entre aussitôt en campagne contre le général Trézel ; — combat de Muley Ismaël ; — combat et défaite de l'armée française dans la plaine de la Macta.

GOUVERNEMENT DU MARÉCHAL CLAUZEL (avril 1835, février 1837). — Prise de Mascara ; — prise de Tlemcen ; — toute la province d'Oran se soulève ; — le général Bugeaud est envoyé en Afrique ; — il défait les troupes de l'Émir au combat de la Tafna, débloque et ravitaille Tlemcen, puis revient en France ; — expédition et siége de Constantine ; — l'armée française, commandée par le Maréchal Clauzel, est forcée de battre en retraite.

GOUVERNEMENT DU GÉNÉRAL DAMRÉMONT (février, octobre 1837). — Le général Bugeaud est nommé gouverneur de la province d'Oran ; — il conclut avec Abd-el-Kader le *Traité de la Tafna,* traité qui abandonne à l'Émir une partie des provinces d'Oran, de Tittery et d'Alger ; — seconde expédition de Constantine ; — le général Damrémont, qui la commande, est tué en reconnaissant la place ; — le général Valée prend le commandement des troupes ; — assaut et prise de Constantine.

GOUVERNEMENT DU MARÉCHAL VALÉE (octobre 1837, décembre 1840). — Expédition pacifique des *Portes de Fer,* commandée par le duc d'Orléans ; — Abd-el-Kader saisit ce prétexte pour déclarer la guerre, et il envahit la Mitidja ; — l'insurrection devient générale ; — expédition de Médéah ; — combat glorieux du col de Mouzaïa ; — prise et occupation de Médéah ; — prise et occupation de Milianah.

GOUVERNEMENT DU GÉNÉRAL BUGEAUD (1840-1847). — Tandis qu'on discute à Paris sur les différents modes d'occupation de la Régence, le général Bugeaud se prépare à la guerre en homme qui la comprend : frapper l'ennemi dans ses bases d'opération et dans ses points d'appui politiques, atteindre les populations hostiles dans leurs intérêts matériels, c'est-à-dire poursuivre Abd-el-Kader à outrance et opérer dans les tribus de fréquentes razzias, tel sera son système, et c'est en l'appliquant qu'il démolira, pièce à pièce, l'édifice de l'Émir ; — prise de Boghar, de Tagkedempt, de Taza et de Saïda ; — en 1842, Abd-el-Kader était réduit à se défendre ; et, pour la première fois depuis son avénement au trône, Louis-Philippe exprima publiquement son opinion au sujet de l'Algérie : « J'ai pris, dit-il dans son discours aux Cham-

« bres, des mesures pour qu'aucune complication extérieure ne vienne
« altérer la sûreté de nos possessions d'Afrique. Nos braves soldats
« poursuivent sur une terre *désormais et pour toujours française* le
« cours de ces nobles travaux auxquels je suis heureux que mes fils
« aient l'honneur de s'associer. Notre persévérance achèvera l'œuvre du
« courage de notre armée, et la France portera dans l'Algérie sa civili-
« sation à la suite de sa gloire. »

Bugeaud ne se payait point de mots : « Qui veut la fin, veut les moyens, » aimait-il à redire, et il réclama des renforts. On mit à sa disposition 80,000 hommes, et les députés votèrent les crédits demandés pour l'Algérie ; — le général reprit les armes et suivit à la lettre le plan qu'il s'était tracé : — des colonnes mobiles sillonnèrent le pays dans tous les sens, châtiant avec la plus grande rigueur les tribus insoumises ou qui avaient fait défection, et l'Émir fut poursuivi, d'étape en étape, sans trêve ni repos ; — prise de la Smala d'Abd-el-Kader ; expédition de la Kabylie ; — bataille et victoire d'Isly ; — campagnes de l'Ouenseris contre Bou-Maza ; — seconde expédition contre la Kabylie.

Gouvernement du duc d'Aumale (1847-1848). — Reddition d'Abd-el-Kader.

GUERRES DES NATIONALITÉS, — INSURRECTIONS PARTIELLES.

La chute d'Abd-el-Kader simplifiait la question ; du moment où l'Émir s'avouait vaincu et demandait grâce, les Arabes, si cruellement éprouvés jusqu'alors, devaient renoncer à la lutte et accepter, comme sanctionnée par Dieu même, la domination de la France. — Aussi, et à dater de cette époque, la guerre d'ensemble est finie ; le Tell oranais, le Tell algérien, et la province de Constantine reconnaissent notre suzeraineté. L'industrie et le commerce fécondent la colonie ; de jour en jour la fortune publique augmente, et la transition de l'ordre ancien à l'ordre nouveau s'opère avec une merveilleuse facilité, — la Kabylie seule échappe à notre autorité ; bientôt nous la verrons soumise. Au Sud, là où le désert commence, quelques aventuriers essayeront encore d'entraîner à leur suite les populations guerrières ; mais ces révoltes partielles seront promptement étouffées, et le Sahara sera conquis.

1849. — Insurrection du Ziban ; siége et prise de Zaatchas (Généra Herbillon ; colonel Canrobert).

1852. — Siége et prise de Laghouat (général Pelissier).
1857. — Conquête de la grande Kabylie (maréchal Randon).
1858. — Expédition dans l'Oued-el-Kebir (général Gastu).
1859. — Campagne contre le marabout Sidi-Saddock; Combat de Tounegaline; — prise d'El-K'sar, zaouïa du marabout; — prise de Guelâa-Djedida : Si-Saddock est livré par les indigènes eux-mêmes (général Desvaux).
1859. — Un marabout, Mohamed-ben-Abdallah, prêche la guerre sainte; les Angades et les Maïa, tribus marocaines, envahissent notre territoire. Les Beni-Snassen se joignent à eux, attaquent et pillent nos convois. — Combat de Sidi-Zaher; campagne contre les Beni-Snassen; — combat d'Aïn-Taforalt; assaut et prise des villages des Tagma. Les Beni-Snassen font leur soumission et payent une lourde contribution de guerre (général de Martimprey).
1864. — Les tribus du Sud de la province d'Oran se soulèvent à la voix du marabout Si-Hamza, personnage influent des Ouled-sidi-Chick ; l'insurrection se propage rapidement et gagne le Tell oranais. — Poursuivis sans relâche, les insurgés demandent l'aman au général de Martimprey, alors Gouverneur par intérim (5 juillet). — Peu après, de nouvelles tribus font défection; la guerre recommence, et le maréchal de Mac-Mahon, nommé Gouverneur général, dirige les opérations.

ÉTAT ACTUEL

ADMINISTRATION — POPULATION — PRODUCTIONS — COMMERCE ET INDUSTRIE — STATISTIQUE

ADMINISTRATION CENTRALE

Le Gouvernement de l'Algérie vient d'être profondément modifié par un décret du 7 juillet 1864; — voici, aux termes de ce décret et des décrets des 22 octobre 1858, 24 novembre, 10 décembre 1860, l'organisation administrative actuelle:

I. Le Gouvernement et la haute Administration de l'Algérie sont centralisés à Alger, sous l'autorité d'un Gouverneur général.

II. Le Gouverneur général rend compte, directement, à l'Empereur de la situation politique et administrative du pays; il commande les forces de terre et de mer en Algérie; toutetefois, le Ministre de la guerre et le Ministre de la marine conservent sur l'armée et sur la marine l'autorité qu'ils exercent sur les armées en campagne et les stations.

III. Un sous-gouverneur, général de division, chef d'état-major général, supplée le Gouverneur général en cas d'absence, et il exerce les attributions civiles qui lui sont déléguées par le Gouverneur général; — il est spécialement chargé, sous l'autorité du Gouverneur général, de la direction politique et de la centralisation administrative des affaires arabes.

IV. La Justice, l'Instruction publique et les Cultes rentrent dans les attributions des Départements ministériels auxquels ils ressortissent en France. Toutefois, les écoles françaises-arabes et les écoles indigènes restent dans les attributions exclusives du Gouverneur général.

V. Le Gouverneur général, sauf en ce qui concerne l'Instruction publique, les Cultes, la Magistrature française et les officiers ministériels, nomme directement à tous les emplois qui étaient, antérieurement, à la désignation du Ministre de l'Algérie. — Pour les nominations des fonctionnaires qui doivent être faites par l'Empereur, et qui n'appartiennent pas à l'Instruction publique, aux Cultes et à la Justice, le Gouverneur général adresse ses propositions au Ministre de la guerre, qui les soumet à l'Empereur.

VI. Les actes de haute administration et de gouvernement qui doivent émaner de l'Empereur, et qui ne concernent ni la Justice, ni la Marine, ni l'Instruction publique et les Cultes, sont, sur les propositions du Gouverneur général, présentées à l'Empereur par le Ministre de la guerre, et les décrets sont contre-signés par lui. Le Gouverneur général statue sur toutes les autres affaires administratives qui n'ont point été placées dans les attributions d'une autre autorité.

VII. Le Procureur général près la cour impériale d'Alger fait, chaque mois, un rapport au Gouverneur général, et lui remet le double des rapports généraux adressés au Ministre de la Justice. Aucune poursuite contre un fonctionnaire français ou indigène ne peut avoir lieu sans que le Procureur général ait remis au Gouverneur général le double du rapport qu'il adresse au Garde des sceaux, pour être transmis, s'il y a lieu, au Conseil d'État, conformément à l'article 75 de la Constitution de l'an VIII.

VIII. Un Secrétaire général du Gouvernement est chargé, sous l'autorité du Gouverneur, de l'expédition générale des affaires civiles.

IX. Un conseil du Gouvernement est placé auprès du Gouverneur général, et sous sa présidence; il est composé :

    1° Du Gouverneur général;
    2° Du Sous-Gouverneur;
    3° Du Secrétaire général du Gouvernement;
    4° Du Commandant supérieur du Génie;
    5° De l'Inspecteur général des Travaux publics;
    6° De l'Inspecteur général des Services financiers;
    7° De trois Conseillers-Rapporteurs;
    8° D'un Secrétaire.

Ce Conseil est appelé, en principe, à donner son avis sur les affaires qui intéressent le domaine de l'État, les concessions de mines et de forêts, les créations de centres de population, etc., — et, en outre, sur toutes les affaires renvoyées à son examen par le Gouverneur général.

X. Le Gouverneur général prépare le budget annuel de l'Algérie, l'assiette et la répartition des impôts. — Ce budget est soumis à l'examen d'un CONSEIL SUPÉRIEUR, qui est composé comme suit :

1° Du Gouverneur général, président;
2° Du Sous-Gouverneur;
3° Des Membres du Conseil du Gouvernement;
4° Des trois Généraux commandant les divisions militaires;
5° Du Secrétaire général du Gouvernement;
6° Du premier Président de la Cour Impériale d'Alger;
7° Des trois Préfets des Départements;
8° De l'Évêque;
9° Du Recteur de l'Académie;
10° De six Membres des Conseils généraux (deux choisis par le Conseil général de chaque Province).

Ce Conseil supérieur se réunit annuellement, aux époques déterminées par l'Empereur ; — le projet de budget général, après délibération du Conseil, est transmis au Ministre de la guerre, qui est chargé d'en soutenir la discussion au Conseil d'État, et d'en suivre l'exécution comme budget-annexe de son Département.

DIVISION DU TERRITOIRE.

XI. L'Algérie est divisée en trois provinces :

Province d'Alger, — au Centre,
Province d'Oran, — à l'Ouest;
Province de Constantine, — à l'Est.

Chaque province est divisée en *territoire civil* et en *territoire militaire*.

Le territoire civil de chaque province forme le *département*. — Chaque département comprend un certain nombre d'*arrondissements* administrés par des sous-préfets, — de *districts* (circonscriptions enclavées dans le territoire militaire), administrés par des *commissaires civils* qui ont, dans leur ressort, les mêmes attributions que les sous-préfets. — Les arrondissements et les districts sont eux-mêmes subdivisés en *communes*.

XII. Le territoire militaire est divisé en circonscriptions déterminées par des arrêtés du Gouverneur général.

Les Français, les étrangers, les indigènes habitant d'une manière permanente les circonscriptions des communes constituées sont régis, dans les deux territoires, par les institutions civiles actuellement en vigueur et qui seront successivement développées.

Les indigènes vivant soit isolément, soit à l'état de tribus, et qui ne sont pas rattachés à des communes constituées, sont soumis à l'autorité militaire, dont la mission est de les préparer à passer sous le régime du droit commun.

ADMINISTRATION PROVINCIALE.

ADMINISTRATION GÉNÉRALE DES PROVINCES.

XIII. L'administration générale du territoire civil et du territoire militaire de chaque province est confiée au général commandant la division qui prend le titre de *Général commandant la province*.

En cas d'absence ou d'empêchement, il est remplacé par le plus ancien général de brigade de la province.

Le Général commandant la province est chargé, sous l'autorité du Gouverneur général, de la haute direction et du contrôle des services civils de la province ;

Il rend compte, périodiquement, au Gouverneur général de la situation du territoire soumis à son autorité ;

Il reçoit les instructions du Gouverneur général pour toutes les mesures qui touchent à la colonisation et aux affaires arabes ;

Il propose l'avancement ou la révocation des fonctionnaires ou agents civils de la province, dont la nomination appartient à l'Empereur ou au Gouverneur général ;

Il pourvoit aux emplois dont la nomination lui est déférée par délégations du Gouverneur général.

Il statue sur toutes les affaires d'intérêt provincial dont la décision, réservée au pouvoir central, lui est déléguée, par le Gouverneur général ;

Dans les circonstances urgentes et imprévues, il peut prendre, sous sa responsabilité, et sauf à en référer immédiatement au Gouverneur général, des mesures d'ordre et de sécurité publique.

Le Général commandant la province est spécialement chargé, sous l'autorité du Gouverneur général, de la police de la presse :

Il donne les autorisations de publier les journaux, et révoque ces autorisations, en cas d'abus ;

Il donne les avertissements aux journaux, en prononce la suspension temporaire, et provoque, lorsqu'il y a lieu, les poursuites judiciaires.

ADMINISTRATION DU TERRITOIRE CIVIL.

XIV. Le territoire civil de chaque province est administré par le Préfet, sous l'autorité du Général commandant la province. En cas d'absence ou d'empêchement, le Préfet est remplacé par le secrétaire général de la préfecture.

Le Préfet a sous ses ordres les chefs de différents services civils et financiers dont l'action s'étend sur les deux territoires. Il surveille ces services, soit en vertu de son autorité directe dans le territoire civil, soit par délégation du Général commandant la province dans le territoire militaire.

Il exerce, d'ailleurs, les attributions directes qui lui sont conférées par les art. 10 et 11 du décret du 27 octobre 1858.

Le Préfet adresse, périodiquement, au Général commandant la province, des rapports d'ensemble sur la situation du territoire civil.

Il reçoit ses instructions pour toutes les affaires qui intéressent la colonisation et lui rend compte de leur exécution.

Il transmet au Gouverneur général, par l'intermédiaire du Général commandant la province, qui les revêt de son avis, toutes les propositions concernant les affaires réservées à la décision du pouvoir central.

Les sous-préfets relèvent, directement du Préfet qui peut leur déléguer ses attributions pour statuer sur les affaires d'intérêt local qui exigeaient, jusqu'à ce jour, la décision préfectorale.

Les commissaires civils relèvent directement, soit du Préfet, soit du sous-préfet chargé de l'administration de l'arrondissement auquel est rattaché leur district.

Ils ont, dans leur ressort, les mêmes attributions que les sous-préfets.

Les sous-préfets et les commissaires civils rendent compte de leurs actes à l'autorité dont ils relèvent, et qui peut, toujours, annuler ces actes ou les réformer.

ADMINISTRATION DU TERRITOIRE MILITAIRE.

XV. Le territoire militaire est administré directement par le Général commandant la province qui exerce, en ce qui concerne les Français et les étrangers établis dans ce territoire, les attributions dévolues au Préfet dans le territoire civil.

Le Général commandant la province peut déléguer ces dernières attributions au Préfet qui signe, dans ce cas, au nom du général, toute la correspondance que celui-ci ne s'est pas réservée.

Le Général commandant la province a sous ses ordres, pour l'administration du territoire militaire, les officiers généraux et les officiers supérieurs commandant les subdivisions militaires et les cercles, qui exercent leur autorité sur les populations indigènes, par l'intermédiaire des bureaux arabes.

Les affaires arabes sont centralisées auprès de lui par un Directeur provincial.

INSTITUTIONS COMMUNES AUX TERRITOIRES CIVIL ET MILITAIRE.

XVI. Il est institué dans chaque province un Conseil général composé de vingt-cinq membres nommés par l'Empereur, et choisis parmi les notables Européens ou indigènes résidant dans la province, ou y étant propriétaires.

L'élément indigène doit entrer pour *un quart*, au moins, dans la composition de chaque Conseil général : les israélites peuvent y avoir un membre.

Les Généraux commandant les provinces exercent vis-à-vis des conseils généraux les attributions dévolues aux Préfets.

ADMINISTRATION MUNICIPALE.

XVII. Les centres de population sont érigés en *communes* par décrets impériaux, lorsqu'ils ont acquis un certain degré de développement. Le corps municipal de chaque commune se compose d'un maire, d'un ou de plusieurs adjoints, et d'un conseil.

Les maires et les adjoints doivent être *français* ou *naturalisés français*. Le conseil municipal se compose, indépendamment du maire et des adjoints, d'un certain nombre de membres, nommés par le Général commandant la province. Au premier janvier 1864, on comptait en Algérie, 71 communes constituées.

POPULATION.

La population actuelle de l'Algérie comprend :
1° Les Européens,

2° Les Indigènes.

Sous le nom générique d'*Européens* on comprend, outre les troupes nationales employées en Algérie et dont l'effectif varie d'une année à autre, les résidents *français* (venus de France, ou nés en Algérie de parents français) et les résidents *étrangers*, c'est-à-dire appartenant, par leur nationalité, aux autres États européens.

On comprend sous le nom d'indigènes :
1° Les Israélites nés en Algérie ;
2° Les Musulmans (Arabes et Kabyles).

On comptait, en 1862, dans les trois provinces, 204,877 Européens (l'armée non comprise), savoir :

Français	118,804
Espagnols	51,628
Portugais	95
Italiens	13,377
Maltais	9,888
Belges	671
Allemands	5,830
Polonais	313
Suisses	1,749
Grecs	35
Divers	2,489
Au Total	204,877

Sur ce nombre total, on comptait 198,024 catholiques, 5,653 protestants, et 1,200 israélites.

L'effectif de l'armée d'occupation s'élevait, à la même époque, à 62,306 hommes.

Quant aux Indigènes (Israélites et Musulmans), lors du dernier recensement quinquennal, ils étaient ainsi répartis :

Musulmans des territoires civils (Arabes et Kabyles	358,760
— — militaires	2,300,764
Agalick de l'extrême Sud	33,288
Total des Musulmans	2,692,812
Israélites indigènes	28,097
Total général des Indigènes	2,720,909

EUROPÉENS.

La population européenne n'augmente, d'une année à l'autre, que très-insensiblement. — L'augmentation provient : 1° de l'arrivée des immigrants (colons et ouvriers), qui se rendent en Algérie et dont le nombre, année moyenne, n'excède pas six mille ; 2° de l'excédant des naissances sur les décès. — La moyenne des années 1861, 1862 et 1863 donne 72 décès pour 100 naissances ; soit, au profit des naissances, 28 pour cent.

Les résidents européens ont, suivant leur nationalité, des mœurs et des aptitudes qui leur sont propres.

Les Français ont apporté l'esprit d'initiative qui les distingue : à peine débarqués, et pleins de confiance en eux-mêmes, ils se sont mis à l'œuvre. Les uns ont défriché le sol, les autres ont édifié des villes ; d'autres, enfin, insouciants du danger, amoureux de l'inconnu, ont suivi nos bataillons jusqu'au milieu du Sahara.

Mais la population française se divise elle-même en classes distinctes, que nous désignerons comme suit :

L'armée ; — les fonctionnaires civils ; — les commerçants ; — les colons proprement dits.

L'armée, quoi qu'on en dise, est et sera longtemps encore l'âme de la colonie : elle consolide la conquête, réprime les insurrections que, de temps à autre, fomentent les fanatiques du dedans et les ennemis du dehors ; et, comme les légions romaines si vantées, elle concourt, dans une large mesure, à l'œuvre de régénération : — Routes, barrages, puits artésiens, défrichements, constructions, défenses des côtes, elle a tout entrepris ; il n'est pas de ville ou de village dont les monuments publics, les promenades et les travaux d'art ne soient, en tout ou en partie, son œuvre propre ; son rôle est immense.

Les fonctionnaires civils sont en Algérie ce qu'ils sont partout : plus ou moins intelligents, plus ou moins laborieux. — Ceux qui appartiennent aux administrations locales sont naturellement enclins à se fixer dans le pays : ils s'y marient, achètent un lopin de terre, se complaisent à augmenter le plus possible le nombre de leurs enfants, et envisagent avec un calme stoïque tous les changements que subit le Gouvernement général ; ils font souche de génération et comptent, à titres divers, parmi les producteurs. — Ceux qui, par la nature de leurs fonctions, relèvent des services de la métropole, ne considèrent l'Algérie que comme un lieu de passage où ils sont appelés à faire un séjour plus ou moins long, et ne comptent que comme appoint dans la production générale ; ce sont, essentiellement, des consommateurs.

Les commerçants forment une classe à part, dont les éléments multiples sont, plus qu'ailleurs, disparates : les gens de bourse et de négoce qui constituent « *le haut commerce,* » — et leur nombre est restreint, — apportent dans leurs transactions une droiture incontestée. Quant au *petit commerce,* il se montre plus cupide que consciencieux et vise davantage, ce semble, à *exploiter* le client qu'à se créer une clientèle.

Le colon, lui, est le producteur par excellence : maladies, déceptions, misère, rien ne l'arrête ; il s'empare vaillamment du sol, et, sans marchander sa peine, l'ameublit et le féconde.

Les étrangers qui immigrent en Algérie finissent généralement par s'y fixer.

Les Espagnols sont cultivateurs ou chevriers.

Les Mahonnais, sobres, laborieux, acclimatés d'avance et initiés aux cultures locales, qui ne diffèrent point des leurs, se fixent, de préférence, aux environs d'Alger dont ils alimentent les marchés de légumes et de fruits.

Les Italiens exercent sur le littoral, et plus particulièrement dans la province de Constantine, le métier de pêcheur et celui de batelier.

Les Maltais font le commerce de détail : presque tous sont bouchers, épiciers, ou débitants de boissons et de comestibles.

Enfin, les Allemands et les Suisses, disséminés par groupes plus ou moins compacts, apportent dans leur travail de chaque jour la persévérance qui les distingue.

Tels sont les éléments divers qui constituent, en Algérie, la population européenne. — A l'heure présente, les différences de race sont encore nettement accusées, parce que chaque individu conserve les habitudes, les mœurs et le costume de son pays natal ; mais avec le temps viendra la fusion des intérêts et des familles, et, avant un demi-siècle, Français et Espagnols, Allemands et Italiens se confondront en un seul peuple.

JUIFS INDIGÈNES.

Lors du dernier recensement quinquennal (1861), on comptait en Algérie 28.097 Israélites indigènes, savoir :

Dans la province d'Alger 9,199
— d'Oran 11,551
— de Constantine 7,347
Total égal. . . . 28,097

Presque tous sont commerçants (vente en gros, ou en détail, d'objets de bimbeloterie, d'articles manufacturés etc.), — ou ouvriers d'arts (orfévrerie et bijouterie). Pas un d'eux, peut-être, n'est cultivateur.

La conquête de la Régence a, du tout au tout, transformé leur existence sociale; il nous suffira, du reste, pour faire apprécier mieux leur condition présente, de rappeler la façon dont ils étaient traités par les Turcs, et jugés par les résidents européens.

Et d'abord, voici ce qu'écrivait, en 1830, un officier français attaché au consulat : « Il y a beaucoup de Juifs à Alger, ainsi que dans les principales villes de ce royaume, et ils ne le cèdent à personne en fourberie, friponnerie et fanatisme. Les Algériens les autorisent dans leur pays, parce qu'ils font le commerce avec leurs amis et leurs ennemis. D'ailleurs, ces Juifs leur payent leur existence, et ils servent d'espions à la Régence, qui les traite et les laisse traiter par le peuple comme les plus vils animaux. Pour empêcher que les Juifs ne puissent se soustraire au mépris public, on les oblige à ne porter que d'une couleur, celle qui est en horreur chez les Maures et les Turcs, c'est-à-dire le noir. Ils sont vêtus d'une robe étroite qui descend jusqu'aux talons, et qu'ils serrent autour de leur corps avec une ceinture ; ils portent, en outre, une grande culotte et des pantoufles semblables à celles des marchands maures, dans lesquelles ils ne mettent que le bout des pieds. Voilà tout leur ajustement ; toutes les pièces en doivent être noires, sans en excepter la calotte qui couvre leur crâne. Ces misérables souffrent patiemment, et sans se décourager, toutes les horreurs et toutes les turpitudes dont on peut les accabler impunément, tandis que la loi les condamne à la corde ou au feu, pour lever seulement la main sur des enfants turcs ou maures. » (RENAUDOT, *Tableau de la ville d'Alger. Paris*, 1830.)

Le témoignage de Renaudot pourrait sembler suspect; écoutons M. Genty de Bussy, qui fut placé, de 1832 à 1834, à la tête de l'Administration civile de l'Algérie : « La nonchalance des Turcs et des Maures, leur inaptitude pour toute espèce de commerce, tel est l'appât qui avait attiré les Juifs dans la Régence, et qui y explique leur présence en aussi grand nombre. Il semble que la clandestineté de leurs spéculations leur fasse redouter le grand jour de la légalité, et que les injures, les outrages ne puissent pas plus lasser leur résignation que leur insatiabilité. Souples, insinuants, trafiquant de tout, véritables courtiers de tous les pays, mais fourbes, avides, dissimulés, tels les Juifs étaient au Moyen âge, tels nous les avons trouvés à Alger.... Entassés dans les quartiers les plus infects de la Régence, leur présence y est un perpétuel sujet d'inquiétude pour l'hygiène publique. — L'ancien gouvernement leur avait conservé le libre exercice de leur religion, mais il n'y avait pas d'avanies auxquelles ils ne fussent exposés, pas de travaux pénibles auxquels ils ne fussent arbitrairement condamnés. Si l'on peut s'étonner d'une chose, c'est que la lutte qui s'était établie entre eux et leurs tyrans, ait toujours trouvé leur patience supérieure aux plus barbares traitements...

« Frappés de mort civile avant l'occupation française, ils passaient, sans sourciller, par tous les chemins, par l'astuce comme par la bassesse, par les humiliations comme par le mépris, pour essayer d'arriver à la fortune; mais le plus fréquemment, honnis, vilipendés, ils finissaient comme ils avaient vécu, dans l'abrutissement et dans l'abjection : un seul sentiment les attachait à la vie, l'avarice ! » (*De l'Établissement des Français dans la Régence d'Alger; Paris*, 1839).

Ainsi s'exprime M. Genty de Bussy, ancien Intendant civil de l'Algérie, et que la nature même de ses fonctions mettait en contact journalier avec les indigènes. — « Autre temps, autres mœurs. » Le souffle de la Liberté vivifie tout ce qu'il touche, et les israélites algériens, émancipés par la France, n'ont plus à redouter la haine méprisante des Musulmans : nos lois les couvrent de leur égide. Mais si la France a pu les relever de l'état d'abaissement dans lequel ils vivaient depuis des siècles, elle n'a pu transformer complétement leur caractère; ils ont précieusement conservé leur instinct commercial qui est, à vrai dire, le génie de leur nation.

Actifs, rompus aux affaires, ils se glissent partout, dans les villes et dans les douars, dans les maisons et sous la tente; vendent sur place, ou colportent leurs marchandises, qu'ils livrent au plus bas prix possible, afin d'annihiler la concurrence européenne; font la banque ou l'usure, et, à eux seuls, absorbent presque tout le commerce intérieur de la colonie.

Parmi ces parias de la veille, beaucoup déjà sont riches; quelques-uns, même, sont justement considérés. — La génération qui s'élève, entrée de plain-pied dans la civilisation, se façonne à nos mœurs, suit nos écoles et fournira, certainement, à la colonie plus d'un utile auxiliaire.

INDIGÈNES MUSULMANS.

I

Les indigènes musulmans se divisent en deux classes distinctes : la race *arabe* et la race *kabyle*. L'une et l'autre suivent le culte de Mahomet; mais elles diffèrent essentiellement entre elles par leur origine, leur langue, leurs mœurs et leur constitution sociale.

Arabes. — Ceux des Arabes qui habitent les villes sont appelés *Maures* par les Européens, et *Hadars* par les indigènes; ce sont les hommes de la maison.

Ceux qui vivent sous la tente ou le gourbi, et que l'on désigne sous le nom générique de Hal-el-Bled, habitent le Tell et le Sahara, et sont groupés en tribus, c'est-à-dire par grandes familles dont tous les membres sont rattachés entre eux par des liens plus ou moins étroits de parenté. — Mais ceci mérite explication.

Les Arabes n'ont point, à proprement dire, de nom patronymique; ceux qui sont, ou qui se croient issus d'une souche commune, prennent le nom du fondateur de la famille; et c'est précisément cette famille qui, en se développant dans une longue suite de générations, a constitué la *tribu*. La tribu des *Beni-Sliman*, par exemple, est formée de tous les descendants d'un personnage nommé *Sliman* (Salomon). — Ainsi des autres.

La tribu, ainsi constituée, compte dans le gouvernement comme unité politique et administrative. A mesure qu'elle grossit, elle se fractionne naturellement en branches plus ou moins considérables appelées *Ferkas*; ces fractions de tribus se fractionnent elles-mêmes en *douars*. — Tout chef de famille, cultivateur ou pasteur, qui réunit autour de sa tente celles de ses enfants, de ses proches, de ses alliés, de ses fermiers ou bergers, forme ainsi un *douar* (cercle de tentes), dont il est le chef naturel, et qui porte son nom. C'est ainsi que par son épanouissement progressif, la race arabe a fini par couvrir la plus grande partie du pays.

Les chefs des douars se réunissent en assemblée (Djemmâa) pour discuter entre eux les intérêts communs à la tribu; ainsi, dans le Tell, on règle, ou l'on modifie, dans ces assemblées la répartition des terres de labours ; dans le Sahara, on combine les migrations qui doivent assurer de nouveaux pâturages aux troupeaux.

Une semblable constitution devait avoir, ce semble, la démocratie pour base ; il existe, cependant, chez les Arabes, une aristocratie qui domine le peuple et qui comprend, dans son ensemble, la noblesse d'origine, la noblesse militaire et la noblesse religieuse.

Est noble d'origine, Chérif (au pluriel *Cheurfa*), tout Musulman qui peut, au moyen de titres en règle, prouver qu'il descend de *Fathma-Zohra*, fille du Prophète, ou de *Sidi-Thaleb*, oncle de ce dernier. Leur nombre est très-considérable, et on cite certaines tribus qui sont exclusivement composées de cheurfas.

Le titre de chérif peut s'acquérir par des services signalés rendus à l'Islamisme, ou par des faits particuliers. Le chrétien, lui-même, qui embrasse le mahométisme, peut devenir chérif ; un juif ne peut jamais prétendre à ce titre.

La noblesse militaire est formée par les *Djouâd*, personnages qui descendent de familles anciennes et illustres, et par les *Douaouda*, rejetons de la famille des *Koraïches*, dont Mahomet et sa famille faisaient partie.

La noblesse religieuse, héréditaire comme les précédentes, même chez les femmes, mais qui peut s'acquérir par des faits exceptionnellement méritoires, est celle des *Marabouts*. — Le marabout, spécialement voué à l'observation des préceptes du Coran, en impose à la foule, qui voit en lui le représentant du Prophète. Riche ou pauvre, ignorant ou érudit, il exerce sur l'esprit des Musulmans une influence proportionnée à son savoir-faire. — Il est des tribus dont tous les membres prétendent au titre de marabout.

Les gens du Tell diffèrent essentiellement de ceux du Sahara par les habitudes qu'ont créées aux uns et aux autres les nécessités mêmes de l'existence matérielle. Les premiers sont essentiellement *laboureurs*, les autres *pasteurs* ; ceux-là ne déplacent leurs douars que dans une zone restreinte, et pour obéir aux exigences de la culture ou du climat ; les pasteurs, au contraire, ont besoin d'effectuer de lointains mouvements, soit pour procurer de nouveaux pâturages à leurs nombreux troupeaux, soit pour se rapprocher des points où ils peuvent échanger les laines et les dattes contre les grains qui leur manquent.

Kabyles. — Il est généralement admis que les Kabyles, ou Berbères, ne sont autres que des descendants des Aborigènes, qui se sont soustraits au mélange des différentes nations.

Il existe des tribus kabyles dans toutes les parties de l'Algérie, mais plus particulièrement dans les parties montagneuses. Ainsi, les Traras, dans la province d'Oran ; presque tous les indigènes de l'Ouarsenis et du Djurjura, dans la province d'Alger ; les Ouled-Daoud, les Aourès et les Amamra, dans la province de Constantine ; les Beni-M'zab, sur la limite du Sud, appartiennent à la race kabyle.

Trop d'écrivains se sont essayés à mettre en relief les différences de caractère et de mœurs qui séparent les Arabes des Kabyles, pour que nous songions nous-même à faire un parallèle. — Mais nous dirons avec un des officiers de l'armée d'Afrique qui ont le plus étudié la race berbère, M. Aucapitaine : « Le Kabyle et l'Arabe n'ont qu'un point de contact : leur haine réciproque. Le mépris du montagnard travailleur pour l'habitant paresseux de la plaine ne peut être comparé qu'à l'orgueilleux dédain du cavalier de la tente pour l'habitant de la maison de pierre. Là, en effet, est la différence caractéristique des deux nationalités. L'Arabe, à l'esprit indolent, est le type de la vie nomade ; le Kabyle aime par-dessus tout le foyer domestique, sa maison, son village ; artisan infatigable, il laboure, sème, récolte, enserre. Pendant l'hiver, devenu forgeron, menuisier, il fabrique les instruments de son travail. Été comme hiver, par le soleil ou par la pluie, sa vie est un labeur perpétuel.

« Le Kabyle suit la loi naturelle des peuples montagnards : il émigre dans les plaines. Chaque année, les plus jeunes descendent travailler au moment des moissons. D'une sobriété à toute épreuve, vêtu d'une mauvaise *gandoura* (chemise), d'un burnous en guenille, nu-tête, les jambes garnies de peaux, il recueille, à la sueur de son front, le modeste pécule qui lui permettra d'avoir un fusil, une femme, une maison. »

Le principe démocratique est la base du gouvernement kabyle. Chaque tribu se subdivise en fractions, qui se partagent elles-mêmes en *Déchéras.* Chaque déchéra forme une commune ; chaque commune a autant de *karoubas* qu'il y a de familles distinctes. Les membres d'une même karouba nomment un *dahman,* qui les représentera au conseil (djemâa).

Le président de la Djemâa est l'*Amin.* — L'Amin est, en même temps, dans le village, maire et chef du pouvoir judiciaire et militaire. Il est nommé à l'élection par l'assemblée, réélu tous les ans, lorsqu'il a contenté le plus grand nombre, non réélu s'il n'a pas su commander. Il est, entre la commune et l'autorité française, l'intermédiaire naturel, et, comme tel, responsable de la tranquillité publique. Il prévient les abus, défend le faible contre le fort, et, à l'occasion, veille aux intérêts de l'absent.

Tous les amins de la tribu nomment à l'élection un *Amin-el-Oumena* (amin des amins), qui est le chef politique de la tribu. Mais ce choix doit être confirmé par le gouvernement français.

L'alliance de plusieurs djemâas constitue le *Soff*.

Soff veut dire, en arabe, *rang*; on est d'un soff, c'est-à-dire on se range d'un parti. — Mais pour mieux faire comprendre l'état social des Kabyles, nous extrairons d'un rapport officiel l'exposé qui va suivre :

L'esprit de soff est général ; pas un Kabyle n'en est exempt. Il y a, dans cet état de choses, source à bien des désordres. Qu'un Kabyle, par exemple, se croie lésé, que la djemâa ne lui ait point donné droit, ou qu'il se soit cru maltraité par un homme d'un soff étranger, aussitôt il fait appel aux siens; la partie adverse en fait autant, et voilà deux masses en présence, soit dans la même tribu, soit dans le même village : si une influence tierce n'intervient à temps, le sang coule ; les soffs existent plus haineux, avec plus de raison d'être encore, et les suites du mal en augmentent les causes. Au moindre ombrage que prend dans un village le soff prépondérant, des gardes de nuit sont placés dans les tourelles crénelées qui flanquent la crête où chaque village est bâti, et où on ne peut parvenir sans être signalé et reconnu de loin. Si les hommes, pour leurs travaux, descendent de leur forteresse, les femmes veillent, et au moindre groupe qui se forme dans la campagne, elles apportent la poudre et les armes ; les bergers vont en nombre, et armés, dans les endroits écartés. Tout le monde se garde : c'est la guerre au repos.

Cet état de choses désastreux, qui faisait de chaque village une place forte, de chaque habitant un partisan au guet, et, du voyageur, un ennemi traqué de toutes parts, paralysait le commerce et l'industrie. La misère fut quelquefois si grande, qu'on inventa dans les montagnes de la Kabylie la *trêve de Dieu*, comme chez nous au Moyen âge. Le droit des neutres fut reconnu, et les voyageurs étrangers purent, sauvegardés par un *Anaya*, traverser les camps rivaux des Kabyles.

L'Anaya (en français *protection*), paroles ou signes, est un sauf-conduit; il indique, sous la responsabilité de celui qui l'a accordé, le caractère neutre et inviolable du voyageur à qui il est donné. C'était, en temps de guerre, une sorte de droit des gens que tous les partis, toutes les tribus avaient consenti. — Ce droit fut généralement respecté : c'eût été une cause générale de guerre contre la tribu qui l'aurait violé, et il s'est attaché un tel prestige à ce mot, qu'aujourd'hui, lorsque deux ou plusieurs hommes sont près d'en venir aux mains, si une femme, un enfant même, s'écrie : « Je jette entre vous l'anaya du village, » la dispute cesse aussitôt. Une amende très-forte punirait ceux qui n'auraient pas obéi.

Les Kabyles du Djurjura, que les Romains ni les Turcs n'avaient pu soumettre, jouissaient encore, en 1857, de leur entière indépendance. L'expédition du maréchal Randon les a placés sous la domination de la France, qui leur a conservé leurs antiques institutions en y introduisant, toutefois, les améliorations dont elles sont susceptibles.

CULTE MUSULMAN.

Nous avons dit que, de temps à autre, des insurrections plus ou moins graves éclataient à l'improviste, ainsi qu'éclate un orage par une journée d'été : les chefs de ces insurrections sont, presque toujours, des marabouts ayant pour auxiliaires les plus immédiats et les plus fougueux des membres de confréries religieuses, désignés sous le nom de *kouans* (frères). Ces prises d'armes sont faites bien plus au nom de la religion qu'au nom de la liberté. Les indigènes supporteraient patiemment notre domination, car le fatalisme oriental leur rend la servitude moins amère qu'on ne le pense; et, en se disant « *c'était écrit*, » ils se résigneraient pieusement, sans doute, à notre domination; mais nous sommes à leurs yeux les ennemis du Prophète, et ce qu'ils détestent cordialement en nous, ce n'est point le vainqueur, c'est *le chrétien*.

Et comme il convient de connaître les pratiques religieuses des peuples au milieu desquels on est appelé à vivre, nous croyons devoir entrer ici dans quelques détails :

La religion musulmane a quatre rites différents :

Le rite Maléki;

Le rite Hanéfi;

Le rite Chesaï;

Le rite H'ambeli.

Les Arabes de l'Algérie suivent les deux premier rites, mais le Maléki domine. Une décision ministérielle a réglé, ainsi qu'il suit, l'organisation du culte.

Les établissements religieux musulmans sont divisés en cinq classes, eu égard au chiffre plus ou moins élevé de la population musulmane dans chaque localité, et au degré d'importance de chaque établissement en particulier.

Les établissements de 1ʳᵉ classe se composent de mosquées principales, ayant un *mouderrès* (professeur);

Ceux de 2ᵉ classe comprennent les mosquées, ayant une tribune pour la *khotba*, prière que le *khetib* récite tous les vendredis, et qui correspond au « *Domine salvum fac Imperatorem* » des catholiques;

Ceux de la 3ᵉ classe, les mosquées et tribunes moins importantes;

Ceux de la 4ᵉ classe, les mosquées qui n'ont point de tribune pour la khotba, et les oratoires principaux consacrés aux marabouts;

Enfin, ceux de 5ᵉ classe comprennent les plus petites chapelles, desservies par un seul agent.

Le personnel se divise en deux catégories : le personnel supérieur et le personnel inférieur.

Le personnel supérieur comprend :

1° Le *Muphti*, chef du culte dans la circonscription qui lui est assignée;

2° L'*Iman*, dont les attributions sont de diriger les prières et le service religieux, et de faire périodiquement diverses instructions ou lectures.

Le personnel inférieur se compose des agents ci-après :

1° Le *Mouderrès*, ou professeur, spécialement chargé de l'enseignement supérieur dans les mosquées de première classe : il fait des cours préparatoires, en suite desquels les élèves peuvent concourir pou être admis dans les *medersa* (écoles supérieures);

2° Le *Hach-hazzab*, ou chef des lecteurs;

3° Les *Hazzabin*, — lecteurs du Coran, ou d'ouvrages de théologie;

4° Le *Bach-Moudden*, — qui a sous ses ordres :

5° Les *Mouaktin*, — préposés à la détermination de l'heure pour prière;

6° Les *Moudinn*, — ou crieurs des mosquées, spécialement chargés d'indiquer, du haut du minaret, les heures des prières;

7° Les *Nas-el-Houdour*, ou *Tolbas*, — destinés aux fonctions du culte, et qui suivent régulièrement les cours publics ouverts dans les mosquées.

Telle est, dans son ensemble, l'organisation du personnel; voyons, maintenant, les détails du culte.

La religion, dans son acception générale, établit les rapports de l'homme avec Dieu. — Mahomet, en prêchant l'Islamisme, dit à ceux qui l'écoutaient : « Il n'y a de Dieu que Dieu, et Mahomet est son Prophète. » — Et il donna pour dogme à la religion nouvelle les peines et les récompenses de la vie future. C'est ainsi qu'il proposait pour récompense « une vie éternelle, où l'âme serait enivrée de tous les plaisirs spirituels, et où le corps, ressuscité avec ses sens, goûterait par ces sens mêmes, toutes les voluptés qui lui sont propres. » — Le châtiment devait résider dans la privation de ces plaisirs.

Mais le Prophète ne pouvait espérer que sa parole aurait force de loi. Il eut recours au merveilleux, parce que le merveilleux devait séduire des peuples enthousiastes, aux passions ardentes. Représentant de Dieu sur la terre, il avait, dit-il, reçu de Dieu même la doctrine qu'il révélait aux hommes, et dont les préceptes, extraits du CORAN, — c'est-à-dire du livre saint par excellence, — lui étaient remis séparément, et à des intervalles plus ou moins éloignés, par l'ange Gabriel, « un des quatre anges du Paradis. »

Mahomet mourut : — Abou-Beker, son successeur, recueillit et mit en ordre (l'an XIIIe de l'hégire, 635 ans de J. C.) tous les préceptes donnés par le Prophète, et c'est l'ensemble de ces préceptes qui constitue le Coran. — Le Coran est donc, tout à la fois, le recueil des dogmes de l'Islamisme, et le code civil, criminel, politique et religieux des Musulmans.

Et voici ce qu'il enseigne :

« Après le châtiment infligé par Dieu à la première postérité des enfants d'Adam, « *le plus ancien des Prophètes,* » Noé répara les désastres occasionnés par les péchés des hommes. Après Noé parurent successivement Abraham, puis Joseph, puis Moïse. Saint Jean vint ensuite, qui prêcha l'Évangile : Jésus-Christ, « conçu sans corruption dans le sein « d'une vierge exempte des tentations du démon, créé du souffle de « Dieu et animé de son esprit, » *établit* cet Évangile, et Mahomet le confirma. »

Les cinq bases fondamentales du culte sont les suivantes :

La prière ;
L'aumône ;
Le jeûne ;
Le pèlerinage à la Mecque ;
La profession de foi.

Tout bon musulman sera récompensé dans une vie future ; et, comme il y a des degrés en tout, aussi bien dans les béatitudes célestes que dans l'échelle des êtres, le Coran donne aux fidèles sept paradis :

« Le premier est d'argent fin ;

« Le deuxième d'or ;

« Le troisième, de pierres précieuses ;

« Le quatrième, d'émeraudes ;

« Le cinquième, de cristal ;

« Le sixième, de couleur de feu ;

« Et le septième, — un jardin délicieux, arrosé de fontaines et de rivières de lait, de miel et de liqueurs, avec des arbres toujours verts, dont les pépins se changent en filles si belles et si douces, que si l'une d'elles avait craché dans la mer, l'eau n'en aurait plus d'amertume.

« Ce paradis est gardé par des anges.... Les *appartements* sont ornés de tout ce que l'imagination peut rêver de plus riche ; les vrais croyants s'y nourriront des mets les plus exquis, et épouseront d'admirables Houris, *toujours jeunes et toujours vierges.* »

Ainsi dit le Coran : — Mahomet, on le voit, connaissait à merveille le caractère des Orientaux ; en caressant leurs instincts, il les poussait au fanatisme.

Il ne faudrait point croire, cependant, que la religion musulmane fût tout entière basée sur le matérialisme ; ce serait l'apprécier mal. Le Coran est, à vrai dire, un mélange des doctrines chrétiennes et juives unies aux traditions orientales, et toute sa morale, au dire des interprètes, est contenue dans ces paroles : « Recherchez qui vous chasse, donnez à qui vous ôte, pardonnez à qui vous offense, faites du bien à tous, et ne contestez jamais avec les ignorants. »

Prières et ablutions. — Le Coran exige, sous peine de châtiment éternel, de prier cinq fois le jour, aux heures déterminées par les Mouaktin. Chaque prière est précédée d'une ablution, *Oudou-el-Seghir* que les fidèles répètent trois fois.

L'ablution consiste à se verser un peu d'eau dans la main gauche et à la laver en prononçant ces paroles : « Au nom de Dieu le miséricordieux, etc., mon intention est de faire telle prière. » On se gargarise ensuite avec une gorgée d'eau, toujours par trois fois, et trois fois on aspire de l'eau par les narines, en disant : « O mon Dieu, faites-moi sentir l'odeur du paradis. » Puis on se lave successivement la figure, les yeux, les oreilles, les bras et les jambes. — Il est aussi recommandé expressément de faire l'aumône : « Dieu n'accordera sa miséricorde qu'aux miséricordieux, dit le Coran; faites donc l'aumône, ne fût-ce que de la moitié d'une datte. Qui fait l'aumône aujourd'hui, sera rassasié demain. »

Le Rhamadhan. — Le Rhamadhan est le neuvième mois de l'année musulmane; c'est le mois de l'abstinence et des mortifications. — Un des commentateurs du Coran s'exprime ainsi : « Le manger et le boire, dit-il aux fidèles, vous sont rigoureusement interdits pendant ce mois, depuis l'heure où vous pourrez, à la clarté du jour, distinguer un fil blanc d'un fil noir. Accomplissez ensuite le jeûne jusqu'à la nuit; éloignez-vous pendant ce temps de vos femmes, et passez le jour en prières. Tel est le précepte du Seigneur. »

Pendant tout ce mois, les Musulmans ne prennent aucune nourriture, ne boivent ni ne fument, depuis le lever de l'aurore jusqu'au coucher du soleil; et ce jeûne est d'une si étroite obligation que personne n'en est exempt. — Si rigoureux qu'il soit, il est strictement observé par le peuple et même par des femmes qui, en temps ordinaire, pèchent de plus d'une sorte. Nul n'oserait l'enfreindre publiquement; mais les riches trouvent moyen d'éluder le précepte; ils festoient toute la nuit, puis dorment tout le jour.

Dans les villes de l'Algérie, l'heure à laquelle cesse le jeûne est, chaque soir, annoncée par un coup de canon.

Les Marabouts. — Le culte a ses ministres; mais à côté de ces ministres officiellement reconnus, il existe une classe d'hommes qui exercent sur toutes les consciences un empire presque absolu : nous voulons parler des Marabouts.

Le Marabout est l'homme spécialement voué à l'observance des préceptes du Coran, qu'il commente et qu'il explique. C'est lui qui, aux yeux des Arabes, conserve intacte la foi musulmane; la religion l'environne d'un tel prestige que ses paroles, avidement écoutées, sont toujours et partout pieusement recueillies. « La vénération publique pour les Marabouts, dit le général Daumas, ne se traduit pas seulement en honneurs, en déférence, en priviléges; ils vivent par le peuple; on pourrait dire que tous les biens de la nation leur appartiennent. Leurs zaouïas sont réparées, pourvues, sans qu'ils aient à s'en occuper, sans qu'ils aient même besoin d'exprimer un désir : on prévient tous leurs vœux. »

On comprend quelle influence exercent les Marabouts, soit qu'ils agissent isolément, soit que, réunis, ils enseignent aux enfants qui fréquentent leurs *Zaouïas*, et la honte du servage et la haine du nom chrétien. — Mais il nous faut dire ce que sont les zaouïas.

Les Zaouïas. — « La zaouïa, dit le colonel de Neveu (*Les Khouans*), est un établissement qui n'a aucun analogue dans les États d'occident ; c'est à la fois une *Chapelle* qui sert de lieu de sépulture à la famille qui a fondé l'établissement, et où tous les serviteurs, alliés ou amis de la famille, viennent en pèlerinage à des époques fixes ; — une *Mosquée*, où se réunissent les Musulmans des tribus voisines pour faire leurs prières en commun ; — une *École*, où toutes les sciences sont enseignées : lecture, écriture, arithmétique, géographie, histoire, théologie, et où tous les enfants pendant toute l'année les étudiants (*thaleb*), pendant certaines saisons, les savants (euléma) à des époques fixes, se réunissent, soit pour apprendre les sourats du Coran, soit pour former des conciles et discuter certaines questions de droit, d'histoire ou de théologie ; — un *Hôpital* ; — une *Hôtellerie* où tous les voyageurs, les pèlerins, les malades et les infirmes trouvent un gîte, des secours, des vêtements et de la nourriture ; — un *Office de publicité*, où s'échangent des nouvelles, où l'on écrit l'histoire des faits présents ; enfin, une *Bibliothèque*, où l'on conserve la tradition écrite des faits passés.

Généralement, les zaouïas possèdent de grands biens provenant de dotations (*Habous*), ou d'aumônes affectées par la charité publique à l'entretien de l'établissement, auquel de nombreux serviteurs sont attachés, soit pour en cultiver les terres, soit pour en servir le nombreux personnel. — « On peut affirmer, ajoute M. de Neveu, que l'Algérie est à peu près divisée en circonscriptions de zaouïas, comme chez nous le pays est divisé en circonscriptions religieuses : paroisses, évêchés et archevêchés ; et comme la zaouïa est également une école, le ressort de cet établissement correspond aussi à un ressort académique. Sous ce double rapport, les zaouïas méritent une surveillance et une attention toutes particulières. »

ORDRES RELIGIEUX.

Les Khouans. — Il existe plusieurs ordres religieux ; ils se distinguent les uns des autres par le nombre et le récitatif des prières ; mais ils ont tous pour base le mahométisme pur.

« Les ordres religieux qui ont acquis droit de cité en Algérie sont, dit M. Ch. Brosselard, au nombre de sept [1]. — Celui de Sidi-Abd-el-Kader-el-Djilali, de tous le plus ancien, mérite d'être placé au premier

---

[1] LES KHOUANS : *De la constitution des ordres religieux musulmans en Algérie.*

rang. Il doit son nom à un célèbre Marabout de Bagdad, qui en fut le fondateur dans le sixième siècle de l'hégire. Il est très répandu dans tout l'Orient ; la mémoire de Sidi-Abd-el-Kader est restée populaire; elle est encore entourée, dans les pays musulmans, d'une vénération superstitieuse, et en Algérie on considère ce saint personnage comme le patron des pauvres et des affligés. Le siége de l'ordre est à Bagdad.

« L'importance de l'ordre de Mouley-T'aïeb lui assigne la seconde place. Il paraît avoir été fondé par les Chérifs du Maroc, et le Sultan même de cet Empire tient à honneur d'y être affilié. C'est en même temps de sa part un acte de sage politique. Le chef de l'ordre réside à Ouezzan, petite ville située entre El-Araïch et Fès. Le nombre de ses sectateurs est considérable, tant dans les diverses contrées du Maroc que dans la partie occidentale de l'Algérie.

« L'ordre des Aïssaoua doit être placé en troisième ligne, moins à cause du nombre de ses adeptes, qui est restreint, qu'à raison de son ancienneté. La fondation remonte à Sidi-Mohammed-ben-Aïssa, fameux Marabout qui vivait à Meknès, dans l'empire du Maroc, il y a trois cents ans. Le supérieur de l'ordre continue de résider dans ce pays.

« Vient ensuite l'ordre de Sidi-Moh'ammed-ben-Abderrahman, qui doit son origine à un Marabout de ce nom, issu de la tribu des Beni-Ismaël, dans la confédération des Guochtoula, sur le revers septentrional du Djurjura. C'est un ordre tout moderne, qui compte à peine cinquante années d'existence ; mais il est considéré, dans la Kabylie et dans toute la partie orientale de l'Algérie, comme un ordre national et il réunit, à ce titre, un très-grand nombre de partisans.

« L'ordre de Sidi-Ahmed-Tidjani, d'une origine également récente, a été fondé à Aïn-Madhi, par le Marabout dont il porte le nom. Il est le plus répandu dans le Sahara, et compte beaucoup d'adeptes dans les tribus Chaouïas de la province de Constantine. La résidence du supérieur général est à Aïn-Madhi.

« L'ordre des Derkaoua tire son nom de Derka, petite ville du Maroc, dans la circonscription de Fès, d'où il paraît originaire. Ses sectateurs se rencontrent facilement dans l'Ouest de l'Algérie. Le mot d'ordre leur vient de Fès.

« Enfin, nous terminerons cette revue par la mention d'un ordre beaucoup moins important que les précédents, celui de Sidi-Youcef-el-Hamsali, qui s'est fondé dans les environs de Constantine, et dont l'influence ne s'étend pas au delà d'un rayon fort restreint autour de cette ville.

« Chacun des ordres que nous venons d'énumérer relève d'un Supérieur-général, ou Grand-Maître, qui prend le titre de *Khalifa*. Il est ordinairement choisi parmi les descendants du Marabout fondateur, et réside dans le lieu même où l'ordre a pris naissance. Le khalifa a sous son autorité un nombre indéterminé de *Cheikhs*, nommés aussi *Mekaddams*, dont chacun est chargé d'administrer une circonscription religieuse d'une importance variable.

« Le cheikh, représentant immédiat du khalifa, est souverain dans toute l'étendue de son ressort spirituel. Il exerce ses pouvoirs en vertu d'un titre régulier, de lettres-patentes qui lui sont octroyées par le khalifa et lui parviennent revêtues de son sceau. Le cheikh lui-même a un sceau particulier, insigne du pouvoir qui lui est délégué. Il correspond seul avec le khalifa, soit pour lui donner des nouvelles et l'instruire de la situation de la société, soit pour lui demander des conseils et des instructions. Il a sous ses ordres un *Rekib* ou vicaire, toujours agréé par le khalifa, et qui a pour mission de le suppléer dans toutes les circonstances où cette mesure peut être reconnue nécessaire. Enfin, sous les yeux du cheikh et sous sa direction toute-puissante, se meuvent un certain nombre d'agents secondaires qui, sous les noms de messagers, porte-bannières et chaouch, remplissent toutes les fonctions subalternes de la société. Le plus considérable de ces agents de second ordre est, sans contredit, le *rekkas* ou messager, courrier diplomatique, par l'intermédiaire duquel s'opèrent toutes les communications entre les diverses confréries du même ordre, ainsi que celles qui peuvent s'échanger entre le cheikh et le khalifa. Indépendamment des dépêches écrites qui lui sont confiées, et qui ne contiennent, le plus ordinairement, que des nouvelles d'un intérêt général, le courrier est toujours porteur d'instructions verbales dont le secret demeure entre lui, le cheikh et le supérieur à qui elles sont destinées. Il s'agit, comme on le voit, d'un emploi de confiance et qui exige une capacité toute particulière. Aussi, le rekkas chargé de ces délicates missions est-il un homme de choix, un peu taleb, rusé, adroit, souple, actif et dur à la fatigue. Léger de vêtements et d'argent, le rekkas parcourt, avec une célérité extraordinaire, des espaces considérables, recevant partout, jusqu'à sa destination, l'hospitalité des Frères qui sentent renaître, à son passage, toutes les espérances que peuvent exciter dans des esprits crédules et fanatiques les relations mystérieuses dont il est l'agent toujours discret.

« Les membres des associations religieuses prennent entre eux le nom de *khouan* (frères) et encore, mais moins ordinairement, celui de *fekirs* (pauvres), comme s'ils voulaient témoigner par là qu'ils ne sont que les humbles serviteurs du chef suprême de leur ordre et qu'ils rompent absolument avec le monde, renonçant à ses jouissances et à ses plaisirs, pour vivre de cette vie simple et modeste recommandée par le fondateur de l'Islamisme qui disait de lui-même : « La pauvreté « fait ma gloire. »

« Les Frères se reconnaissent entre eux à des signes particuliers, à certains mots pris de leur rituel, ainsi qu'à la forme et à la composition des grains de leurs chapelets. Chaque ordre a, d'ailleurs, pour signe de ralliement officiel et public, une bannière composée uniformément des trois couleurs, verte, jaune et rouge, emblèmes par excellence de l'Islamisme, et dont la disposition seule varie suivant l'usage adopté par chaque ordre en particulier.

« Le cheikh ou mekaddem, que l'on pourrait très-bien appeler le directeur provincial, a seul pouvoir dans toute l'étendue de sa circonscription spirituelle, pour conférer le *oueurd*, c'est-à-dire pour initier à la règle et aux pratiques de l'ordre ceux qui demandent à y être affiliés.

« Le Musulman qui veut se faire initier, doit se préparer à ce grand acte par la prière, par le jeûne et par l'aumône. Il se dispose à dépouiller le vieil homme pour revêtir le sentiment de la grâce; il s'agit d'un événement capital dans son existence. Le jour venu où il doit être reçu en assemblée générale, il s'y présente sous les auspices de deux frères, qui l'amènent solennellement vers le cheikh. Le postulant se prosterne alors devant ce personnage respecté, et après lui avoir baisé les mains il lui dit : « Père vous me voyez repentant de mes péchés;
« que Dieu me les pardonne! Je viens à vous avec humilité, pour que
« vous me conférjez, avec l'assistance du Très-Haut, le oueurd de notre
« seigneur *un tel*... Père, je vous demande de m'initier à la science
« de la vérité, de me montrer la voie qui mène au salut en me traçant
« les règles de votre ordre vénéré. Je promets de m'y soumettre, d'y
« appliquer mon esprit, et d'y demeurer fidèle. Je jure de servir jus-
« qu'à la mort ceux qui vont devenir mes frères. Je jure obéissance et
« dévouement à notre maître le khalifa et au cheikh son représentant;
« que Dieu les maintienne en sa grâce et leur accorde sa bénédiction! »
— En ce moment, l'assistance s'écrie : « Il est à nous! il est à nous!
« qu'il devienne un de nos frères! » — Alors le cheikh, se rapprochant du postulant, lui prend les deux mains et les serre étroitement dans

les siennes ; puis, se penchant à son oreille, il y glisse certaines paroles mystérieuses, sous l'influence desquelles la figure du novice s'anime et prend une expression de béatitude céleste.

« Il semble, en cet instant, que son esprit découvre des horizons nouveaux. — Aussi bien, le cheikh vient d'initier le nouveau frère à la profession de foi Islamique : « *Il n'y a de Dieu que Dieu.* » Puis, il lui a confié les *sept noms*, ou les sept attributs principaux de la Divinité, qui correspondent dans les sept cieux, aux sept lumières divines et aux sept couleurs fondamentales. Cette première partie de la cérémonie terminée, le cheikh adresse au novice des exhortations paternelles, et lui enseigne les devoirs de son nouvel état. Ensuite il se tourne vers l'assemblée, et dit : « Que la satisfaction de notre frère, que « sa félicité et sa gloire s'accroissent dans ce nid des humbles, que ses « services soient agréables à l'Éternel et à notre bien-aimé fondateur ! » L'assemblée répond en chœur : Ainsi soit-il ! ainsi soit-il ! elle salue le nouveau venu par mille souhaits de bonheur, et psalmodie, à son intention, la *Fatha*, cette prière d'actions de grâces, pleine d'élan et de foi, par laquelle les Musulmans sanctifient tous les actes importants de la vie. — Ainsi se termine la cérémonie de l'initiation.

« Les femmes sont aptes, aussi bien que les hommes, à être admises dans les confréries religieuses. Elles sont reçues et initiées par d'autres femmes, investies du titre de supérieures, qui elles-mêmes tiennent leurs pouvoirs du Grand-Maître. Le nombre des affiliées du sexe féminin est considérable, particulièrement dans les ordres de Mouley-Taïeb et de Sidi-ben-Abderrahman, et il n'est pas douteux qu'elles n'y jouent un rôle très-actif et très-important. Elles prennent entre elles le nom de *sœurs*, et pour les étrangers celui de *Fekirat*. »

Il semble, à première vue, qu'il ne s'agit en tout cela que d'une organisation dont les rouages sont aussi peu nombreux que compliqués : qu'on ne s'y trompe point, cependant : la franc-maçonnerie musulmane a des racines profondes, et les différents ordres religieux que nous venons d'énumérer exercent sur les masses une influence prodigieuse. Il ne saurait en être différemment ; car aux termes du contrat moral qui les lie, chaque frère est *l'homme*, ou, pour mieux dire, *la chose* du cheikh dont il relève : « il lui voue une obéissance aveugle ; il est entre ses mains comme est un cadavre entre les mains du laveur des morts, qui le tourne et le retourne à son gré. »

Ainsi constitués, les Khouans forment non point une congrégation, mais une milice enthousiaste, armée pour la défense et la propagation de l'Islamisme, prête à combattre, partout et toujours, l'incrédulité et l'hérésie : « Elle est là, debout, fière, impétueuse, décidée, au premier signal de ses chefs, à donner tête baissée dans les périls. Mais elle sait aussi, quand la voix de ses supérieurs l'ordonne, se montrer patiente et résignée ; elle courbe la tête sous la force irrésistible des événements, épiant une heure favorable pour la relever plus altière. C'est une mer calme à la surface ; au fond gronde la tempête. Les fakirs, convaincus de la sainteté de leur cause et de la grandeur du but vers lequel tendent leurs efforts, ne se découragent point par les revers. La Foi est vivace ; l'Espérance est toujours au bout ! » (*Brosselard*.)

Espérance trompeuse, mais que rien ne lasse. — « Haine et guerre au *Kasser*, » c'est-à-dire au sectateur d'une religion autre que le mahométisme ! C'est avec ce mot d'ordre que les chefs des Khouans ont préludé aux massacres de Beyrouth et de Djeddah, et qu'ils viennent, une fois encore, de transformer l'Algérie en un champ de bataille.

DES FEMMES ARABES.

Du mariage. — « Avant l'Islamisme, l'Arabe prenait autant de femmes légitimes qu'il en pouvait entretenir, autant d'esclaves et de concubines qu'il lui plaisait : Mahomet octroya au musulman quatre femmes légitimes en même temps : « *Épousez de préférence les vierges,* » disait-il souvent. Le commun, ou plutôt la totalité des Musulmans aperçoit dans cette parole une ordonnance de plaisirs, presque un devoir d'épouser de très-jeunes filles ; « mais, observe judicieusement M. Perron (*Femmes arabes avant et depuis l'Islamisme*), il y a autre chose dans la pensée que revêt ce commandement. Le législateur a voulu, tout en sacrifiant la femme à l'homme, qu'elle pût toujours goûter du mariage ; il a voulu encore, comme conséquence, que fussent fécondées d'assez bonne heure toutes les sources de la population, et que les nations musulmanes se multipliassent en nombre extrême. »

« Le mariage est assez souvent contracté plusieurs mois avant que les époux soient mis en relations conjugales : des jeunes filles en bas âge sont promises à tel individu ou du même âge, ou d'âge plus avancé. Aïcha, la femme de prédilection du Prophète, dit : « Je fus mariée dès l'âge de six ans à Mahomet, et j'avais neuf ans quand il cohabita avec moi ! — Cet exemple est fréquemment suivi en Orient, et les mariages précoces, même avant l'âge de puberté des filles, sont dans les goûts et les habitudes des Musulmans.

Comme conditions requises pour contracter un mariage, il faut, aux dires des commentateurs les plus autorisés du Coran : — un *ouali* (représentant de la femme, ayant droit et pouvoir de contracter pour elle ; — un *don nuptial*, que doit donner le futur époux ; — le *substratum*, c'est-à-dire l'époux et l'épouse libres de tout empêchement légal (de maladie, par exemple) ; — enfin, la *formule d'engagement*, de la part du fondé de pouvoir de la femme et de la part de l'époux, ou de la part de son représentant ; formule qui consiste en ces mots : « Je t'accorde, pour femme et épouse, une telle (ma fille, ou ma sœur, etc.), et je te la donne à la condition d'un don nuptial de tant (il faut préciser la valeur).

Le prétendant peut également proposer sa demande à l'individu qui a droit de contracter au nom de la femme, par : « Donne-moi en mariage une telle, et agrée un don nuptial de tant. » Si le *ouali* accepte et répond : « Je te la donne pour épouse, » le mariage est conclu. Après cette formule d'accords, aussi bien qu'après la formule précédente, le mariage est obligatoire, quand même l'un des deux futurs révoquerait son consentement.

Du don nuptial. — « Le don nuptial est l'analogue d'un prix de vente : il comporte les principales conditions obligatoires et redhibitoires d'un marché. La femme, en se mariant, vend une partie de sa personne. Dans un marché, on achète une marchandise ; dans un mariage, on achète le champ génital de la femme : — ce qui regarde la garantie ou responsabilité relative du don nuptial, et les dégradations ou les pertes survenues à ce don, est réglé par les dispositions légales qui règlent la responsabilité dans les ventes.

« Il est d'obligation canonique de livrer le plus promptement possible à la femme le don nuptial, une fois qu'il est déterminé et convenu. Si ce don n'est pas exactement déterminé, et que la fixation en soit laissée à la bienveillance de l'époux, la femme a le droit de refuser toute entrevue privée avec son mari avant qu'il se soit acquitté envers elle de ce qu'il doit d'abord donner. — Certaines maladies constatées chez l'un des conjoints, lèpre, éléphantiasis, etc., ou l'impuissance avérée du mari, rendent, de plein droit, le mariage nul.

De la répudiation. — Quand il y a chez les conjoints incompatibilité d'humeur, et que cette incompatibilité détermine soit un éloignement réciproque, soit des sévices graves de la part du mari, l'affaire est portée devant le cadi, qui la soumet à deux arbitres pris, le plus possible, l'un dans la famille du mari, l'autre dans celle de la femme. Si ces arbitres, après avoir cherché à concilier les parties, se prononcent pour la répudiation, leur décision, soumise préalablement au cadi, a force de sentence judiciaire. Toutefois, cette répudiation ne peut être que temporaire.

« Mais s'il est prouvé devant le cadi que le mari ne se comporte pas comme il le doit avec sa femme (et que, par exemple, il ne lui parle plus, qui lui tourne le dos lorsqu'ils sont au lit, qu'il l'a battue brutalement), la femme est libre, alors, de s'affranchir de son mari par une répudiation complète, et cela, quand même les preuves ne démontreraient pas que les torts du mari se sont répétés plusieurs fois. »

Du divorce. — « Le divorce n'est qu'une forme de la répudiation. Il est licite moyennant une valeur compensatoire, par laquelle la femme se rédime de l'autorité maritale. — Toutefois, le mari est tenu de rendre le prix compensatoire lorsque la femme, apportant pour preuve de sa déclaration le témoignage de la voix publique, atteste qu'elle a demandé le divorce pour mettre un terme à ce qu'elle endurait des mauvais procédés du mari (aux coups, aux injures continuelles et sans motifs plausibles, aux dépenses folles, etc.) »

Ainsi disent les commentateurs du Coran. Ces détails, nous les avons puisés dans le « *Précis de jurisprudence musulmane* » (Dr Perron, t. II), auquel nous renvoyons ceux de nos lecteurs qui voudraient consulter les textes; mais ce rapide exposé n'intéresse que les légistes et ne donne qu'une idée très-imparfaite de ce qui existe. — Pour faire connaître et apprécier dans tout ce qu'a de triste et de véritablement dégradé la condition actuelle de la femme arabe, nous exposerons au grand jour le tableau qu'a tracé, de main de maître, un ancien chef du bureau arabe :

« Montrez-moi dans quelle condition se trouve la femme chez un peuple, a écrit le commandant Richard (*Scènes de la vie arabe*), et je vous dirai où en est celui-ci, en lumières et en progrès. A peuple abruti, femme dégradée. L'un mesure la valeur de l'autre, dans une réciprocité inexorable. Ce sont les deux niveaux d'un même siphon ; que le premier monte ou descende, le second le suit. »

Condition actuelle de la femme arabe. — « Condition n'est pas même le mot qui convient. On ne sait, en effet, comment définir une chose qui n'a d'autre loi que le caprice : tantôt ceci, tantôt cela. Un paria est un paria ; il sait à quoi s'en tenir; mais la femme arabe n'a pas même une charte d'infamie écrite par les mains de la société où elle vit. Quand elle prend un homme, elle ne sait véritablement pas où elle va. Esclave, elle n'ignore pas qu'elle le sera ; mais, quant aux tortures intimes, que nul ne voit, dont aucune autorité n'ose sonder les mystères, qui lui en tracera les limites ? Personne.

Voici, dans toute sa brutale simplicité, comment la chose se passe :

« Un Arabe, qui a amassé les douros nécessaires pour se marier, s'informe dans le voisinage de l'objet qui pourra lui convenir. Ce qu'il lui faut généralement, ce n'est pas, hélas ! la houri de ses rêves, éclose dans sa tête au feu de sa jeunesse, image rayonnante de toutes les illusions premières que le cœur inspire ; loin de là. Ce qu'il lui faut d'abord, c'est une créature lui faisant son pain et son burnous, capable de le nourrir et de l'habiller. C'est, en effet, à ces termes, d'un matérialisme brutal, que se réduit, le plus souvent, cette union que quelques poëtes égarés ont dorée de si beaux mensonges. — Pour l'amour et les besoins du cœur, il y a la femme du mystère (souvent celle du voisin), et les hasards des nuits sombres.

« La femme découverte, celui qui la cherche se présente chez son détenteur, père, oncle ou cousin, et le marché se conclut après une discussion durant laquelle acheteur et vendeur contestent ou exhaltent, à qui mieux mieux, les qualités de la future. Puis, le cadi rédige le contrat.

« Le jour fixé pour la consécration, la fiancée est transportée de la tente paternelle à celle de son époux, avec un accompagnement de coups de fusil, cris, vacarme, etc. Le soir, il y a redoublement de sabbat, et, après une ventrée homérique de couscoussou et de viande plus ou moins grillée, chaque homme se retire, cuvant du mieux qu'il peut l'approvisionnement de victuailles dont il s'est gratifié.

« Le lendemain, le supplice de la pauvre créature commence. — Comment raconter les tourments d'une vie pareille ? Traire les vaches, battre le lait pour faire du beurre, aller au bois et à l'eau, quelquefois à une lieue de la tente, en revenir chargée comme une bête de somme, tourner toute une journée un moulin à bras pour faire de la farine et ensuite du pain ; cuisiner cet éternel couscoussou et tisser cette interminable toile de Pénélope, qu'on appelle un burnous; grelotter en hiver, pieds nus, sous des haillons gelés ; se rôtir, en été, sous un soleil de feu, sur une terre ardente ; ce n'est certes pas là une existence à envier ; mais sa face la plus triste n'en paraît point encore.

« Un travail dur, exagéré, est encore chose supportable quand il a pour compensation les satisfactions du cœur, les joies saintes de la famille, la pensée qu'on est protégé, soutenu, aidé. Mais ici, rien de pareil. Tandis que la pauvre femme se brûle au soleil pour satisfaire ce maître qui s'appelle son époux, celui-ci, contraste déchirant ! étale sa paresse à l'ombre d'un buisson, et se repait, des journées entières, du plaisir de contempler l'azur qui se déroule devant lui. Quand il rentre dans sa tente attristée, ce n'est qu'avec la mine altière du maître, et des paroles de reproche à la bouche ; et si quelque motif particulier vient exciter une bile prompte aux explosions, il bat sa femme comme il battrait son âne...

« C'est ainsi que la femme arabe est devenue cette pauvre créature méprisée et vile, qui n'a de la femme que le sexe, et la faculté de procréation commune à toutes les femelles. Elle en est à ce point de misère qu'elle n'a plus conscience de sa dégradation. La pudeur lui est tout à fait inconnue, et elle se livre sans remords sous le premier buisson, au premier venu. Elle craint le bâton de son mari, mais sa propre conscience, non. Toute sa morale consiste à n'être pas vue : si elle n'est pas découverte, gloire à Dieu ! c'est une honnête femme ; si le contraire a lieu, tant pis, car voici le bâton.

« Son mari lui donnant, d'ailleurs, l'exemple des débordements sans nombre et apportant à sa tente ce qu'il est allé chercher chez la voisine, il en résulte que cette maladie, qu'on appelait, du temps de François Ier, napolitaine à Paris, et française à Naples, est comme le trait d'union de toutes les relations conjugales. — Des tribus entières en sont infectées. »

Telle est, en Algérie, la condition actuelle de la femme *arabe*. Nous avons hâte d'ajouter qu'il en est différemment chez les Kabyles : le Kabyle, lui, n'a qu'une épouse ; il en fait la compagne de sa vie, il l'aime, la respecte et la traite comme son égale : sa famille est semblable à nos familles d'Europe.

Quand la coupe est trop pleine, elle déborde : de même, quand la femme arabe est lasse de trop souffrir, elle se débarrasse violemment du joug qui l'oppresse : elle divorce ;

Et les divorces sont nombreux :

On trouve dans le *Tableau des Établissements français en Algérie* (années 1847, 1848 et 1849) l'état numérique ci-après des mariages et divorces constatés dans la population maure en résidence dans les villes de l'Algérie (*territoire civil seulement*), pendant les années 1847, 1848 et 1849 :

ANNÉES.	MARIAGES.	DIVORCES.
1847	970	915
1848	1,054	696
1849	1,656	524
Totaux....	3,680	2,135

La durée moyenne des mariages, en prenant comme base ces trois années, était donc, à cette époque, de vingt mois et vingt et un jours.

Les relevés statistiques les plus récents donnent, pour la population maure des trois provinces (*territoire civil et territoire militaire*) :

ANNÉES.	MARIAGES.	DIVORCES.
1861	34,012	13,512
1862	33,012	14,923
1863	33,795	14,704

Donc, la situation ne s'améliore point. — Que faire, cependant, pour la changer ?

Défendre la polygamie ? Mais ce serait blesser, dans ce qu'elle a de plus vif, la foi religieuse des Musulmans, et, par cela même perpétuer la guerre : Ne touchons pas à la hache !...

Assouplir, par l'éducation, les mœurs des indigènes, et faire en sorte que les générations à venir envisagent la femme, plutôt comme la compagne de leur vie que comme un instrument de plaisir ou une servante docile ? — Mais l'Arabe est essentiellement paresseux : plus il a de femmes, mieux il est servi ; — et comme il s'aime plus que toute chose au monde, il est douteux que l'éducation modifie jamais, d'une manière sensible, sa façon de voir et d'être en ce qui concerne ses droits d'époux. Or, on l'a dit avec raison : « Le dernier degré hiérarchique de la tente arabe est représenté par une femme maladive et maladroite ; le premier, par quatre vigoureuses luronnes capables de bâcler, dans un instant, le repas de vingt hôtes que le Prophète leur envoie, et de faire ainsi honneur à leur mari et maître. On dit de celui-ci, c'est une tente de sultan; de celui-là ; c'est une tente de berger. » — Il en sera longtemps ainsi.

Voudrait-on, enfin, imiter les Romains d'un autre âge : — faire ce qu'ont fait les Normands en Angleterre ; établir, en un mot, entre les Européens et les Musulmans la fusion du sang et des familles par l'union des races ? Mais, de part et de l'autre, la différence des religions est un obstacle insurmontable : et, dans l'état actuel des esprits, les libres penseurs ne trouveraient qu'un nombre infime de prosélytes.

Le problème sera donc difficile à résoudre. A chaque jour, toutefois, suffit sa tâche ; et nous croyons qu'il est possible d'améliorer, dès à présent, le sort de la femme arabe. Peut-être suffirait-il, pour cela, d'ajouter à la jurisprudence musulmane cet article unique, qui a déjà force et vigueur en ce qui concerne la justice civile.

« *La déclaration faite par les Musulmans, qu'ils entendent contracter mariage sous l'empire de la loi française, entraîne l'application de cette loi et la compétence des tribunaux français.* »

Cette proposition peut faire sourire ; il est bon qu'on sache, cependant, que dans ces dernières années plusieurs Arabes, notamment à Mostaganem et à Philippeville, ont eux-mêmes demandé à contracter mariage selon les formes prescrites par notre Code.

D'autres, nous n'en doutons point, suivront cet exemple.

Et le jour où la femme arabe, mariée non plus *devant le cadi*, mais *devant le maire*, se sentira protégée par nos lois, l'esprit de famille pénétrera sous la tente : l'esclave deviendra libre !

II.

L'esquisse qui précède suffirait, peut-être, pour donner une idée générale des Musulmans qui habitent l'Afrique : il nous paraît, toutefois, que rien de ce qui intéresse ces populations, si peu connues en France, ne saurait être indifférent, et nous croyons devoir indiquer ici, comme témoignage de la sollicitude du Gouvernement pour la race vaincue, les principales améliorations apportées, depuis la conquête, dans l'état politique et social des indigènes.

C'est la meilleure réponse que nous puissions faire aux critiques passionées dont l'Administration est encore l'objet.

INSTRUCTION PUBLIQUE CHEZ LES INDIGÈNES.

Au moment de la conquête, les études musulmanes étaient dans une situation de prospérité relative ; elles se divisaient en plusieurs branches :

1° L'instruction primaire consistait à apprendre aux enfants, entre l'âge de six à dix ans, les premiers éléments de la religion, et, en même temps, pour une partie d'entre eux, les principes de la lecture et de l'écriture. Le local de l'école primaire était, presque toujours, attenant à une mosquée, et faisait partie des biens immeubles (*habous*) dévolus à cette mosquée. — La grande majorité des enfants arabes, dans les villes et dans les tribus, recevait l'instruction primaire.

2° L'instruction secondaire comprenait la lecture et l'explication du Coran et les études grammaticales élémentaires. Les enfants appartenant à la classe aisée recevaient, seuls, cet enseignement qui se donnait, comme l'instruction primaire, dans des locaux dépendant des mosquées, et particulièrement dans les zaouïas.

3° Les hautes études se composaient de cours de droit et de jurisprudence, de théologie, de traditions religieuses et de quelques notions d'arithmétique, d'astronomie, de géographie, d'histoire, d'histoire naturelle et de médecine. Chacune de ces espèces d'universités (*medersas*) formait aussi une dépendance d'une mosquée. Quelques-unes offraient un certain nombre de cellules où les étudiants étaient logés gratuitement et nourris sur les revenus des mosquées. — Les jeunes gens qui fréquentaient les medersas appartenaient, presque exclusivement, aux familles lettrées et vouées à la vie religieuse.

L'État n'avait aucune action immédiate sur la direction et la surveillance de l'enseignement. Les écoles étaient, en quelque sorte, placées sous la sauvegarde de la loi religieuse, et les munificences des fondations pieuses pourvoyaient à leur entretien. Les élèves ne payaient qu'une rétribution pour ainsi dire facultative, et presque toujours en nature; l'enseignement secondaire et des hautes études était gratuit.

Après la conquête, les biens des mosquées furent réunis au Domaine, sans qu'on songeât, tout d'abord, à assurer les dépenses de l'instruction publique. La presque totalité des écoles primaires des villes fut, par suite, abandonnée; la même ruine frappa l'instruction secondaire, et l'enseignement supérieur s'appauvrit singulièrement.

Bientôt, cependant, on se ravisa, et les choses changèrent.

L'usage de notre langue devait être un des moyens les plus efficaces d'initier les indigènes aux mœurs et aux habitudes, — nous dirions, volontiers, au génie de la France; en d'autres termes, de préparer, dans ce qu'elle a de pratiquement possible, la fusion des deux races. Le gouvernement s'attacha donc à créer, sous le nom d'*Écoles françaises musulmanes*, dans les principales villes et dans les principaux centres de l'Algérie, des écoles *primaires* pour le double enseignement de l'arabe et du français. Cet ensemble d'organisation fut, bientôt après, complété par l'établissement d'écoles d'adultes où sont ouverts gratuitement, sous la direction des professeurs aux chaires d'arabe, des cours de langue française, de calcul, d'histoire et de géographie.

Il est, en outre, institué aux frais de l'État, dans chacune des villes d'Alger, de Tlemcen et de Constantine, une école supérieure (*medersa*) pour former des candidats aux emplois dépendants des services du culte, de la justice et de l'instruction publique indigène. — L'enseignement est gratuit, et même des secours sont accordés à un certain nombre d'élèves. L'enseignement comprend : un cours de grammaire et de littérature arabe ; un cours de droit et de jurisprudence ; un cours de théologie. — Les écoles sont placées sous la surveillance des officiers généraux commandant les provinces ; elles font une utile concurrence aux zaouïas que dirigent les marabouts, car elles nous donnent le moyen d'exercer une salutaire influence sur les esprits et sur les mœurs des étudiants.

Enfin, pour compléter l'organisation de l'instruction publique, on a fondé à Alger, sous le titre de collége impérial français, un établissement qui répond à nos établissements d'instruction secondaire. Ce collége a été créé spécialement pour les indigènes (1857). Un certain nombre d'élèves internes y sont entretenus, soit aux frais des familles, soit aux frais du budget de l'État, des budgets provinciaux ou de celui des centimes additionnels à l'impôt arabe. Les bourses et demi-bourses sont accordées, par le Gouverneur général, aux fils d'officiers, chefs et agents indigènes tués ou blessés à notre service. — Le collége reçoit, en outre, des externes européens ou indigènes ; un certain nombre de ces élèves à titre gratuit, les autres, moyennant une très-faible rétribution mensuelle.

A la fin de l'année scolaire 1863, l'état de situation de ces divers établissements était arrêté comme suit :

Dans les écoles primaires des villes (territoire civil), on comptait 298 élèves indigènes, dont 263 garçons et 35 filles. — (L'école arabe-française, spécialement affectée, à Alger, aux jeunes filles musulmanes, avait été, l'année précédente, convertie en *ouvroir d'apprentissage* pour les divers travaux à l'aiguille, tels que tricot, couture et broderie, y compris les confections de la lingerie et de la broderie orientale, ou de luxe. Un second ouvroir a été ouvert, en 1863, dans les mêmes conditions. Il a été fondé, au profit des jeunes filles musulmanes appartenant à des familles pauvres, 200 bourses d'apprentissage, la durée de l'apprentissage étant fixée à trois années.)

En territoire militaire, on comptait : écoles françaises musulmanes, 17 écoles, dirigées par des instituteurs indigènes ayant pour adjoints des moniteurs pris parmi les sous-officiers ou caporaux de l'armée d'Afrique : nombre d'élèves 579, dont 566 musulmans et 13 israélites.

Medersas : 3 medersas et 139 élèves musulmans, dont 123 internes et 16 externes.

Collége arabe-français, 155 élèves, dont 104 indigènes internes et 51 Européens externes.

Dans les tribus, l'instruction est donnée par les *tolbas*, qui enseignent aux enfants la lecture et l'écriture, le calcul et les commentaires du Coran. Elle est placée sous la haute surveillance du Gouverneur général. Nul Musulman ne peut ouvrir une école sans une permission spéciale délivrée par les généraux commandant les provinces. — Lors du dernier recensement quinquennal (1861), on comptait dans les tribus soumises à l'administration militaire 2,140 écoles primaires, 2,313 instituteurs et 26,499 élèves indigènes.

JUSTICE CIVILE MUSULMANE.

Avant notre domination, l'organisation judiciaire était la suivante :

En principe, au criminel comme au civil, un seul juge, le cadi; un seul recours contre la sentence : l'appel au Souverain. Toutefois, en matière civile, les parties avaient le droit d'en référer au cadi mieux informé. Dans ce cas, ce magistrat réunissait le cadi du rite différent du sien, lorsqu'il s'en trouvait un, des muphtis et quelques tolbas, et, devant cette réunion appelée medjelès, l'affaire se discutait de nouveau. Mais le cadi confirmait ou infirmait sa propre décision, *sans être tenu de céder à l'avis de la majorité*. — Le medjelès n'était donc pas un véritable tribunal; c'était, seulement, une sorte de comité consultatif.

En droit, il n'y avait d'autres recours contre cette dernière décision du cadi que le recours au Souverain (sultan, pacha ou bey), le Coran lui faisant un devoir de se tenir chaque jour, pendant quelque temps, à la disposition de quiconque veut s'adresser à sa justice. Mais en fait, lorsqu'on n'avait point formé ce recours, toujours difficile à introduire, on pouvait, sous le plus vain prétexte, recommencer la contestation devant le même cadi ou un autre cadi, et, bien souvent, le procès n'avait d'autre terme que celui de la patience du plaideur le moins opiniâtre, ou plutôt le moins riche, qui ne pouvait ou supporter les frais de déplacement auxquels son adversaire l'entraînait, ou lutter avec lui pour des dépenses d'un tout autre caractère. Aussi bien, la vénalité des juges et des témoins était proverbiale.

L'expérience démontra promptement les dangers d'une justice ainsi placée en dehors de notre sphère d'autorité, et différentes mesures furent prises successivement, qui modifièrent l'état des choses. En 1854, survint un nouveau décret (1er octobre) qui transforma complétement l'administration judiciaire indigène. Ce décret prescrit, en substance : indépendance absolue *en matière civile* de la justice indigène vis-à-vis de la justice française; transformation des medjelès et juridiction souveraine et formant en Algérie vingt et une cours prononçant sans appel.

Les conséquences de la séparation complète des deux autorités judiciaires, française et musulmane, établies par ce décret, ne tardèrent point à se produire : « Protégées par leur omnipotence, disait dans un rapport à l'Empereur le Ministre de l'Algérie (1859), les décisions des tribunaux musulmans ont donné naissance aux réclamations les plus vives. Plus d'une fois les indigènes, dans l'impuissance où ils étaient de s'adresser à nos magistrats pour obtenir la réformation des jugements de leurs tribunaux, ont fait retentir les cours d'assises de leurs plaintes contre la corruption de leurs juges. Des arrêts ont dû flétrir quelques-uns de ces juges; et si, dans quelques occasions, on n'a pas sévi autrement que par la destitution, c'est que, sans profit pour les justiciables, on aurait déconsidéré une institution à laquelle les Arabes étaient encore forcés d'avoir recours. »

Cet état de choses, véritablement désastreux, appelait de sérieuses réformes. Il motiva le décret du 31 décembre 1859 ainsi conçu :

« Art. 1er. La loi musulmane régit toutes les conventions et toutes les contestations civiles et commerciales entre indigènes musulmans, ainsi que les questions d'État (*questions de familles*.) — Toutefois, la déclaration faite dans un acte, par les Musulmans, qu'ils entendent contracter sous l'empire de la loi française, entraîne l'application de cette loi et la compétence de tribunaux français.

« Art. 2. Les parties peuvent également, d'un commun accord, porter leur contestation devant le tribunal français de leur circonscription, qui statue alors selon les règles et les formes déterminées par le présent décret.

« Art. 3. La poursuite, la répression des *crimes, délits et contraventions* prévus et punis par le code pénal français, appartiennent aux tribunaux français.

« Art. 4. La justice entre les Musulmans de l'Algérie est administrée, au nom de l'Empereur, par les cadis, par les tribunaux de première instance français et par la Cour impériale d'Alger.

« Art. 5. Le territoire de l'Algérie, pour l'administration de la justice musulmane, est divisé en circonscriptions judiciaires ressortissant aux tribunaux de première instance. »

Une disposition déterminait que ce décret n'était appicable ni à la Kabylie, ni au pays situé au delà du Tell; l'une conservait sa djemâa, qui rend la justice selon ses « *Coutumes;* » l'autre est trop éloignée de nos centres de population pour que l'autorité militaire n'y conserve pas toute sa liberté d'action.

Les circonscriptions judiciaires sont, actuellement, au nombre de 317, savoir :

    Dans la province d'Alger 102
    Dans la province d'Oran 86
    Dans celle de Constantine. 129

Les appels sont portés, suivant le cas, devant les tribunaux de première instance ou devant la Cour impériale.

Ce ne fut qu'à partir de 1861 que le décret que nous venons de rappeler reçut sa pleine et entière exécution : — Voici le tableau comparatif du nombre des appels des jugements de cadis portés en 1861, 1862 et 1863, devant la Cour et les tribunaux civils de l'Algérie :

    1861 463
    1862 718
    1863 836

Ces relevés d'appels, interjetés par l'unique spontanéité des parties plaidantes, témoignent d'un fait incontestable : la confiance progressive des Musulmans dans les décisions de la justice française.

Mais ce n'est point tout : si les Musulmans, pour la juridiction contentieuse, abordent avec empressement les tribunaux français, ils sont aussi pleins de confiance à l'égard de certains officiers publics, les notaires, organes de la juridiction gracieuse : ainsi, d'après les statistiques officielles, le nombre des actes reçus par les notaires de l'Algérie et portant conventions entre Musulmans seuls, est, pour ces dernières années, arrêté comme suit :

    1854 70
    1856 165
    1861 585
    1862 1200

Ces nombres progressifs, combinés avec ceux des appels, ont leur enseignement.

DE LA PROPRIÉTÉ CHEZ LES ARABES.

Les transactions immobilières, de Musulman à Musulman, sont régies par la loi musulmane.

Chacun a le droit de jouir et de disposer de sa propriété de la manière la plus absolue, en se conformant à la loi.

Mais la tribu est un être collectif; comment possède-t-elle? C'est ce que nous allons examiner.

Avant la conquête, le sol de la Régence, — exception faite de la Kabylie, qui avait conservé son organisation sociale, — était partagé entre les *citadins,* c'est-à-dire les Maures, les Turcs et les Juifs, et les Arabes des tribus.

Les propriétés *urbaines* appartenaient à quatre classes de propriétaires :

1° A de simples particuliers ;

2° Au beylick (gouvernement), par suite de confiscations judiciaires, ou de spoliations dictées par le seul « bon plaisir » du Maître ;

3° Aux établissements religieux, hospitaliers ou d'utilité publique, en vertu de donations, ou *habous;*

4° Au beït-el-mal, ou administration des successions vacantes.

Quant aux propriétés *rurales,* on y distinguait, en outre des classifications précédentes :

1° Les terres *melk,* — c'est-à-dire de propriété libre, — possédées, par droit d'héritage ou d'acquisition et en vertu de titres authentiques, soit par un individu, soit par une famille ;

2° Les terres *arch,* — c'est-à-dire de propriété communale, — restant séculairement indivises entre toutes les familles d'une même tribu.

Dans les villes comme à l'intérieur du pays, les propriétés du beylick étaient considérables : les Turcs, qui régnaient en despotes sans frein, substituaient volontiers le droit de la force à la force du droit, et les dignitaires de l'Odjeac trouvaient toujours un motif plausible pour dépouiller les indigènes. La fortune des vaincus restait, en quelque sorte, à la merci des vainqueurs : entourée de garanties plus ou moins illusoires dans les beylicks d'Alger et de Tittery, elle était, dans les beylicks de Constantine et d'Oran, soumise au caprice des gouverneurs ;

et ce fut précisément pour échapper à ces spoliations que les indigènes multiplièrent les habous.

Le bien habous devenait, en effet, la propriété désormais inviolable de l'établissement, religieux ou autre, auquel on la consacrait ; — le donateur s'en réservant, toutefois, pour lui et pour ses héritiers *directs* la jouissance personnelle, mais à charge de payer à ce même établissement une certaine redevance. A l'extinction de la famille du donateur, le habous devenait la propriété effective et réelle de l'établissement, au profit duquel il était, dès lors, géré par un *oukil* (sorte d'intendant).

Grâce à ce système, développé sur une grande échelle, les beys constituèrent des espèces de colonies militaires indigènes, formées d'éléments divers, et qui, sous la dénomination générique de *magkzen*, ou de *semoul*, coopérèrent, avec la milice turque, à la police du pays, à la collection de l'impôt, etc., etc. Certaines tribus entrèrent également dans le magkzen, sous le bénéfice de l'exemption des impôts qui frappaient le bétail et la terre.

Le droit privatif sur le sol, ou, en d'autres termes, la possession *melk*, n'existait qu'à l'état d'exception : la plus grande partie des terres était *arch*. Dans chaque tribu, un certain nombre de familles avait acquis, par suite de la prépondérance de leurs chefs, ou de circonstances particulières, la *faculté* plutôt que le *droit* d'exploiter telle ou telle partie de la terre commune ; et cette faculté, reconnue par tous, se transmettait héréditairement et en principe. — Elle s'aliénait même à prix d'argent, comme s'il se fut agi d'un droit absolu de propriété. Les familles auxquelles le défaut de ressources matérielles interdisait l'exploitation directe de la terre se mettaient, temporairement, au service des familles riches, à titre de *kramès* (ou fermiers au cinquième du produit net).

Cette situation générale, que l'usage avait, pour ainsi dire, consacrée, était souvent modifiée dans ses détails d'assiette, soit par les révolutions intestines, soit par les luttes de tribu à tribu ; mais elles se reconstituaient sur des bases analogues dès que l'ordre était rétabli.

Après la conquête, les propriétés du beylick divinrent naturellement domaniales ; il en fut de même des habous que des déshérences avaient constitués propriétés d'établissements religieux, lorsque le gouvernement prit à sa charge les dépenses d'entretien (matériel et personnel) de ces établissements. Quant aux droits particuliers ou collectifs de propriété, leur revendication, plus ou moins justifiée, souleva dans les trois provinces, entre l'État et les individus, certaines questions de droit qu'il nous faut indiquer.

La loi du 16 juin 1851 consacre ainsi qu'il suit (art. 10 et 11) la propriété chez les indigènes :

« La propriété est inviolable, sans distinction, entre les possesseurs indigènes et les possesseurs français ou autres.

« Sont reconnus, *tels qu'ils existaient au moment de la conquête*, ou tels qu'ils ont été maintenus, réglés ou continués postérieurement par le gouvernement français, les droits de propriété et les droits de jouissance appartenant aux particuliers, aux tribus et aux fractions de tribus. »

Mais cet article restait presque à l'état de lettre morte, parce que les indigènes ne peuvent, pour la plupart, justifier authentiquement de leurs prétentions ; et ce fut pour lui donner une consécration effective qu'on songea à « *cantonner les Arabes.* »

Ceci mérite explication :

L'opération du *cantonnement* devait avoir pour double objet de *constater* et de *consacrer* les droits individuels ou collectifs des indigènes sur le sol, tout en réservant à la colonisation européenne les espaces qui seraient reconnus nécessaires à son développement. Ce cantonnement ne devait point avoir, toutefois, le caractère d'une loi agraire qui eût fait, indirectement, de tous les Arabes des propriétaires possédant le sol à titre individuel; non : il laissait à chaque individu le rang social qu'il tenait de son travail propre, et de celui de ses ancêtres.

Prise dans son ensemble le plus général, l'opération reposait sur cette base, que les terrains immenses qu'occupent les tribus sont disproportionnés avec leurs besoins; qu'il était possible, sans dommage réel pour les populations, de les restreindre, et qu'en échange du sacrifice qu'elles auraient à faire, elles deviendraient propriétaires incommutables des territoires qui leur seraient laissés, au lieu de simples usufruitières qu'elles étaient auparavant.

Par cette sorte de transaction, l'Administration française obtenait la libre disposition de terres, qu'elle concédait ou vendait ensuite, afin de satisfaire aux exigences expansives de la colonisation.

L'opération, cependant, ne donna point les résultats qu'on en attendait ; on se heurtait, chaque jour, contre des difficultés imprévues, et, de 1857 à 1863, les commissions chargées de procéder au cantonnement ne purent cantonner que 16 tribus présentant ensemble une population de 56,000 âmes et occupant des territoires d'une étendue totale de 343,387 hectares.

Il se produisit à la suite de ces opérations un fait significatif: lorsque les terres obtenues par le cantonnement furent aliénées par l'État, des Arabes les rachetèrent aux Européens ou se présentèrent en concurrence avec eux aux enchères, pour rentrer en possession du sol qui venait d'être détaché de leur tribu ; d'autres, n'ayant pas le moyen de se porter acquéreurs, sollicitèrent des Européens la faveur d'être maintenus sur les terrains, à titre de fermiers.

Sous d'autres rapports, l'opération eut pour conséquence immédiate d'inquiéter les tribus, de frapper de discrédit la propriété arabe, d'interrompre les transactions entre indigènes, et d'apporter dans le produit des impôts arabes une diminution réelle.

Les choses en étaient là quand un décret relatif au cantonnement, et élaboré par le Conseil consultatif siégeant à Alger, fut soumis (1862) à l'examen du Conseil d'État. Le principe de la mesure rencontra de graves objections, et le Gouvernement en ordonna le retrait.

Bientôt après, et pour couper court à toutes les incertitudes, l'Empereur écrivit au Gouverneur général de l'Algérie, duc de Malakoff, la lettre suivante qui inaugure une ère nouvelle, et que nous reproduisons à titre de document historique :

« Monsieur le Maréchal,

« Le Sénat doit être saisi bientôt de l'examen des bases générales de la Constitution de l'Algérie ; mais sans attendre sa délibération, je crois de la plus haute importance de mettre un terme aux inquiétudes excitées par tant de discussions sur la propriété arabe. La bonne foi, comme notre intérêt bien compris, nous en font un devoir.

« Lorsque la Restauration fit la conquête d'Alger, elle promit aux Arabes de respecter leur religion et leurs propriétés : Cet engagement solennel existe toujours pour nous, et je tiens à honneur d'exécuter, comme je l'ai fait pour Abd-el-Kader, ce qu'il y avait de grand et de noble dans la promesse des gouvernements qui m'ont précédé.

« D'un autre côté, quand même la justice ne le commanderait pas, il me semble indispensable, pour le repos et la prospérité de l'Algérie, de consolider la propriété entre les mains de ceux qui la détiennent. Comment, en effet, compter sur la pacification d'un pays, lorsque la presque totalité de la population est sans cesse inquiétée sur ce qu'elle possède ?

« Comment développer sa prospérité, lorsque la plus grande partie de son territoire est frappée de discrédit par l'impossibilité de vendre et d'emprunter? Comment, enfin, augmenter les revenus de l'État, lorsqu'on diminue sans cesse la valeur du fonds arabe, qui seul paye l'impôt ?

« Établissons les faits : On compte en Algérie trois millions d'Arabes et deux cent mille Européens, dont cent vingt mille Français. Sur une superficie d'environ 14 millions d'hectares, dont se compose le Tell, 2 millions sont cultivés par les indigènes. Le domaine exploitable de l'État est de 2 millions 690 mille hectares, dont 890 mille de terres propres à la culture, et 1 million 800 mille de forêts ; enfin, 420,000 hectares ont été livrés à la colonisation européenne ; le reste consiste en marais, lacs, rivières, terres de parcours et landes.

« Sur les 420,000 hectares concédés aux colons, une grande partie a été soit revendue, soit louée aux Arabes par les concessionnaires, et le reste est loin d'être mis en rapport. Quoique ces chiffres ne soient qu'approximatifs, il faut reconnaître que, malgré la louable énergie des colons et les progrès accomplis, le travail des Européens s'exerce encore sur une faible étendue, et que ce n'est certes pas le terrain qui manquera de longtemps à leur activité.

« En présence de ces résultats, on ne peut admettre qu'il y ait utilité à cantonner les indigènes, c'est-à-dire à prendre une certaine portion de leurs terres pour accroître la part de la colonisation.

« Aussi, est-ce d'un consentement unanime que le projet de cantonnement soumis au Conseil d'État a été retiré. Aujourd'hui, il faut faire davantage : convaincre les Arabes que nous ne sommes pas venus en Algérie pour les opprimer et les spolier, mais pour leur apporter les bienfaits de la civilisation. Or, la première condition d'une société civilisée, c'est le respect du droit de chacun.

« Le droit, m'objectera-t-on, n'est pas du côté des Arabes ; le sultan était autrefois propriétaire de tout le territoire, et la conquête nous l'aurait transmis au même titre ! Eh quoi ! l'État s'armerait des principes surannés du mahométisme pour dépouiller les anciens possesseurs du sol, et, sur une terre devenue française, il invoquerait les droits despotiques du Grand-Turc ! Pareille prétention est exorbitante, et voulût-on s'en prévaloir, il faudrait refouler toute la population arabe dans le désert, et lui infliger le sort des Indiens de l'Amérique du Nord, — chose impossible et inhumaine.

« Cherchons donc par tous les moyens à nous concilier cette race intelligente, fière, guerrière et agricole. La loi de 1851 avait consacré les droits de propriété et de jouissance, existant au temps de la conquête; mais la jouissance, mal définie, était demeurée incertaine. Le moment est venu de sortir de cette situation précaire. Le territoire des tribus une fois reconnu, on le divisera par douars, ce qui permettra plus tard à l'initiative prudente de l'Administration d'arriver à la propriété individuelle. Maîtres incommutables de leur sol, les indigènes pourront en disposer à leur gré : et, de la multiplicité des transactions, naîtront entre eux et les colons des rapports journaliers plus efficaces, pour les amener à notre civilisation, que toutes les mesures coërcitives.

« La terre d'Afrique est assez vaste ; les ressources à y développer sont assez nombreuses pour que chacun puisse y trouver place et donner un libre essor à son activité, suivant sa nature, ses mœurs et ses besoins.

« Aux indigènes, l'élevage des chevaux et du bétail, les cultures naturelles au sol.

« A l'activité et à l'intelligence européennes, l'exploitation des forêts et des mines, les desséchements, les irrigations, l'introduction des cultures perfectionnées, l'importation de ces industries qui précèdent ou accompagnent toujours les progrès de l'agriculture.

« Au gouvernement local, le soin des intérêts généraux, le développement du bien-être moral par l'éducation, du bien-être matériel par les travaux publics. A lui le devoir de supprimer les réglementations inutiles, et de laisser aux transactions la plus entière liberté. En outre, il favorisera les grandes associations de capitaux européens, en évitant, désormais, de se faire entrepreneur d'émigration et de colonisation, comme de soutenir péniblement des individus sans ressources, attirés par des concessions gratuites.

« Voilà, monsieur le Maréchal, la voie à suivre résolument, car, je le répète, l'Algérie n'est pas une colonie proprement dite, mais un royaume arabe. Les indigènes ont, comme les colons, un droit égal à ma protection, et je suis aussi bien l'Empereur des Arabes que l'Empereur des Français.

« Ces idées sont les vôtres: elles sont aussi celles du Ministre de la guerre et de tous ceux qui, après avoir combattu dans ce pays, allient à une pleine confiance dans son avenir une vive sympathie pour les Arabes. J'ai chargé le maréchal Randon de préparer un projet de Sénatusconsulte dont l'article principal sera de *rendre les tribus ou fractions de tribu, propriétaires incommutables des territoires qu'elles occupent à demeure fixe, et dont elles ont la jouissance traditionnelle, à quelque titre que ce soit.*

« Cette mesure, qui n'aura aucun effet rétroactif, n'empêchera aucun des travaux d'intérêt général, puisqu'elle n'infirmera en rien l'application de la loi sur l'expropriation pour cause d'utilité publique; je vous prie donc de m'envoyer tous les documents statistiques qui peuvent éclairer la discussion du Sénat.

« Sur ce, monsieur le Maréchal, je prie Dieu qu'il vous ait en sa sainte garde.

« Napoléon. »

Peu après la publication de la lettre impériale, le Conseil d'État était saisi d'un projet de Sénatus-consulte relatif à la constitution de la propriété dans les territoires occupés par les Arabes, et le Sénat, appelé à délibérer sur la question, adoptait, après une discussion des plus animées, le Sénatus-consulte suivant :

« Art. 1er. — Les tribus de l'Algérie sont déclarées propriétaires des territoires dont elles ont la jouissance permanente et traditionnelle, à quelque titre que ce soit.

« Tous actes, partages ou distractions de territoires intervenus entre l'État et les indigènes, relativement à la propriété du sol, sont et demeurent confirmés.

« Art. 2. — Il sera procédé administrativement et dans le plus bref délai : 1° A la délimitation des territoires des tribus ; 2° à leur répartition entre les différents douars de chaque tribu du Tell et des autres pays de culture, avec réserve des terres qui devront conserver le caractère de biens communaux ; 3° à l'établissement de la propriété individuelle entre les membres de ces douars, partout où cette mesure sera reconnue possible et opportune. — Des décrets impériaux fixeront l'ordre et les délais dans lesquels cette propriété individuelle devra être constituée dans chaque douar.

« Art. 3. — Un règlement d'administration publique déterminera : 1° les formes de la délimitation des territoires des tribus ; — 2° les formes et les conditions de leur répartition entre les douars, et de l'aliénation des biens appartenant aux douars ; — 3° les formes et les conditions sous lesquelles la propriété individuelle sera établie, et le mode de délivrance des titres.

« Art. 4. — Les rentes, redevances et prestations dues à l'État par les détenteurs des territoires des tribus continueront à être perçues comme par le passé, jusqu'à ce qu'il en soit autrement ordonné par des décrets impériaux, rendus en la forme des règlements d'administration publique.

« Art. 5. — Sont réservés les droits de l'État à la propriété des biens du *Beylick* et ceux des propriétaires de biens *melk*. — Sont également réservés le domaine public et le domaine de l'État, notamment en ce qui concerne les bois et les forêts.

« Art. 6. — La propriété individuelle qui sera établie au profit des membres des douars ne pourra être aliénée que du jour où elle aura été régulièrement constituée par la délivrance des titres. »

La portée générale de ce Sénatus-consulte peut se traduire ainsi :

Reconnaissance et déclaration de propriété en faveur des tribus, relativement aux territoires qu'elles occupent ;

Division immédiate entre les douars des territoires de la tribu, avec faculté pour ces douars de vendre d'après des conditions déterminées par un règlement d'administration publique ;

Enfin, et le plus tôt et partout où faire se pourra, répartition du territoire des douars en propriétés individuelles.

Déjà de nombreuses commissions procèdent dans le Tell à la délimitation des tribus... Que produira, au point de vue de la pacification et de la prospérité de l'Algérie, ce nouvel ordre de choses? L'avenir, seul, nous le dira.

PRODUCTIONS.

CÉRÉALES.

Blé dur. — Le blé dur était la seule variété connue par les indigènes avant la conquête. On le reconnaît à la couleur plus brune du grain, à son écorce qui craque sous la dent, à sa cassure vitreuse, à sa farine moins blanche. Quand les premières fortes pluies d'automne ont détrempé suffisamment la terre, c'est-à-dire vers la mi-novembre, les Arabes répandent la semence à la volée sur la terre garnie d'herbe, à travers chicots et souches des broussailles incendiées; puis, avec un araire très-simple, ils tâchent de recouvrir la semence tant bien que mal, tout en donnant une culture au sol. Cette méthode est la plus ordinaire dans les terres faciles, déjà défrichées précédemment et, par conséquent, peu garnies de broussailles, surtout de palmiers nains. Dans les autres, on donne le labour avant les semailles. Quelques cultivateurs soigneux donnent un second labour pour enfouir la semence ; la plupart s'en remettent à la pluie pour cette opération.

La moisson se fait chez les indigènes avec une petite faucille à dents, en laissant la paille sur presque toute sa hauteur. Les gerbes sont battues sous les pieds des bœufs, mulets et chevaux. Le grain, nettoyé et séché, est conservé dans des *silos*, vastes fosses en terre de la forme d'une carafe. Le rendement de la culture arabe, même dans les terres les plus riches, et par les saisons les plus favorables, varie de 8 à 12 hectolitres par hectare. Les colons qui ne cultivent pas mieux n'obtiennent pas mieux : ceux qui soignent leurs cultures obtiennent de 25 à 30 hectolitres, — quelquefois davantage.

Parmi les blés durs que produit l'Algérie, ceux des environs de Bone et de Guelma, surtout, se font remarquer par leurs qualités essentiellement propres à la fabrication des pâtes, et par la beauté des produits. Ces blés ont le grain allongé, très-aduré, très-fin, très-clair, transparent, d'une grande pesanteur spécifique. Ceux des environs de Constantine sont de même nature et de même poids. Ceux d'Oran et de Médéah sont très-fins et très-clairs. Ceux de Milianah sont aussi des blés de premier ordre. Les environs d'Alger fournissent, en général, des blés durs excellents. — Le gluten, qui constitue l'élément essentiel pour la transformation des blés en pâtes, se trouve dans les blés durs algériens en proportions notablement plus grandes que dans les blés des autres pays, y compris ceux de Sicile et de Tangarog (Russie). Les nombreuses expériences chimiques faites à Paris dans les laboratoires de la Sorbonne ne laissent aucun doute à cet égard.

De nombreuses fabriques ont été fondées à Alger, Blidah, Médéah, et sur différents points des provinces d'Alger et de Constantine, pour la production des pâtes alimentaires semblables, quant au genre et quant à la forme, à celles que l'on fabrique en France et en Italie.

Blé tendre. — Le blé tendre est une importation des colons européens. On le reconnaît à sa couleur claire et blonde, à son écorce facile à casser sous la dent, à sa farine blanche. Les blés tendres barbus résistent mieux que ceux sans barbes aux influences des brouillards et des fortes rosées; ils s'égrainent, surtout, plus difficilement. — Les diverses variétés qu'on cultive (*sessette d'Arles, tuzelle de Provence etc.*), donnent une farine plus blanche et plus facile à travailler que celle fournie par les blés durs. Aussi, se vendent-elles 2 à 3 francs de plus par quintal métrique; mais elles sont plus délicates et demandent une culture plus soignée. — Leur poids à l'hectolitre est un peu moindre.

Seigle. — La plupart des terres d'Algérie étant propres à la production du froment, le seigle n'y saurait être qu'une culture très-secondaire, motivée par des convenances exceptionnelles de localité, ou par des besoins spéciaux.

Orges. — La variété d'orges cultivée par les indigènes jusque dans les oasis, et que les Européens ont généralement adoptée comme l'espèce la plus productive, est l'orge « *à six rangs.* » Quelques colons ont introduit l'orge « *nue ou céleste.* » — Pour les semences tardives, on conseille la petite orge « *carrée.* »

On sème, environ, deux hectolitres à l'hectare, et on en récolte en moyenne, de 25 à 30. L'orge en grains est principalement employée pour la nourriture des chevaux et des mulets ; mais les pauvres la consomment aussi pour leur alimentation.

Les orges de l'Algérie sont très-recherchées en Angleterre pour la fabrication de la bière.

Avoine. — L'avoine a été importée par les Européens ; on sème de préférence l'avoine *blanche d'hiver :* elle est plus productive que l'orge et constitue pour les chevaux de traits une excellente nourriture, sans avoir l'inconvénient de les échauffer.

Maïs. — Le maïs produit très-abondamment : il rend, dans de bonnes conditions, 70 hectolitres à l'hectare.

Dans les terrains non irrigables, on sème les espèces petites et précoces : le *maïs quarantain*, le *maïs à poulet*, sur le pied de 50 litres à l'hectare. Dans les terrains irrigables, on sème le *maïs jaune* ordinaire, le *maïs blanc* des Landes, le *maïs d'Amérique* à grains plats, dont la farine est plus blanche et plus abondante. On sème seulement 30 litres à l'hectare. Son principal emploi est comme fourrage vert ou paille sèche. Les indigènes pilent le grain, le délayent dans l'eau avec du beurre et le mangent en bouillie. Les pauvres le font tout simplement griller en épis sur la cendre et le mangent en grains.

Fèves. — On en cultive deux espèces : la *fève de marais* et la *féverole* ou petite fève de cheval, moins propre que la première à la nourriture de l'homme, mais plus productive et convenant plus particulièrement au bétail. L'une et l'autre sont toujours des cultures d'hiver.

Sorgho. — On en cultive plusieurs espèces ; les graines servent à la nourriture des hommes et de la volaille ; les tiges sont consommées comme fourrage vert en juillet et août. — Une des variétés produit du sucre ; elle est très-riche en principes alcooliques, mais son exploitation est encore à l'état d'essais.

La culture des céréales a pris, depuis quelques années, une grande extension : d'une part, des défrichements successifs ont fourni à la colonisation une plus grande étendue de terres de labour ; d'autre part, aussi, et sous l'active surveillance des bureaux arabes, les indigènes d'un certain nombre de cercles ont amélioré leur outillage et modifié leur manière de cultiver.

D'après les documents statistiques publiés par le Gouvernement général de l'Algérie, l'état récapitulatif des ensemencements et des récoltes est établi comme suit :

ANNÉES.	ÉTENDUES CULTIVÉES.	RÉCOLTES.
	Hectares.	Hectolitres.
1860	1,821,384	8,780,374
1861	2,040,260	12,746,651
1862	2,079,612	12,091,694
1863	2,451,457	25,508,755

Ainsi, d'une année à l'autre, la production augmente : mais en Algérie, comme partout ailleurs, la récolte fait parfois défaut. Une sécheresse trop prolongée, le vent du Sud (*Siroco*), ou le passage des sauterelles occasionnent trop souvent des pertes énormes. — Ce sont là es fléaux que l'homme peut prévoir, mais qu'il ne saurait conjurer.

CULTURES INDUSTRIELLES.

Tabacs. — Avant la conquête, les indigènes cultivaient deux espèces de tabacs : le tabac rustique (*nicotiana rustica*), et le tabac ordinaire (*nicotiana tabacum*). Avec le premier, ils obtenaient le tabac à priser, *chemma*, objet de trafic important dans le pays de Tlemcen et dans la province de Constantine. Avec le second, ils obtenaient le tabac à fumer, *doukkan*. Dans cette production, quelques tribus avaient conquis un grand renom, entre autres les Krachenas et les Ouled-Chebel, dans la Mitidja. De ceux-ci venaient le nom et la réputation du tabac chebli.

Avisée par les cultures traditionnelles des Arabes et les essais spontanés des colons, l'Administration française fonda à Alger une *Mission des tabacs*, chargée de prendre en main la haute direction de ce mouvement.

Le tabac d'Algérie est aujourd'hui classé dans les tabacs à fumer dont la France est absolument dépourvue pour les cigares, et très-insuffisamment approvisionnée pour la pipe, par les départements du Pas-de-Calais et du Bas-Rhin. — Au début, on avait importé de l'arrondissement de Saint-Omer la variété dite *philippin*, reconnue la meilleure de France; mais, sous le climat algérien, elle a dégénéré, et l'on a dû revenir au tabac indigène, acclimaté depuis des siècles, et, surtout, à la variété dite *chebli*, dont les manufactures françaises proclament, tous les ans, la supériorité, et qui a été adoptée par la Régie comme type à propager.

A l'inverse de ce qui se passe en France, quiconque réside en Algérie a le droit absolu de cultiver ou de faire cultiver le tabac, et de vendre ou faire vendre sa récolte, sans que l'État intervienne en rien. — Culture et commerce sont également libres.

Un hectare en tabacs, convenablement cultivé, peut donner un bénéfice net de 700 à 800 francs. Mais les frais de revient sont assez considérables, et les petits colons feraient sagement, croyons-nous, de n'entreprendre cette culture que sur une échelle restreinte et appropriée à leurs moyens.

Voici l'état récapitulatif des ensemencements des récoltes en 1863. (*Européens et indigènes*).

Superficies cultivées. . . . . 5,253 hectares.
Récolte en feuilles. . . . . 3,886,499 kilogrammes.

L'Algérie produit sensiblement plus de tabacs qu'elle n'en consomme.

Cotons. — Des essais qui se poursuivent depuis 1844 ont prouvé que le *géorgie longue-soie*, le *louisiane* et le *jumel* pouvaient aisément s'acclimater dans les trois provinces.

En présence de l'intérêt national qui s'attache au développement de cette culture, l'Administration a multiplié les encouragements. C'est ainsi qu'elle accorde aux producteurs, *à raison des quantités qu'ils exportent*, des primes décroissantes dont le Gouverneur général fixe annuellement la quotité. Ces primes seront données jusqu'en 1872 (décret du 25 avril 1860). — Des primes spéciales ont, en outre, été créées pour les planteurs de la province d'Alger. Il a paru important, en effet, pour vaincre les difficultés économiques qui ont ralenti jusqu'à ce jour la progression de la culture des cotonniers, de fractionner cette culture, autant que possible, dans les petites exploitations, de façon que le travail de la famille suffise et que les plantations, mieux soignées parce qu'elles sont plus restreintes, donnent des profits mieux assurés. —

Dans cet ordre d'idées, une prime de 1 franc par are a été offerte, dans la province d'Alger, pour les cotonnières de 20 ares au moins, et de 1 hectare au plus.

ÉTAT DES CULTURES EN 1863.

Superficies cultivées.......... 3,016 hectares.
Récolte brute............. 1,609,382 kilogrammes.
— nette............ 391,012 —

La récolte *nette* représente le produit obtenu après l'égrenage des capsules. Le déchet qu'occasionne cette opération est, en moyenne, de 75 pour 100.

Production de la soie. — Le mûrier prospère en Algérie, même sans irrigations, dans tous les sols, à toutes les expositions et à toutes altitudes. Nul arbre ne croît aussi si vigoureusement; des écussons de greffe donnent fréquemment, dans la première année, des jets de trois à quatre mètres. En coupant ce jet à un mètre de hauteur, dès l'année suivante, l'arbre est prêt à mettre en place, avec une tige qui a de dix à quinze centimètres de circonférence. A six ou sept ans de plantation, elle peut porter de 40 à 50 kil. de feuilles, qui ne sont que bien rarement atteintes par les gelées du printemps. — Les diverses pépinières du gouvernement en distribuent, chaque année, un grand nombre aux planteurs. Toutefois, la maladie des vers à soie a, depuis 1860, sensiblement diminué les livraisons.

OPÉRATIONS SÉRICICOLES EN 1863.

Nombre d'éducateurs.......... 241.
Récolte en cocons............ 8,509 kilogrammes.

Le chanvre, le lin, la garance, le sumac et l'indigotier croissent et prospèrent en Algérie. Une plantation de cannes à sucre, faite récemment à Relizanne (province d'Oran), a même réussi, paraît-il, au delà de toute prévision. Mais ces différentes cultures, faites, d'ailleurs, sur une échelle très-réduite, ne donnent encore que des espérances.

CULTURES DIVERSES.

Vignes. — La nature des cépages est variée : ceux qui existaient avant la conquête ont été tirés d'Espagne : tous les autres sont français et proviennent de la Bourgogne, du Languedoc et du Roussillon. Une partie de la récolte est convertie en vins qui jouissent déjà d'une certaine réputation; l'autre partie est consommée en grappes, soit après les vendanges, soit à l'état de conserves.

ÉTAT DES CULTURES EN 1863.

Superficies cultivées.	35,151 hectares.
Récolte en vins	70,461 hectolitres.
— en grappes.	7,357,611 kilogrammes.

De nombreuses plantations ont été faites depuis 1862, aussi bien par les indigènes que par les colons européens.

Orangers. — L'oranger croît dans toute la partie basse du Tell; mais la province d'Alger en possède sensiblement plus que les autres provinces. Blidah est le centre principal de la production. On évalue à plus de 200 hectares la surface couverte par les orangers qu'on cultive dans cette commune. — Sur la quantité des oranges, citrons, mandarines, etc., expédiés en Europe par les producteurs, les quatre cinquièmes sont papillotés en caisses, et l'autre cinquième est envoyé en vrague. Le nombre des caisses varie peu, et n'a jamais dépassé 10 à 12,000. — La moitié des fruits, environ, est consommée sur place.

ÉTAT DES CULTURES EN 1863.

Nombre de propriétaires d'orangeries. . .	2,313
Nombre d'orangers en rapport..	110,711
Nombre d'orangers ne produisant pas. . .	47,457
Nombre de fruits récoltés..	53,163,620
Quantités de fleurs récoltées..	75,837 kilogrammes.

Les fleurs sont généralement exportées dans le midi de la France.

Presque tous les arbres fruitiers de la métropole ont été acclimatés dans le nord de l'Algérie et donnent des fruits plus ou moins savoureux. Parmi les essences indigènes, nous citerons :

Le bananier, qui donne en abondance des fruits aussi sains qu'agréables au goût. Ces fruits se groupent sur un axe commun et forment une sorte de grappe qu'on appelle *régime*; chaque régime porte de 40 à 100 bananes. Les unes, petites ou moyennes, sont mangées crues, quelques jours après avoir été détachées de la plante; les autres, beaucoup plus grosses, sont mangées cuites.

Le dattier, qui est pour les indigènes du Sud ce que sont les céréales pour les peuples des pays tempérés. C'est l'arbre providentiel des Sahariens, car les dattes constituent à la fois la nourriture des indigènes et leur principal produit d'échange.

Enfin, le **Cactus** (figuier de Barbarie), dont les fruits constituent, pendant plusieurs mois de l'année, la base de la nourriture des Arabes.

Culture des oliviers. — L'olivier croît spontanément en Algérie, et y acquiert des proportions énormes. Il peuple la plupart des régions de la colonie, soit en épais et magnifiques massifs, soit en bouquets isolés d'une luxuriante végétation, soit en tiges frutescentes perdues au milieu des broussailles. Favorisé par un climat où les gelées ne l'atteignent jamais, l'olivier n'a pu être détruit par la dent des bestiaux, ni par l'incendie, ni par la hache des Arabes. Aussi, peut-on dire de l'Algérie qu'elle est particulièrement la région, sinon la patrie même de l'olivier.

Les Kabyles plantent en terre des rejetons détachés des vieux sujets, labourent au pied des arbres, irriguent le plus abondamment qu'ils peuvent, greffent les sauvageons et taillent les branches. La récolte commence, sur le littoral, dans le mois d'octobre; en janvier, dans l'intérieur du pays, là où la température est plus froide. Certaines tribus gaulent les arbres; d'autres attendent la chute naturelle des olives. Après la cueillette, les procédés varient suivant les localités. Dans quelques villages, les olives sont exposées pendant huit à quinze jours à l'ardeur du soleil et amenées à un état de fermentation qui détériore la qualité de l'huile. Elles sont ensuite disposées dans une auge grossièrement revêtue en maçonnerie, puis piétinées; ailleurs, elles sont foulées entre de grosses pierres. — Après avoir extrait toute l'huile que peut donner une aussi faible pression, le résidu est immergé, par petites parties, dans l'eau chaude et manipulé jusqu'à l'obtention de la recense. Il est ensuite jeté ou abandonné, quoique contenant une forte partie de matière grasse. Dans la grande Kabylie, les populations possèdent des vis en bois grossièrement établies, mais donnant des résultats plus avantageux que la pression des pieds, des mains et des pierres. Cependant, même après ces pressoirs, qui font partie du mobilier domestique des Kabyles, le rendement dépasse rarement 10 à 12 kil. d'huile pour 100 kil. d'olives.

Les colons européens ont tenté d'améliorer la culture des oliviers et la fabrication de l'huile, et le concours de l'Administration ne leur a point fait défaut. Une école d'oliviers a été créée à la pépinière d'Alger, et des compagnies de *planteurs militaires* ont été particulièrement appliquées à la greffe des oliviers sauvages. Enfin, des primes d'encouragement ont été fondées pour les plantations, pour l'établissement de moulins, la fabrication et l'épuration des huiles.

ÉTAT DES CULTURES EN 1863. — RÉCOLTE.

Nombre d'oliviers greffés. . . .   1,821,097
Quantité d'olives recoltées. . . .   91,526,325 kilogrammes.
Nombre de moulins à l'huile. . .   15,424
Rendement annuel de ces moulins   19,686 hectolitres.

L'olive sauvage, qui fournit une huile peu abondante, mais d'excellente qualité, s'achète sur le pied de 5 à 6 francs les 100 kilog. Les olives de greffe se vendent : en première qualité, 15 à 18 francs; en deuxième, 9 à 10 francs; en troisième, 5 à 6 francs. L'huile indigène se vend de 1 franc à 1 fr. 25 cent. le litre; celle de fabrication européenne, 1 fr. 50 à 2 francs.

BÉTAIL.

L'Algérie possède environ *un million* de têtes de l'espèce bovine, et *dix millions* de bêtes à laine, y compris le bétail appartenant aux colons. — Un rapport, établi en 1860 par le commandant de la division d'Alger fait ressortir avec une grande clarté les avantages multiples que retireraient les habitants de la colonie s'ils se livraient avec suite à l'élevage des bestiaux. Nous puiserons dans ce rapport une partie de nos observations.

Les Européens et les indigènes réunis (environ 3,000,000 d'hab.) sont, à peu près, par rapport au territoire algérien (46,000,000 d'hect.) dans la proportion d'un individu par 65 hectares. On compte pour toute l'étendue du territoire une tête de l'espèce bovine par 40 hectares environ, et une bête ovine par 4 hectares. Si, en lisant ces chiffres, on songe au climat de la colonie, à l'étendue et à la nature de ses pâturages, aux habitudes pastorales des indigènes, au peu de monde qu'exige la surveillance d'un troupeau nombreux; si on se rappelle, enfin, que chaque année la France porte à l'étranger plus de soixante millions de francs pour acheter les laines qui lui manquent, on arrive à cette conclusion que l'industrie lainière doit devenir pour l'Algérie une source permanente de revenus.

Déjà l'Espagne tire de nos possessions algériennes un nombre appréciable de bêtes ovines; mais le bétail des indigènes, mal soigné et surtout mal nourri, est d'une qualité très-inférieure. Aussi les acquéreurs sont-ils obligés de l'engraisser avant de le livrer à la consommation.

Les dix millions de bêtes ovines produisent, chaque année, 150,000 quintaux de laine en suint. On en exporte 50,000 environ : les autres laines sont consommées par les fabriques des Beni-Abbès et des autres tribus de l'intérieur, ou employées à la confection des tentes. — En terme moyen, la toison en suint pèse un kilogramme, rend 500 grammes et se vend 1 fr. 50 cent. Il serait facile d'augmenter cette moyenne et de doubler peut-être le chiffre des bêtes ovines sans frais considérables pour les éleveurs. L'expérience, en effet, a démontré qu'un troupeau bien dirigé et placé dans de bonnes conditions a une marche ascendante tellement rapide quant au chiffre de la reproduction, qu'après un certain nombre d'années il donne un revenu égal au capital primitivement engagé.

Mais une cause s'oppose à l'accroissement des troupeaux ; — cette cause, on la trouve dans les méthodes mêmes suivies par les indigènes pour l'élevage du bétail ; et voici comment :

En Algérie, la patrie du bœuf est dans la partie du Tell qui ne s'éloigne pas trop du littoral ; la patrie du mouton est dans le Sahara et dans la portion du Tell voisine des Hauts-Plateaux. Les influences locales ont établi naturellement ce partage. Les troupeaux du Sahara forment les trois cinquièmes de la population ovine ; ceux du Tell, voisin des Hauts-Plateaux, en forment un cinquième environ. Ces quatre cinquièmes de la population ovine sont transhumants, possèdent la meilleure laine et donnent la meilleure viande du pays.

Les troupeaux transhumants avancent dans le Sud pendant l'hiver, et se rapprochent du Tell ou y pénètrent pendant l'été. Cette transhumance fait éviter les pluies froides, la neige et la boue du Tell pendant l'hiver, et la sécheresse du Sahara pendant l'été ; mais elle a eu l'inconvénient de donner à l'Arabe l'habitude de laisser à la nature le soin de pourvoir à l'alimentation de ses bêtes pendant toute l'année.

Les pâturages ont deux végétations bien distinctes : Celle du printemps et celle de l'automne. La première fournit toujours de quoi nourrir les troupeaux jusque dans le mois de novembre, tandis que la seconde est subordonnée aux pluies d'automne Si ces pluies sont abondantes et qu'elles arrivent de bonne heure, le sol se couvre de plantes alimentaires ; si elles sont tardives ou si elles tombent en petite quantité, la végétation est presque nulle et les bêtes ne trouvent guère, pour se substanter, que les plantes venues au printemps et desséchées par le soleil de l'été.

Cette alimentation insuffisante ou de mauvaise nature fait naître, principalement dans le Sud, une maladie que les Arabes appellent *bedrouna* (disette).

Le bedrouna n'est pas contagieux. Les animaux meurent, généralement, de maigreur extrême, et quelquefois d'une inflammation de l'appareil digestif, occasionnée par la nourriture exclusive, ou presque exclusive, de plantes aromatiques desséchées sur pied. Lorsqu'il apparaît, c'est toujours vers l'époque de l'allaitement. Alors, dans le but de ne pas épuiser les mères et d'en conserver le plus grand nombre possible, les indigènes égorgent les agneaux. Malgré cette précaution, les pertes sont énormes. Les moindres sont de 30 à 40 pour 100, et il n'est pas rare de voir disparaître les troupeaux placés dans les plus mauvaises conditions alimentaires.

Les catastrophes reviennent tous les trois, quatre ou cinq ans ; à peine les indigènes ont-ils effacé les traces du passage de cette maladie, qu'elle reparaît avec son caractère habituel de destruction.

D'un autre côté, quand les pâturages du printemps deviennent abondants, les troupeaux qui ont résisté au bedrouna, passant, sans cette transition insensible qu'il est si utile d'observer dans l'élevage des animaux, d'une maigreur extrême à l'embonpoint, du marasme à la pléthore, sont exposés à contracter le *meurara* (sang de rate). — Cette maladie n'est pas contagieuse ; elle est loin d'être aussi meurtrière que le bedrouna ; mais elle fait souvent des ravages assez considérables.

Ce sont précisément ces mortalités périodiques, occasionnées par le bedrouna et le meurara, qui maintiennent indéfiniment stationnaire la population ovine de l'Algérie. Or, ces maladies étant le produit d'un manque de nourriture ou d'un excès de nourriture, il est indispensable, non-seulement au point de vue hygiénique, mais encore au point de vue de la production de la laine, de chercher les moyens d'établir une alimentation régulière, ne touchant jamais ni à l'excès, ni à la pénurie. Le problème sera résolu, lorsque les éleveurs auront fait un approvisionnement d'orge et de fourrages, suffisant pour nourrir leur bétail pendant l'hiver le plus rude, et qu'ils se seront décidés à construire des abris pour leurs troupeaux.

CHEVAUX.

Tout le monde connaît et apprécie la vigueur et la sobriété du cheval arabe : nous n'avons donc point à revenir sur un thème depuis longtemps épuisé, et il nous suffira d'exposer en peu de mots l'état actuel de la race chevaline en Algérie, et le mode de peuplement.

La population chevaline, asine et mulassière des trois provinces est évaluée, approximativement, comme suit :

Chevaux.	72,703
Juments.	92,699
Mulets	117,164
Anes et Anesses	193,667
Total	476,233

Ces ressources suffisent non-seulement à pourvoir à la remonte des régiments de cavalerie français et indigènes de l'armée d'Afrique, mais elles permettent encore de subvenir à celle d'un certain nombre de régiments qui, après un temps donné, quittent l'Algérie pour rentrer en France.

SERVICE DE LA REMONTE.

Le service de la remonte a, dans la colonie, la même organisation que dans la métropole. Il y existe trois dépôts :

1° à Blidah (province d'Alger).
2° à Mostaganem (province d'Oran).
3° à l'Alélick (province de Constantine).

En outre des achats de chevaux pour le service de l'armée, les remontes sont chargées des *étalons impériaux* que le gouvernement entretient pour le perfectionnement de la race chevaline. — On a adjoint à ces géniteurs des étalons dits *étalons des tribus* achetés et entretenus sur les fonds du budget des centimes additionnels à l'impôt arabe. Au moment de la monte, ces différents géniteurs sont conduits dans un certain nombre de stations, où les éleveurs, européens et indigènes, sont admis gratuitement à leur offrir la saillie de leurs juments.

EFFECTIF DES ÉTALONS EN 1863.

Étalons impériaux (chevaux, baudets et poulinières.. .	208
Étalons des tribus.	425
Total.	633

Le prix des chevaux arabes varie suivant les formes, la taille et l'âge de ces animaux. Un cheval *de troupe*, c'est-à-dire ayant la taille exigée par les réglements militaires (1 mètre 44 centimètres de haut), coûte, en moyenne, de 600 à 800 francs : le prix d'un cheval de taille moindre varie, suivant les besoins du moment, de 75 à 300 francs ; — quant aux chevaux de race pure, leur prix est toujours très-élevé.

BOIS ET FORÊTS.

Sous la domination des Turcs, les Arabes avaient coutume d'incendier leurs forêts, tant pour se procurer de nouvelles terres de labour, quand ils avaient été dépossédés, que pour obtenir, par le jet de nouvelles pousses, de la nourriture pour leurs troupeaux.

L'Administration française sut mettre ordre à ces dévastations : elle revendiqua les forêts comme propriétés domaniales et confia à ses agents le soin du reboisement. Grâce à cette prévoyance, les forêts algériennes offriront bientôt au commerce de précieuses ressources.

Les essences forestières couvrent, dans les trois provinces, une superficie de 1,800,000 hectares, dont 1,200,000 sont susceptibles d'exploitation, soit immédiatement, soit dans un avenir assez proche. Parmi ces essences, il en est qui se groupent en massifs plus ou moins vastes; tels sont : le chêne-vert, le chêne-liége, le chêne-zéen, l'olivier, le thuya, le cèdre, le pin d'Alep, le genévrier, etc. ; — d'autres forment de petits bosquets ; ce sont : le peuplier, le saule, le frêne, le tamarin, l'aune et l'orme ; — enfin, il en est que l'on rencontre disséminés çà et là, notamment le caroubier et l'azérolier.

Ces essences diverses ont, presque toutes, une valeur industrielle ; nous signalerons comme les plus importantes :

Le cèdre. — Il peuple les forêts d'Aïn-Talazit et de Teniet-el-Haad, dans la province d'Alger ; celles de Tougourt et de l'Aourès dans la province de Constantine. Il a souvent 18 et même 20 mètres de haut sur 5 et 6 mètres de tour. — Les dimensions gigantesques du cèdre le rendent propre à la charpente comme pièce de longue portée : sa roideur est égale à celle des sapins de Lorraine. Il est résineux, sans essence coulante, facile à travailler à la scie, se coupe et se rabotte avec une grande facilité. Comme bois d'ébénisterie, il convient dans les placages d'intérieur par sa couleur, sa veine et, surtout, par son odeur agréable.

Le chêne-liége. — Très-commun, notamment dans la province de Constantine : les forêts de la Calle, de l'Edough et de Jemmapes en sont peuplées ; on le trouve également dans la grande Kabylie, au sud de

Dellys. Son bois est très-solide ; son écorce fournit le liège du commerce, employé à tant d'usages divers et particulièrement à la confection des bouchons. — Les Kabyles s'en servent, en guise de tuiles, pour couvrir leurs maisons.

Le Thuya. — C'est le plus beau de tous les bois algériens : « Aucun bois n'est aussi riche de mouchetures, de moires ou de veines flambées que la souche de thuya. Ses dispositions présentent beaucoup de variétés ; son grain, fin et serré, le rend susceptible du plus parfait poli ; ses tons chauds, brillants et doux, passent, par une foule de nuances, de la couleur de feu à la teinte rosée de l'acajou. Il réunit tout ce que l'ébénisterie recherche en richesses de veines et de nuances dans les différents bois des îles. Aussi, les fabricants d'ébénisterie de Paris en font-ils un emploi suivi. »

Nous avons dit que le domaine forestier de l'État comprenait, en Algérie, 1,800,000 hectares, en voici le détail par Province :

Province d'Alger	260,000 hectares ;
— d'Oran	440,000 —
— de Constantine	1,100.000 —

Les essences qui peuplent ces superficies sont réparties comme suit : (*Statistique forestière,* 1863) :

Chênes-liège.	325,000 hectares ;
Chênes-zéen	56,809 —
Pins et Cèdres	
Chênes verts	
Thuya.	1,438,191 —
Chênes à glands doux.	
Ormes et frênes	
Broussailles d'essences diverses . .	

Mais il y a lieu d'observer que sur cette superficie totale, 600,000 hectares seulement sont immédiatement exploitables ; — 600,000 hectares sont en voie de régénération, et les derniers 600,000, comprenant les vides, les enclaves et terres de culture occupés par les indigènes, ne pourront être reboisés qu'autant que ces terres seraient rendues au sol forestier dont elles font partie.

En parlant des forêts, nous sommes, tout naturellement, conduit à parler des bêtes sauvages i les habitent :

Sans doute, il n'est point vrai que les voyageurs rencontrent fréquemment sur leur route des lions et des panthères; mais, l'Algérie n'est point absolument purgée de ces hôtes incommodes, et les carnassiers, si peu nombreux qu'ils soient, font encore trop de ravages : aussi, l'Administration donne-t-elle pour chaque animal abattu une prime en argent, dont le taux réglementaire est fixé comme suit :

Lion, lionne ou panthère	40 fr. » »
Lionceau et jeune panthère	15 fr. » »
Hyène	5 fr. » »
Jeune hyène ou chacal	1 fr. 50

Quelques Arabes, séduits bien moins par l'appât de ces primes modiques que par le renom qu'ils peuvent acquérir, vont résolûment en chasse et se jettent, sans sourciller, devant la gueule du lion; — d'autres, beaucoup moins enthousiastes, dressent sur le passage des bêtes fauves d'invisibles traquenards, et triomphent sans péril.

Parmi les résidents européens, il en est aussi quelques-uns dont les exploits cynégétiques ont fait grand bruit : c'est ainsi que Jules Gérard, Chassaing et Bombonnel sont devenus des personnages légendaires.

Sous la rubrique : « *Destruction des animaux nuisibles* », nous trouvons dans l'*État actuel de l'Algérie* (1863), l'état ci-après :

ANIMAUX ABATTUS EN 1863 :

Lions, lionnes et lionceaux	63
Panthères	70
Hyènes	157
Chacals	1,288
Total	1,578

Hyènes et chacals sont un mince butin : la hyène est lâche, et le chacal fuit devant l'homme; mais 133 lions ou panthères, c'est là, j'imagine, un chiffre assez respectable. Les touristes qui aiment les émotions fortes, où que les lauriers de J. Gérard empêchent de dormir, peuvent donc être certains de trouver en Algérie plus d'une occasion d'exercer leur courage et d'utiliser leur adresse : la chasse au lion est ouverte en tout temps, et il est douteux qu'ils en reviennent *bredouille*, — si toutefois ils en reviennent.

INDUSTRIE

Européens. — Les colons se sont montrés, jusqu'à ce jour, plus agriculteurs qu'industriels : à vrai dire, l'agriculture ne demande que du travail et des soins, tandis que l'industrie exige des capitaux et, à défaut de bras, l'emploi de machines toujours dispendieuses. Or, le capital est ombrageux.

Partout, cependant, où ils ont trouvé la matière première, les colons se sont ingéniés à fabriquer, soit pour le commerce intérieur, soit pour l'exportation, les produits dont la vente est, pour ainsi dire, immédiate ; quelques-uns même ont établi des usines qui fonctionnent et prospèrent.

Les minoteries, les tanneries, les briqueteries, les ateliers de charronnage, les fabriques de sparterie, celles où l'on procède à la fabrication des cigares, à celle de la soie et à l'égrenage du coton ; quelques hauts fourneaux, où l'on traite des pyrites de cuivre et le sulfure de mercure ; les salines artificielles, etc., occupent un nombreux personnel et sont en plein rapport. Quand le pays sera plus peuplé, la main-d'œuvre moins chère et que les communications seront plus faciles, la grande industrie aura sa raison d'être, et l'Algérie n'aura plus à demander à la métropole les produits qu'elle en retire actuellement.

Indigènes. — Les industries indigènes se classent en divers groupes, savoir :

Tapis, poterie, tissus et vêtements, broderie ; tannerie et préparation de peaux : cordonnerie, sellerie ; teinturerie, vannerie et sparterie ; armes, taillanderie et forges ; bijouterie et orfèvrerie.

Ces deux dernières industries sont, à peu près, exclusivement exercées par les Juifs, particulièrement à Alger et à Constantine.

Les tapis se fabriquent sous la tente par le soin des femmes, qui se servent pour cette confection du métier arabe, lequel est employé, du reste, pour le tissage de toutes les étoffes de laine : haïch, burnous, fréchia, etc. C'est le métier du tisserand, installé verticalement. Le travail des femmes achevé, une ouvrière, appelée *el réguema*, est chargée de distribuer les différentes couleurs de laines aux tisseuses, de manière à obtenir des différents dessins de tapis.

Cette ouvrière est payée à raison de 5 francs pour chaque demi-mètre de longueur, quelle que soit la largeur, qui n'a d'ailleurs jamais plus de 2^m,50. — Le travail des autres femmes ne saurait être évalué.

Les laines, qu'on préparait autrefois sous la tente même, sont aujourd'hui presque toujours teintes par les Juifs du pays.

L'alun est le mordant dont les ouvriers font usage ; les matières tinctoriales sont la cochenille, la garance et l'indigo achetés dans le commerce. Pour obtenir la couleur jaune, ils emploient la racine d'un chardon commun en Algérie, et que les indigènes nomment *redjaknou* et qui est la *centaurea acaulis*. — Aïn-Beïda, dans la province de Constantine, Tiaret, dans celle d'Oran, sont les centres principaux de cette production.

Les industries de la tannerie, de la cordonnerie et de la sellerie sont pratiquées dans plusieurs villes de l'Algérie, mais leur siège principal est à Tlemcen, où elles occupent un assez grand nombre d'ouvriers.

Quant aux armes, elles sont généralement fabriquées par les Kabyles, qui sont, relativement, très-experts dans beaucoup d'industries pour lesquelles les Arabes sont restés leurs tributaires.

La broderie orientale, ou de luxe, dont on admire au Palais de l'Industrie les magnifiques échantillons, est l'œuvre des jeunes filles musulmanes placées, par les soins de l'Administration, dans les *ouvroirs* d'apprentissage établis à Alger et à Constantine. (*Voy.* p. 72.)

Quoi qu'il en soit, les industries indigènes ne figurent que comme appoint dans la production générale, car on ne fabrique guère dans les tribus que les objets de première nécessité : les burnous et les haïcks de prix, qu'on vend comme étant de provenance algérienne, sont tirés, pour la plupart, des fabriques lyonnaises; les bracelets de corail et d'ambre viennent d'Italie ; et ce sont des ouvriers européens qui préparent les fourrures, si justement appréciées, que fournissent les cygnes et les grèbes. Mais cet état de choses n'est que transitoire : les indigènes sont essentiellement observateurs ; ils nous fourniront un jour d'excellents ouvriers.

Voici pour l'avenir ; — voilà pour le présent :

Textiles. — Parmi les textiles qui trouvent en Algérie un emploi immédiat et lucratif, l'Alfa, le Diss et le Palmier-nain occupent le premier rang. On jugera de leur importance, au point de vue de la production, par les détails qui suivent :

L'alfa est le nom arabe, passé dans le langage commun, de diverses plantes (famille des graminées) répandues à profusion dans toute l'Algérie, dans le Sahara comme dans le Tell, où elles résistent à la sécheresse et aux chaleurs, pendant que la végétation presque entière s'affaisse sous l'ardeur du soleil d'été. Peu de plantes sont aussi précieuses par la multitude de leurs emplois industriels. Les indigènes, et, à leur exemple, les Européens, particulièrement les Espagnols, font avec les feuilles rondes et aiguillées, longues et tenaces de l'alfa, avec ses tiges droites, fortes et nerveuses, toute espèce d'ouvrages de sparterie : paniers, corbeilles, tapis, chaussures, chapeaux, sacs, même des cordes excellentes. Cette industrie a pris une véritable importance dans les cercles d'Arzeu et d'Oran. L'industrie européenne vient accroître la valeur de l'alfa, en constatant l'aptitude de la pâte qui en provient à la fabrication du papier. L'alfa, débarrassé de la matière résineuse qui le pénètre est réduit à l'état de fils nerveux ; ces fils sont broyés par des cylindres, blanchis par des agents chimiques. On en obtient une pâte à papier des plus fines comme des plus grossières, à volonté. Mêlée à la pâte de chiffons, elle lui donne de la consistance et s'adoucit elle-même par le mélange.

Le diss est employé aux mêmes usages que l'alfa pour la sparterie et la corderie, ainsi que pour la nourriture des bestiaux.

Le palmier-nain a fait longtemps, par la profondeur, la ténacité et l'inextricable lacis de ses racines, le désespoir des cultivateurs en Algérie. Les frais de défrichement d'un hectare de terre couvert de palmiers-nains pouvaient coûter 300 et 400 francs, très-faiblement compensés par le prix des racines comme combustible ou pour la fabrication du charbon. De fortes primes étaient accordées à son extirpation. On voyait cependant les indigènes employer ses feuilles et ses tiges, mêlées au poil de chameau et à la laine, à fabriquer l'étoffe des tentes. Ils en faisaient des paniers, des nattes, des corbeilles, des chapeaux, des éventails, des sacs et généralement tous les ouvrages de sparterie, de corderie, de tapisserie, en commun avec l'alfa et le diss.

Ces applications inspirèrent l'idée de travailler le palmier-nain pour en obtenir un crin végétal, ou *crin d'Afrique*, dont l'exploitation a donné lieu à des établissements importants, munis de brevets. On en a fabriqué, également, des cordages meilleurs que ceux de l'alfa et du diss, et dont l'usage est déjà répandu dans tous les ports de France, ce qui dispense de recourir à l'Espagne pour les cordages en sparterie. On a essayé, avec un égal succès, d'appliquer le palmier-nain à la fabrication du papier. On a découvert que, dépouillés de la substance glutineuse qui les tient agrégés, les fils de palmier-nain sont susceptibles de la plus grande division, et que, malgré leur peu de longueur, qui n'est que de 25 à 40 centimètres, leur filasse est presque aussi fine que celle du lin, et peut être employée utilement par l'industrie du tissage et la fabrication du flax-coton.

Voilà donc quatre industries considérables, la sparterie, la corderie, la papeterie et le tissage, auxquelles le palmier-nain fournit la matière première. Dans un autre ordre de travaux, le noyau du fruit du palmier-nain, d'une matière très-dure, se travaille au tour et sert à faire des chapelets, des bracelets, des colliers qui se font remarquer par de jolies veinures de toutes couleurs. Cette industrie, connue des indigènes, a pris pied en Algérie et déjà même à Paris.

Pour extraire du palmier-nain ces diverses substances, on emploie divers procédés brevetés. Voici, entre autres, ceux qui ont été publiés :

En traitant à l'eau les feuilles et en les faisant passer par des cylindres, on obtient des étoupes pour la fabrication des cordages. Pour amener ces étoupes à l'état de bourre à matelas, on les prépare à la potasse; enfin, pour en faire du papier ou du carton, on les traite au chlorure de chaux.

Suivant une seconde manière d'opérer, on met les feuilles telles qu'elles viennent d'être cueillies dans une cuve en zinc, en bois ou en toute autre substance convenable, ayant un double fond percé de trous. Une fois la cuve convenablement garnie et close, on y introduit un jet de vapeur qui doit fonctionner environ dix-huit heures sans interruption ; la vapeur condensée s'écoule dans le double fond ; ce fond est muni d'un robinet au moyen duquel on laisse échapper, de temps en temps, le produit de la condensation. On peut aussi, et de préférence, employer la vapeur d'eau à une température un peu supérieure à 100 degrés. Après un temps qui varie suivant l'âge des feuilles, on arrête le jet de vapeur et on laisse les feuilles humides se refroidir lentement, soit dans la cuve même, soit dans tout autre vase clos. Vers le cinquième jour, elles sont couvertes de byssus, sorte de poudre blanche, s'étendant d'une feuille à l'autre comme un réseau. Après quelques jours, ces byssus deviennent verdâtres d'abord, puis bruns, puis presque noirs. Le douzième jour, l'épiderme se ramollit, la couche fibreuse centrale se dégage facilement des deux couches externes, et, vers le quinzième ou vingtième jour, le simple frottement d'une brosse suffit pour désagréger les fibres, qui se présentent dans toute leur longueur avec une finesse et une ténacité remarquables. Les fils ainsi obtenus peuvent servir immédiatement à faire de la filasse, de l'étoupe, de la charpie longue et fine ; en les soumettant aux procédés connus de battage, de cylindrage, de pressage et de blanchiment, on les rend propres à tous les usages du lin et du chanvre, et rien n'est plus facile que de les transformer en pâte à papier.

La production du palmier-nain en Algérie peut être considérée comme illimitée. Son exploitation par les colons est devenue une industrie régulièrement constituée en quelques endroits. Le quintal métrique revient à 2 francs.

On compte dans le seul département d'Alger deux fabriques de sparteries et de paillassons et neuf fabriques de crin végétal. En 1863, on a exporté d'Algérie 56,672 kilogrammes de feuilles de palmier-nain et 1,427,649 kilogrammes de crin végétal.

Essences. — Les végétaux plus particulièrement propres à la fabrication des essences sont les orangers : on en extrait le néroli, les huiles de cédrat, de bergamote, de citron, de citronine, et d'eau de fleurs d'oranger. Parmi les autres végétaux cultivés, il faut noter le jasmin, le géranium rosat, la cassie, la verveine et la tubéreuse. Il existe aux environs d'Alger neuf distilleries d'essences.

Cigares. — La fabrication des cigares constitue une industrie locale, qui, grâce à l'intelligence des fabricants et à l'habileté des ouvrières espagnoles et mahonnaises, auxquelles se mêlent quelques juives indigènes, a atteint, à Alger, à Oran, à Mostaganem, à Philippeville, une rare perfection. Chaque année voit se multiplier le nombre et l'importance des fabriques, qui toutes mélangent les feuilles indigènes aux feuilles exotiques : les premières servent pour l'intérieur (*la tripe*), les secondes pour l'enveloppe (*la cape*). Si les tabacs algériens ne sont pas exclusivement employés, c'est que les tabacs vieux sont préférables aux tabacs nouveaux, et que ces derniers sont les seuls que puissent fournir les colons, pressés de vendre, et les seuls que les fabricants puissent acheter, à raison de leur base encore étroite d'opérations qui ne dépasse pas un chiffre de 500 à 600,000 kilogrammes de tabac. Leur fabrication n'a pour objet que les feuilles dont la combustion facile permet de les employer immédiatement dans les tabacs hachés destinés à être fumés dans la pipe. Les Juifs et les Européens accaparent pour cet usage, et dans la limite de leurs ressources pécuniaires, tous les tabacs de qualité inférieure qu'ils peuvent se procurer ; les fabricants maures, au contraire, recherchent avec un égal empressement, et dans la même mesure, les feuilles les plus belles et les plus fines, avec lesquelles ils composent ces tabacs maures que les consommateurs délicats fument en cigarettes et dans des chibouques.

Cuirs et peaux. — Les peaux des bœufs, moutons et chèvres reçoivent de l'industrie locale les préparations qui les transforment, ou sont achetées par le commerce et expédiées, tantôt fraîches, tantôt sèches, en Europe. La peau de chameau, que l'industrie européenne n'achèterait pas, est utilisée par les indigènes, soit à recouvrir les bois de selles, soit en semelles pour chaussures. Les peaux de boucs et de chèvres font des outres, dont l'emploi est très-multiplié dans la vie arabe. Avec la face plantaire des autruches, les Chaamba consolident leurs chaussures ; ils en mettent un morceau sous la pointe, un autre sous le talon, et la chaussure devient ainsi d'un très-bon usage.

La fabrication des peaux et cuirs préparés de toute sorte occupe, dans le département d'Alger, vingt-six établissements (quatorze aux Européens et douze aux indigènes) ; bien qu'ils aient une certaine importance, ces établissements ne marchent que faiblement : cela tiendrait, suivant la Chambre de commerce, à la cherté de la main-d'œuvre et au manque de débouchés.

Voici les cours sur la place d'Alger (1863) :

Vache lissée, sèche, le kilogramme...	3 fr.	» c.	à 3 fr.	25 c.
Coupons...............	3	50	à 5	»
Cuirs noirs..............	2	50	à 2	75
Cuirs hongroyés...........	2	25	à 2	50

Le nombre des tanneries tenues par les Européens dans la province d'Oran est de cinq : une à Oran, deux à Tlemcen, une à Sidi-bel-Abbès, une à Mostaganem.

Le nombre des tanneries exploitées par les indigènes est de soixante-deux, dont trente-sept à Tlemcen, quinze à Mostaganem, huit à Mascara, deux à Oran.

La moyenne des peaux tannées est de 60,000 (chèvres, moutons, bœufs,) qui représentent une valeur de 360,000 francs. La ville de Tlemcen fabrique à elle seule 45,000 peaux. Tout est consommé sur place. A Tlemcen même, où la fabrication a une certaine importance, le produit est absorbé par la sellerie et par la cordonnerie indigènes, qui s'approvisionnent, en outre, de cuirs préparés au Maroc.

Les prix des cuirs tannés, sur la place d'Oran, sont :

Vache mince pour semelles, le kilogramme.	3 fr. 50 c.	à 3 fr.	» c.
Vachette pour lanières.	3 50	à »	»
Veau crouponné.	6 »	à 8	»

Dans la province de Constantine, l'industrie de la tannerie par les Européens est demeurée, jusqu'ici, à l'état d'essai. Cela tient à la difficulté de se procurer dans le pays les écorces à tan nécessaires pour ce genre d'industrie.

Les tanneries indigènes fabriquent pour la consommation locale. Les cuirs tannés et préparés n'ont, par cela même, point de cours publics sur les marchés de la province.

En 1863, le nombre des peaux brutes exportées des ports d'Algérie s'élève à 1,813,512 kilogrammes.

Cires et miels. — L'éducation des abeilles et l'exploitation de leurs produits sont, principalement, entre les mains des indigènes, qui consomment des grandes quantités de miel et de cire. Cependant, les colons possèdent un certain nombre de ruches, dont ils tirent de fort beaux produits.

La cire et le miel d'Algérie ont toujours été renommés pour leur qualité supérieure ; ils n'ont rien perdu de leur antique réputation. Les prix varient chaque année ; ils sont en moyenne :

Pour la cire, de 3 à 4 francs par kilogramme.

Pour le miel, de 1 fr. 50 à 2 francs.

Il s'exporte annuellement une quantité assez considérable de ces produits, tant en France qu'à l'étranger. En 1863, on en a exporté 122,196 kilogrammes.

Pêche. — La pêche des poissons de mer qui fréquentent le littoral de l'Algérie constitue une des industries premières dans tous les ports de la côte. Elle est principalement exercée par des étrangers. Entre les poissons de passage, le thon abonde en quantité extraordinaire ; trois madragues ont été autorisées pour les pêcher : l'une à Arzeu, l'autre à Sidi-Ferruch, la troisième dans la baie du cap Falcon. Les sardines sont aussi fort abondantes. A Alger et à Philippeville, d'heureux essais ont été tentés pour la salaison des poissons en général, mais les entreprises sont restées à l'état d'essai. En 1863, on a exporté d'Algérie 529,378 kilogrammes de poissons de mer. (*Tableau des Établissements Français en Algérie.* V. 1862 et 1863.)

INDUSTRIE.

SALAIRES INDUSTRIELS DANS LA VILLE CHEF-LIEU DU DÉPARTEMENT 1863.

INDUSTRIES	SALAIRE JOURNALIER DE L'OUVRIER (non nourri)			OBSERVATIONS
	ALGER	ORAN	CONSTANTINE	
	fr. c.	fr. c.	fr. c.	
Bijoutiers et orfévres........	3 »	3 »	5 »	Dans la province
Blanchisseuses............	2 »	2 »	2 »	d'Alger et dans celle
Bouchers (*par mois*)........	100 »	90 »	120 »	de Constantine, il n'y
Boulangers..............	5 »	4 50	5 »	a pas de couvreurs
Brasseurs (*par mois*).......	100 »	100 »	100 »	proprement dits. Ce
Briquetiers et tuiliers........	3 50	2 50	5 »	sont les maçons qui
Brodeuses...............	2 »	2 »	5 »	couvrent les bâti-
Carriers................	3 75	3 »	5 »	ments.
Carrossiers.............	4 »	3 50	5 »	Dans la province
Charbonniers...........	2 75	2 50	»	d'Alger, les vitriers
Charcutiers.............	3 »	2 50	2 50	travaillent à forfait.
Chapeliers..............	3 75	2 50	6 »	Dans la province
Charpentiers............	4 50	2 50	6 »	d'Oran, où il existe
Charrons...............	4 »	2 50	5 »	plusieurs usines im-
Chaudronniers...........	4 »	2 50	4 »	portantes, les salaires
Compositeurs typographes.....	6 »	4 50	6 »	dits *Salaires dans les*
Chaufourniers............	3 50	2 »	3 50	*grandes industries*
Cordiers................	3 »	2 50	5 »	(filature et tissage
Cordonniers.............	3 »	3 50	3 50	des cotons, laines,
Corsetières.............	2 50	2 »	2 50	soies et fils), les sa-
Couteliers..............	2 50	2 »	5 50	laires moyens sont,
Couturières en robes........	2 »	2 »	2 25	pour les hommes, 2
Couvreurs..............	3 »	2 50	3 50	fr. 50 cent., pour les
Culotières..............	1 50	2 50	2 »	femmes, 2 fr.
Dentelières.............	2 50	2 »	»	Dans la province de
DOMESTIQUES — Hommes. — Attachés au service de la personne.	50 »	40 »	50 »	Constantine, les ouvriers charbonniers ne travaillent pas moyennant un salaire journalier; ils
Attachés à un service special de la maison, cochers, palefreniers, etc.	35 »	40 »	70 »	prennent des engagements avec des patrons pour faire du
Femmes. — Attachées aux personnes.	25 »	35 »	20 »	trons pour faire du charbon aux prix de
Cuisinières.	40 »	45 »	40 »	4 fr. 50 c. à 5 fr. le
Faisant les deux services.	40 »	45 »	40 »	quintal. — Ces ouvriers ne travaillent
Ébénistes...............	5 »	2 50	4 »	jamais isolément; ils
Ferblantiers.............	4 50	2 50	4 »	sont toujours par
Fleuristes..............	1 50	2 50	»	compagnies de 2 à 6;
Forgerons..............	4 »	5 »	4 »	leur gain dépend de
Giletières..............	2 75	2 »	3 »	leur talent en carbo-
Horlogers..............	5 »	2 50	5 »	nisation.
Imprimeurs lithographes.....	4 »	4 50	5 »	

INDUSTRIES	SALAIRE JOURNALIER DE L'OUVRIER (non nourri)			OBSERVATIONS
	ALGER	ORAN	CONSTANTINE	
	fr. c.	fr. c.	fr. c.	
Jardiniers..	2 »	2 50	1 50	Ceux qui font le bois propre à être mis aux charbonnières reçoivent de 1 fr. 50 c. à 2 fr. par stère. On peut, à peu près, fixer la moyenne du gain journalier de 4 fr. à 4 fr. 50 c.
Lingères..	1 75	2 »	2 »	
Maçons..	4 »	3 50	5 »	
Maréchaux-ferrants	3 50	3 »	2 »	
Mécaniciens..	4 »	3 50	»	
Menuisiers..	5 75	2 50	5 »	
Modistes..	1 75	2 »	»	
Pâtissiers (par mois)..	40 »	45 »	90 »	
Peintres en bâtiments..	4 »	2 50	4 50	
Perruquiers (par mois)..	80 »	70 »	50 »	
Poëliers..	4 »	3 »	»	
Potiers..	4 »	2 50	»	
Relieurs..	3 50	3 »	5 »	
Scieurs de long..	4 50	3 50	4 »	
Sculpteurs (ouvriers)..	6 »	3 »	»	
Selliers..	3 50	3 50	4 »	
Serruriers..	3 50	4 »	4 »	
Tailleurs d'habits..	3 50	3 »	4 »	
Tailleurs de pierres..	5 »	4 »	7 »	
Tanneurs..	3 50	3 »	6 »	
Tapissiers..	4 »	3 »	6 »	
Teinturiers..	2 50	2 50	»	
Terrassiers..	2 »	2 50	»	
Tisserands..	»	2 50	»	
Tonneliers..	3 50	3 »	3 »	
Tourneurs sur bois..	3 »	3 50	4 »	
Tourneurs sur métaux..	3 50	3 50	4 »	
Vitriers..	»	3 »	4 50	

Le prix de main-d'œuvre est plus élevé à Constantine qu'à Alger et à Oran. Cela tient à ce que le nombre des ouvriers européens y est sensiblement moindre que dans ces deux villes.

COMMERCE

En 1826, — c'est-à-dire quatre années avant la conquête, — le commerce général d'Alger avec les diverses Puissances de l'Europe et les États barbaresques se résumait comme suit :

MOUVEMENT DU PORT D'ALGER.

Navires entrés. 42
Navires sortis. 47

COMMERCE DU PORT D'ALGER.

Importations. . . . . . . 4,717,000 fr.
Exportations. 845,000

Ces chiffres, relevés sur les registres pris à la Casbah, après la reddition de la ville, ont été publiés, en 1830, par le Ministère de la guerre.

Depuis, toute la Régence, des frontières de Tunis à celles du Maroc, et du littoral au Sahara, a passé sous notre domination, et les produits européens ont trouvé de nouveaux débouchés.

Les relations, cependant, n'ont point toujours été faciles, et le commerce de l'Algérie a subi des phases diverses : longtemps entravé par des mesures restrictives, il devint relativement prospère le jour où l'Assemblée nationale décréta que les produits algériens entreraient de droit dans la mère-patrie, sans être grevés d'impôts comme étrangers.

— Depuis, il a grandi avec une rapidité remarquable : nous en avons la preuve dans les constatations données par les comptes officiels et par des chiffres authentiques.

Voilà ces chiffres :

ANNÉES	IMPORTATIONS	EXPORTATIONS
1831.	6,504,000 fr.	1,479,600 fr.
1833.	7,599,158	1,028,410
1863.	117,519,141	48,209,556

Si nous comparons entre eux les chiffres afférents à ces deux derniers exercices, nous trouvons que, pour une période de trente ans, le commerce général s'est accru :

  A l'importation, de. . . . . . . 109,919,983 fr.
  A l'exportation, de. . . . . . .   47,181,146 fr.

Et, cependant, l'Algérie manque encore de canaux et de routes.

Ici se présente naturellement une objection à laquelle nous croyons devoir répondre :

Pendant longtemps, on a regardé les produits exportés de France en Algérie comme consommés par les soldats et les états-majors de l'armée d'occupation : c'était, disait-on, le rachat en nature des sacrifices d'argent faits par la métropole. Le temps a montré qu'il existait pour ce commerce une autre source plus féconde et plus puissante. M. le baron Dupin en a fait, en plein Sénat, la preuve la plus démonstrative : il lui a suffi de citer un exemple, que nous reproduisons, en modifiant une date et un chiffre :

« En 1845, l'armée d'Afrique approche de 100,000 hommes, et les produits envoyés *de France* en Algérie valent en tout 73,255,998 fr. ;

« En 1863, l'armée française est réduite à 62,000 hommes, et les produits envoyés *de France* en Algérie, bien loin de diminuer, s'élèvent à 100,875,397 francs. (*Commerce spécial seulement.*)

« La comparaison que nous présentons se réduit à deux termes simples, pour dix-huit ans d'intervalle :

« Diminution des troupes, 38,000 hommes ;

« Accroissement des produits français consommés en Algérie : 27,617,399 francs.

« Par conséquent, tout en convenant avec sincérité que l'armée française contribue, pour sa juste part, dans l'accroissement des produits demandés à la France, il n'en est pas moins vrai qu'un magnifique progrès commercial continue de s'opérer, quoique cette armée diminue, et qu'elle soit aujourd'hui réduite aux deux tiers de son plus grand effectif. La cause vitale de l'augmentation commerciale existe donc en dehors de l'armée, et c'est dans la population coloniale qu'il faut en chercher la source. »

Pour compléter ces détails, nous empruntons aux documents statistiques publiés par le Gouvernement de l'Algérie, l'état ci-après indiquant, pour 1863, et par pavillon, le mouvement général de la navigation :

MOUVEMENT DE LA NAVIGATION (1863).

ENTRÉE DES NAVIRES :

PAVILLONS	NOMBRE	TONNAGE
Français	1,429	318,958
Russes	2	522
Suédois	16	4,648
Norvégiens	18	5,916
Association allemande	2	473
Anglais	131	19,359
Portugais	»	»
Autrichiens	16	5,540
Italiens	250	9,213
Espagnols	1,012	31,254
Grecs	3	753
Turcs	2	134
États Barbaresques	45	562
Danois	2	281
Hollandais	7	944
Autres puissances	5	1,139
Totaux	2,940	399,696

Soit, au total, 2,940 navires, jaugeant ensemble près de 400,000 tonneaux.

Les marchandises, transportées par cabotage entre les divers ports de l'Algérie, ont exigé l'emploi de 5,424 navires d'une jauge de 253,762 tonneaux.

La pêche du corail employait, à elle seule, 286 bateaux : — La quantité de corail *brut* exporté de la colonie s'élevait à 32,887 kilogrammes.

RENSEIGNEMENTS GÉNÉRAUX

I

DE PARIS A MARSEILLE.

Fonctionnaires publics, colons, touristes, voyageurs de commerce, etc., etc., tous ceux que leur emploi, leurs plaisirs ou leurs affaires conduisent en Algérie et qui, à un titre quelconque, relèvent de l'Administration ou sollicitent ses bons offices, s'adresseront au Service de l'Algérie, rue Saint-Dominique Saint-Germain, n° 86. (*Ministère de la guerre.*)

Ce Service, où s'élaborent les projets de décrets concernant la haute Administration de l'Algérie, que le Ministre de la guerre a mission de soumettre à l'Empereur, est ouvert au public, tous les jours, de dix heures du matin à cinq heures du soir, dimanches et fêtes exceptés. On y délivre aux ayants-droit (fonctionnaires civils et colons) leur permis d'embarquement ; — le plan des terrains domaniaux qui doivent être vendus aux enchères, les cahiers des charges concernant les adjudications de forêts, enfin tous les renseignements statistiques ou autres, de nature à faire connaître les ressources de la colonie sont communiqués au public, et ce, on doit le reconnaître, avec une complaisance que rien ne lasse.

Le permis d'embarquement délivré par l'Administration assure à qui le reçoit :

1° Le transport gratuit et la nourriture à bord des paquebots des *Messageries impériales*, de Marseille, au port de destination ;

2° Le transport, également gratuit, d'une certaine quantité de bagages, dont le poids est limité comme suit :

Passagers de 1re classe. . . . . 125 kilogrammes.
— de 2e classe. . . . . 100 —
— de 3e classe. . . . . 60 —
— de 4e classe. . . . . 35 —

Le permis doit être visé, à Marseille, par l'Intendant militaire dont les bureaux, situés rue Paradis, sont ouverts de 10 heures du matin à 4 heures du soir.

Les colons reconnus nécessiteux qui vont rejoindre leur famille peuvent obtenir, pour se rendre de Paris à Marseille, des frais de route fixés à 0 fr. 30 c. par myriamètre, et qui leur sont payés à la Préfecture de Police sur la présentation de l'autorisation de passage délivrée par le Ministre de la Guerre, et d'un certificat de moralité établi par le commissaire de police de leur quartier. — Pour les émigrants des Départements, autres que le Département de la Seine, les secours sont accordés par le Préfet.

On se rend de Paris à Marseille par le chemin de fer (*gare de Lyon*) [1].
— Le prix des places est actuellement fixé comme suit :

1re classe. . . . . 93 fr. 75 c. }
2e classe 72   40   } Bagages compris, jusqu'à
3e classe. 53   10   } l'excédant de poids.

Les bureaux des Messageries impériales, à Marseille, sont situés 16, rue Canebière : — les voyageurs peuvent, à leur arrivée, y faire transporter directement tous leurs bagages qui sont, par les soins de la Compagnie, embarqués sur les paquebots. Il convient, toutefois, de surveiller soi-même la destination qu'on donne aux colis.

Parmi les hôtels nous citerons :

Rue Canebière : — (*restaurant à la carte et table d'hôte*)
    Le Grand Hôtel du Louvre,
    L'hôtel des Empereurs,
    Le Petit Hôtel du Louvre.
Rue Pavillon : L'hôtel de la Bourse,
    L'hôtel des Colonies.

Et, dans un ordre moins élevé :

L'hôtel Beauveau, l'hôtel d'Alger, l'hôtel de Pologne.

---

[1] Voir pour les détails du trajet de Paris à Marseille, le *Nouveau Guide en France*, de M. A. de Césena, publié par MM. Garnier frères.

II

DE MARSEILLE EN ALGÉRIE.

Deux compagnies maritimes font le service des transports :

1° La Compagnie des Messageries impériales : — C'est sur les bateaux de cette Compagnie, subventionnée par l'État, que prennent place les passagers du gouvernement (fonctionnaires civils et militaires, colons, etc.) ;

2° La Compagnie Arnaud et Touache frères.

MESSAGERIES IMPÉRIALES.

Ligne d'Alger.

DE MARSEILLE POUR ALGER. . Les *mardi* et *samedi* de chaque semaine ; dé-
(417 milles.) part à 2 heures du soir ; durée moyenne de la traversée, 46 heures.

D'ALGER POUR MARSEILLE. . Les *mardi* et *samedi* de chaque semaine ; départ à midi.

Ligne d'Oran par Valence.

DE MARSEILLE A ORAN.. . . Le *mercredi* de chaque semaine ; départ à
(598 milles.) 5 heures du soir ; durée moyenne de la traversée, 68 heures.

D'ORAN A MARSEILLE.. . . . Le *mercredi* de chaque semaine ; départ à 10 heures du matin.

Ligne de Stora (Philippeville, Bone et Tunis).

DE MARSEILLE A STORA. . . Le *vendredi* de chaque semaine ; départ à
(393 milles.) 2 heures du soir ; durée moyenne de la traversée, 42 heures.

DE STORA A BONE. . . . . . Le *mardi* de chaque semaine ; départ à 6 heures
(57 milles.) du soir ; durée moyenne de la traversée 6 heures.

DE BONE A TUNIS. . . . . . Le *mercredi* de chaque semaine ; départ à
(160 milles.) 3 heures du soir ; durée moyenne de la traversée, 18 heures.

DE TUNIS A BONE. . . . . . Le *dimanche* de chaque semaine, à midi.
DE BONE A STORA. . . . . Le *lundi* de chaque semaine, à 6 heures du soir.
DE STORA A MARSEILLE.. . . . Le *mercredi* de chaque semaine, à midi.

PRIX DES PASSAGES SUR LES PAQUEBOTS.

DESTINATIONS.	1re CLASSE. fr.	2e CLASSE. fr.	3e CLASSE.	PONT. fr.
Alger	95	71	»	27
Oran	143	113	»	39
Stora	89	70	»	24
Bone	100	77	»	28
Tunis	148	118	»	57

CONDITIONS GÉNÉRALES DES PASSAGES.

Nourriture. — Le prix de la nourriture des passagers de 1re et de 2e classe est compris dans le montant du prix de passage. Il est invariable, quel que soit le nombre des jours et des heures de la traversée, sauf pour les passagers réquisitionnaires. Les passagers de 3e et de 4e classe traitent de gré à gré pour leur nourriture avec l'économe du bord. — Cette disposition ne s'applique point aux passagers de l'État. Ainsi qu'il a été dit plus haut, la nourriture de ces passagers est entièrement gratuite.

Bagages. — Il est interdit à tout passager de transporter comme bagages des marchandises et autres objets que ceux servant à l'usage personnel. — Chaque passager jouit pour ses bagages d'une franchise de poids de 100 kilog. pour les premières classes, 60 kilog. pour les deuxièmes, 50 kilog. pour les troisièmes et les quatrièmes. L'excédant est payé suivant le tarif de chaque localité.

La Compagnie ne répond point des bagages non enregistrés : elle ne répond des valeurs transportées par les passagers que quand ceux-ci les ont déclarées, en ont payé le fret et les ont remises au capitaine du navire.

Enfants. — Les enfants de deux à dix ans paient demi-place : ils doivent coucher avec les personnes qui les accompagnent ; il est accordé un lit pour deux enfants payant demi-place chacun. Ceux au-dessous de deux ans sont admis gratis.

Passe-ports. — Les passagers qui prennent leur place à Marseille, doivent se présenter au moins quatre heures avant le départ au bureau d'inscription, rue Canebière, 16. Ils peuvent y déposer leurs passe-ports. Le bureau se charge *gratuitement* de toutes les formalités à accomplir pour l'embarquement, ainsi que des démarches auprès des différents consulats pour l'obtention des visas nécessaires.

Chevaux et chiens. — Le transport des chevaux et des chiens a lieu d'après le tarif établi pour chaque localité. — Les chiens doivent être muselés et attachés sur le pont.

Dispositions diverses. — L'arrière du bâtiment est exclusivement destiné aux passagers de 1re classe, qui peuvent, d'ailleurs, se promener dans toute la longueur du navire ; — les passagers ne peuvent entrer dans la chambre des dames ; — chaque cabine est réservée à l'usage exclusif de ceux qui l'ont louée.

Les domestiques qui occupent des couchettes de 2e classe ne peuvent prendre leurs repas à la table commune de cette classe. Dans le cas où d'une classe inférieure ils passeraient aux premières pour le service de leurs maîtres, ils n'y peuvent rester que le temps rigoureusement nécessaire.

COMPAGNIE ARNAUD ET TOUACHE FRÈRES.

Les bureaux de cette compagnie sont situés à Marseille, rue Canebière n° 25, à Paris, rue de la Bourse, n° 1. — Les départs, aller et retour, sont actuellement fixés comme suit :

ALLER.

De Marseille pour Alger, tous les jeudis ;
De Marseille pour Oran, tous les mercredis ;
De Marseille pour Stora, Philippeville, Bone et Tunis, tous les vendredis.

RETOUR.

D'Alger à Marseille et Cette, tous les jeudis ;
D'Oran à Marseille, tous les jeudis ;
D'Oran à Marseille et Cette, par Valence (Espagne), tous les quinze jours, le mardi ;
De Bone, avec escale à Stora, tous les lundis ;
De Stora à Marseille, tous les mercredis ;
D'Alger à Malte, touchant à Bougie, Philippeville, Bone et Tunis, tous les quinze jours.

PRIX DES PASSAGERS.

DESTINATIONS		1re CLASSE	2e CLASSE	3e CLASSE
De Marseille à	Alger.	79 fr.	59 fr.	27 fr.
	Oran.	145	113	52
	Stora.	89	70	24
	Bone.	100	79	28

Le prix des passagers comprend la nourriture pour la durée ordinaire de la traversée (deux jours pour Alger, deux jours pour Philippeville, pour Bone, et trois jours pour Oran). Les passagers de 3e classe traitent de gré à gré pour leur nourriture avec le restaurateur du bord.

III

EN MER.

Il n'est point de touriste qui ne se complaise à raconter ses impressions de voyage : l'homme est ainsi fait, qu'il éprouve un irrésistible besoin de dépeindre à qui veut l'entendre ce qu'il a vu, ce qu'il a fait, ce qu'il a ressenti de joies, ou éprouvé de déceptions : donc, les récits abondent. — La Méditerranée et les côtes de l'Algérie ont été plus particulièrement décrites : le tableau plus exact est, à notre avis, celui qu'a tracé M. J. Bard, — un de ces rares voyageurs qui joignent à un grand esprit d'observation les connaissances spéciales d'un praticien. — Nous citons :

« Le beau lac méditerranéen est presque toujours admirable dans son calme ; mais ses tempêtes sont violentes, car sa lame est courte, dense et dure, et les vents sont très-variables sur sa surface azurée. Quelquefois, sous le vent de Marseille, une brise très-fraîche soulève la vague, tandis que le grand large est uni comme une glace de Venise. — En Méditerranée, l'orage fond à l'improviste, et la tranquillité se rétablit comme par enchantement. En raison même de cette variabilité, il est donc rare que la bourrasque et les sautes de vent y durent longtemps.

« Nulles routes ne sont plus connues et plus sûres que celles qui mènent de Marseille aux rivages de l'Algérie.

« Elles n'ont point de brisants, point de récifs, point de courants ; on n'a pas à y craindre de faire côte ; on ne saurait y redouter les abordages, ces périls les plus sérieux de la mer.

« Le vent le plus contraire pour le bâtiment qui prend la mer, en se dirigeant de Marseille vers l'Algérie, est le *siroco* (vent du midi). Le mistral venant du N. O., quand il est modéré, est le meilleur qu'on puisse désirer pour la traversée de Marseille à Stora. — L'étroit goulet du port une fois franchi, la navigation est rapide. Avec un vapeur d'une puissance ordinaire, on filera de 9 à 10 nœuds, quand on aura vent arrière ou de poupe. Le Nord, également modéré, est favorable pour Alger, et le N. E. pour Oran. Ce dernier est, à Marseille et sur la Méditerranée, une cause assez infaillible de pluie et de tourmente pour la navigation.

« L'expression de routes, en marine, ne peut pas être prise dans un sens absolu. Tous les navires, en franchissant le goulet d'un port, passent exactement, il est vrai, dans le même endroit, mais en rade, et surtout au large, le parcours varie à l'infini, selon le temps. Mais on peut dire, en termes généraux, que la route de Marseille à Stora est dans la direction relative de Sud-quart-Sud-Ouest. Par de gros temps, on est, quelquefois, forcé de relâcher à Cagliari, en Sardaigne. — La route de Marseille à Alger est à peu près dans la direction de Sud-Sud-Ouest ; on passe entre les îles Babéares, laissant *Minorque* à gauche, *Majorque*, avec sa cité enchantée de Palma, ses bois d'orangers, de cinnamomes et de cédrats ; Ivice, Cabrera et Formensera, à droite. — La route d'Oran est dans la principale direction relative de Sud-Ouest-quart-Ouest. On navigue en coupant le golfe de Lyon, ou en décrivant la grande courbe, assez près de terre, selon le vent, et l'on glisse entre Ivice et les côtes orientales de l'Espagne. Plusieurs points de repère s'offrent à l'œil du marin. On voit la citadelle de Barcelone, le golfe de Valence, la baie de Zavia, le cap Saint-Martin, etc. Marseille occupe, par rapport aux trois ports des courriers de l'Algérie, la pointe d'un triangle dont ces ports forment la base. Les trois routes maritimes de l'Afrique française rayonnent donc en éventail et figurent la patte d'oie. »

La traversée sera plus ou moins agréable, plus ou moins longue, suivant l'état de la mer et le tempérament du passager.

Bien peu de personnes échappent à ce malaise étrange, qu'on désigne sous le nom de *mal de mer* et qui, pendant quelques heures, plonge ceux qu'il atteint dans une prostration complète. — Pour en atténuer les effets, quelques marins conseillent le mouvement et les boissons fortes ; des voyageurs expérimentés prescrivent, tout au contraire, un repos absolu et une nourriture légère. Ce dernier mode de traitement nous paraît préférable à l'autre : le mieux, croyons-nous, est de rester couché dans sa cabine ou sur le pont, et, si le mal persiste, de boire pour tout cordial quelques gouttes d'eau de mélisse étendue d'eau sucrée ; dès qu'on se sentira mieux, on prendra des aliments d'une digestion facile. — Ce mal, du reste, n'a rien de dangereux ; il se dissipe à l'arrivée.

Ceux des passagers que le tangage ou le roulis n'incommodent point auront à bord des distractions de plus d'un genre : bibliothèque, piano, partitions de musique, jeux de dames, jeux d'échecs ou de cartes sont mis à la disposition du public (1re et 2e classes) ; enfin, les manœuvres de la barre, le relèvement du point, les évolutions du *loch* (échelle de proportion qui indique la vitesse du navire), la vue des goëlands et celle des marsouins, le travail des matelots et l'active surveillance des officiers offrent à l'esprit de nombreux aliments.

Par les nuits étoilées, alors que le vaisseau glisse silencieusement sur une mer unie, le pont, de l'avant à l'arrière, offre le plus attrayant des spectacles ; on rit, on chante, on se promène, causant de tout un peu ; ou bien, doucement bercé par le flot, on s'abandonne aux rêveries : les heures fuient, rapides.

Mais, parfois aussi, la scène change : la mer grossit, puis moutonne, puis bat, furieuse, les flancs du navire ; la lame inonde le pont ; les cordages fouettent la mâture, le vent hurle et le vaisseau gémit sous l'étreinte des vagues. — A cette heure solennelle, l'équipage est sublime : officiers, matelots et mousses, chaque homme est à son poste, affrontant la mort sous l'œil de Dieu. Quant aux passagers, l'imminence du péril paralyse leur courage : les femmes pleurent, les enfants crient, et les hommes, même les plus énergiques, sondent d'un œil anxieux les profondeurs de l'abime.... Peu à peu, cependant, la tempête se calme, l'horizon s'éclaircit : encore quelques heures, et le bâtiment, sorti vainqueur de la lutte, s'ancrera dans le port.

IV

HYGIÈNE. — CONSEILS AUX IMMIGRANTS.

Durant les premières années de l'occupation, les troupes furent décimées par la fièvre qui, dans certaines localités, notamment à Bouffarik et à Bone, fit d'épouvantables ravages. On crut, et on dit alors, que le climat de l'Algérie était le plus meurtrier du globe, et l'immigration en fut ralentie. Mais on comprit bientôt que ces maladies provenaient de causes essentiellement locales et transitoires. En effet, les Arabes, peu soucieux d'assurer aux eaux leur écoulement normal, laissant, en outre, s'accumuler sur le sol des détritus de toutes sortes, ne livraient aux colons et aux soldats qu'une terre profondément imprégnée de miasmes pestilentiels, qui s'exhalaient sous les efforts de la pioche et de la charrue. Peu à peu, cependant, le sol fut assaini : l'état sanitaire s'améliora. — Aujourd'hui, grâce aux travaux exécutés ou en cours d'exécution, le climat de l'Algérie est, presque partout, d'une salubrité parfaite.

Plusieurs médecins sont venus étudier sur place les maladies qui, au début de la conquête, décimèrent les Européens. MM. Antonini, Baudens, Jacquot, Leclerc, Bodichon, C. Broussais, Piétra-Santa, Mitchell, Bertherand, etc., ont ainsi visité le littoral ou l'intérieur, et publié, dans des mémoires ou des recueils, le résultat de leurs observations. Un de leurs confrères, M. A. Frison, professeur de pathologie externe à l'École de médecine d'Alger, explique, comme suit, la cause première des maladies qui frappent les immigrants, et donne, sur le moyen de les prévenir, de sages et utiles conseils:

« Celui qui arrive en Algérie, colon, valétudinaire ou touriste, doit savoir, dit M. Frison, qu'il vient de mettre le pied sur une terre où la flore des pays tropicaux resplendit à côté de celle des pays tempérés ; qu'il trouve, enfin, la France et l'Orient résumés en un volume.

7.

« Mais avant tout, il convient de protester contre les récits légendaires que des esprits timorés, prévenus ou malveillants, se sont fait un plaisir de propager. Non, l'Algérie n'est pas une terre pestilentielle ! Non, elle n'est pas fatale à l'Européen ! S'il est vrai que le climat a fait payer cher à notre armée sa magnifique conquête, il faut songer aux conditions exceptionnelles au milieu desquelles vivaient nos soldats. Mais il y a loin de la vie de soldat en campagne à la vie de colon ou de touriste. De plus, les travaux de défrichement, d'irrigation et de desséchement, les créations de villages, les plantations d'arbres ont fait disparaître le plus grand nombre des causes de maladie. Aussi on ne doit pas craindre, aujourd'hui, d'écrire, avec autant de raison que pour n'importe quel pays de l'Europe, au frontispice de l'histoire de l'Algérie : *sécurité et salubrité*.

« Le climat de l'Algérie est analogue à celui du midi de la France, et l'acclimatement y est d'autant plus facile qu'on vient d'une région moins froide. Mais quelle que soit la contrée que l'on quitte, Normandie ou Provence, on doit, dès son arrivée, ne pas perdre de vue les observations suivantes :

« Chaque jour la température baisse vers les trois ou quatre heures de l'après-midi, d'une manière plus sensible encore pour l'organisme que pour le thermomètre. Il est nécessaire, pour éviter les dérangements d'entrailles, d'être plus couvert à cette heure de la journée. En toute saison, l'oubli de cette recommandation entraîne des dangers.

« Pendant l'hiver, la beauté proverbiale du soleil d'Afrique séduit et entraîne le nouvel arrivant qui se complaît, des heures entières, à se chauffer à ses rayons. C'est un plaisir qu'il ne faut prendre qu'en se promenant et en songeant que l'ombre est froide, si on ne veut payer d'un rhume de poitrine ou d'un point de côté le bonheur de se sentir renaître. Une coiffure à larges bords, qui abrite la tête et le cou, rend le danger moins imminent.

« A peine a-t-on respiré l'air d'Afrique que l'appétit augmente ; il est sage de ne pas le satisfaire entièrement et de rester un peu sur sa faim. Ce phénomène, de courte durée en général, est souvent remplacé par une certaine paresse du tube digestif. C'est alors qu'une nourriture légèrement excitante est avantageuse. Les gens du nord feront bien d'avoir une cuisine plus épicée.

« La femme éprouvera du côté de la menstruation des modifications dont elle doit être avertie. En général, les règles sont plus abondantes, se montrent à des intervalles plus rapprochés ; quelquefois les seins se gonflent, deviennent douloureux, la voix s'enroue. Ces derniers accidents sont passagers. Mais l'abondance des menstrues, leur apparition plus fréquente persistent souvent et s'accompagnent d'une plus grande activité fonctionnelle des organes d'où elles émanent.

« Informée de ces faits, la femme ne s'en effrayera pas. Elle n'aura besoin de consulter un médecin que dans le cas où la perte deviendrait trop abondante et durerait trop longtemps. En attendant, le repos le plus absolu est la première précaution à prendre.

« Le climat prédispose à l'avortement la femme qui arrive grosse en Algérie, ou qui le devient peu après son arrivée ; souvent les règles se montrent pendant les premiers mois de la grossesse. Ce sont là des conditions qui commandent impérieusement d'éviter les fatigues de toutes sortes.

« Il est commun de voir le lait des nourrices nouvellement débarquées devenir plus aqueux, moins nourrissant. Cet appauvrissement du lait a sa principale cause dans les troubles de la menstruation. Alors l'enfant ne profite plus, et il devient nécessaire de prendre conseil d'un médecin.

« L'immigrant, touriste ou colon, qui s'enfoncera pendant l'hiver dans les montagnes, est sûr d'y rencontrer le froid et ses fidèles compagnes, la glace et la neige. Il n'aura donc pas, pour ainsi dire, de modifications climatériques à subir, d'acclimatement à faire, car il retrouvera l'hiver de France. Les chaleurs de l'été y sont, en général, plus fortes que sur le littoral, où la brise de mer les rend très-supportables.

« La maladie que l'on rencontre assez fréquemment en Algérie, et dont l'imprévoyance seule est la cause, c'est la diarrhée. Évitez les refroidissements brusques, si faciles surtout lorsque le corps est couvert de sueur, l'abus des fruits aqueux, l'usage de l'eau pure ou de mauvaise qualité, et vous n'aurez rien à craindre de cette affection si redoutée. En cas d'accident, mettez sur le ventre une ceinture de flanelle : abstenez-vous de fruits, mangez un peu moins à chaque repas et buvez dans la journée de l'eau de riz ou mieux de l'eau albumineuse que l'on prépare en délayant dans un kilogramme d'eau froide quatre ou cinq blancs d'œufs. Si la diarrhée n'a pas cédé en deux ou trois jours, et surtout si elle s'accompagne d'un peu de sang, il faut consulter un médecin.

Du travail. — « Les conditions climatériques réagissent sur le physique et le moral des habitants de notre colonie.

« Le travail intellectuel devient difficile pendant les fortes chaleurs, et il faut alors une grande énergie morale pour continuer des études qui exigent une attention soutenue : peut-être même ne sont-elles pas sans quelques inconvénients ; mais en dehors de cette période, on peut en Afrique travailler autant qu'à Paris.

« Il est nécessaire d'appeler l'attention des ouvriers sur la diminution des forces physiques qui suit de près leur arrivée en Algérie ; car le travailleur s'apercevant qu'il est moins fort qu'en France, qu'il se fatigue plus vite, s'inquiète, se décourage. Il croit sa constitution détériorée, alors qu'il n'y a qu'une influence de climat, et la nostalgie le gagne.

« Les règles de l'hygiène prescrivent de ne pas aller aux champs avant le lever du soleil. Que les colons des plaines ne l'oublient pas. Que jamais aussi ils ne sortent de chez eux l'estomac vide ; ils doivent préférer à tout une soupe avec un verre de vin ou une tasse de café noir. C'est courir à sa perte que de se contenter du verre d'eau-de-vie, sous quelque forme qu'on le déguise.

« Pendant les chaleurs de l'été la sieste est utile ; elle a le grand avantage de soustraire le travailleur à l'insolation prolongée. Sous aucun prétexte on ne devra dormir en plein air, ou dans des granges remplies de foin nouvellement fauché.

« Tout travailleur devrait, à la fin de sa journée, faire des ablutions de tout le corps. La pratique en est des plus simples : elle consiste à se faire arroser à nu d'un seau d'eau froide, et à s'essuyer immédiatement. Que de maladies seraient ainsi prévenues !

Vêtements. — « Pendant l'hiver, la température commande elle-même ce qu'il convient de faire ; mais, l'été, alors que les transpirations sont abondantes, il faut savoir que les vêtements de toile sont toujours dangereux, à cause du refroidissement brusque auquel ils exposent le corps. Les habits de laine ou de coton sont les plus convenables. Cependant on peut tolérer la toile dans le milieu du jour, à la condition qu'on prendra, le soir, des vêtements plus chauds.

Alimentation. — « Il faut à l'Européen une nourriture copieuse et fortifiante : La viande est l'aliment par excellence : elle lui est indispensable, au moins une fois par jour ; le poisson, cette grande ressource de l'habitant du littoral, ne saurait, chez le travailleur, la remplacer d'une manière absolue. C'est la viande qui fait la chair et donne les forces.

Boissons. — « On peut dire d'une manière générale que les boissons fortement alcoolisées, même prises en mangeant, sont nuisibles ; car il est difficile de garder une sage mesure dans un pays où les chaleurs activent la soif. Un précepte dont il faut se souvenir, c'est que la modération en France est déjà un excès en Algérie. En dehors des repas il faut boire le moins possible. Le choix des boissons ne doit pas être indifférent. Un usage vulgaire veut qu'on coupe l'eau avec de l'eau-de-vie ou de l'absinthe : on arrive ainsi, à la fin de la journée, à avoir bu, à petite dose, il est vrai, une assez forte proportion de ces liqueurs, ce qui est pernicieux. Pendant les repas, comme dans l'intervalle, le vin coupé d'eau ou le café noir étendu sont beaucoup préférables. Mais la bière est une boisson détestable pour l'Algérie : elle rafraîchit, c'est possible ; mais elle coupe l'appétit, rend le tube digestif paresseux et donne bien vite la pituite.

« Les boissons doivent être très-faiblement alcoolisées et légèrement piquantes. Voici une formule qui commence à se répandre : faire fermenter dans 20 litres d'eau 1,200 grammes de figues coupées, ou de raisins secs ou de pommes sèches, en parfumant avec un peu de canelle, ou de sauge, ou de menthe, etc. Il suffit de laisser le mélange fermenter pendant trois jours. A ce breuvage on ne peut adresser qu'un seul reproche, c'est que, continué pendant longtemps, il rend paresseuses les fonctions digestives, comme le font les eaux de Seltz.

Bains. — « En général, dit Montaigne, j'estime le baigner salubre « et crois que nous encourons nos légières incommoditez en notre santé, « pour avoir perdu cette coustume. » Le bain est, en effet, un des grands modificateurs de l'économie, car son action ne se borne pas à la surface de la peau. Les habitants du littoral ont à leur disposition les bains de mer ; mais il faut qu'ils sachent que les eaux de la Méditerranée ont une action moins efficace que celles de l'Océan et de la Manche, infériorité qu'elles doivent surtout à leur température plus élevée. D'un autre côté, elles sont plus riches en matières salines. C'est ainsi que sur 100 parties d'eau, la Méditerranée contient 4,1 de matières salines, tandis que l'océan Atlantique n'en contient que 3,8, la Manche 3,6, la Baltique de 1,6 à 2,2. Cette composition les rend plus irritantes. Aussi faut-il, en général, ne rester que peu de temps dans le bain, — 5 à 10 minutes, environ.

« Les principales villes possèdent des bains français et des bains maures. En tout temps, le bain tiède doit être préféré. Nous ne partageons pas pour les bains maures l'enthousiasme de beaucoup d'écrivains. Ce ne sont, en réalité, que des bains énervants, sensuels, incompatibles avec nos mœurs et notre caractère. Il faut les réserver pour les malades.

« On a proscrit les bains de rivière sans motifs légitimes. Nous ne pouvons nous empêcher de faire ressortir combien est nul l'argument tiré des habitudes des Arabes qui, dit-on, ne se baignent jamais dans les rivières. Nous demanderons quels sont les fleuves de l'Algérie qui, en été, ont assez d'eau courante pour permettre à un homme de prendre seulement un bain de pieds ? Les plus grands fleuves n'offrent, malheureusement encore, que des lits desséchés, entrecoupés, par intervalles, de flaques d'eau bourbeuse et fétide. Nous conseillons aux colons de prendre des bains froids ou tièdes le plus souvent possible, et pendant les chaleurs de l'été, nous leur recommandons les ablutions d'eau froide, matin et soir.

Fièvres intermittentes. — « En Algérie comme en France, comme dans tous les pays du globe, existent des foyers d'infection paludéenne dont il faut éviter de subir l'influence. On se trouvera bien de ne jamais sortir le matin à jeun, et de suivre les prescriptions que nous avons faites pour le règlement de la journée du travail.

« Dès qu'un accès apparaît, il faut avoir recours au sulfate de quinine, le prendre tous les jours, qu'on ait ou non la fièvre, et le continuer une semaine environ après que le dernier accès a disparu.

Ressources que l'Algérie offre aux malades. — « L'Algérie n'est pas seulement une terre fertile destinée, pour nous servir d'une expression consacrée, à devenir le grenier d'abondance de la France : elle est encore l'asile de ceux qui souffrent. Son climat est utile aux poitrines délicates, aux phthisiques qu'il modifie si avantageusement, surtout lorsqu'ils arrivent au début de leur affection ; aux scrofuleux, aux lymphatiques, dont il change en quelque sorte la constitution, enfin aux rhumatisants. »

V

EN ALGÉRIE.

VOYAGE SUR LE LITTORAL.

Les navires de l'État transportent d'un point à un autre de la côte les dépêches, les passagers du gouvernement et les particuliers. Le service est installé de la manière suivante :

Ligne de l'Est. — Les 5, 13 et 23 de chaque mois, part d'Alger le courrier de l'Est, faisant escale à Dellys, Bougie, Djidgelli, Collo, Philippeville, Bone et La Calle ; il repart de ce dernier point les 8, 18 et 28.

Ligne de l'Ouest. — Le courrier de l'Ouest part les 4, 14 et 24 de chaque mois; il touche à Cherchell, Ténès, Mostaganem, Arzeu, Mers-el-Kébir, d'où il repart les 9, 19 et 29.

Les particuliers arrêtent leur passage aux bureaux des Postes; ils peuvent prendre leurs repas à la table d'un pourvoyeur établi sur le navire. Le nombre des cabines est tellement restreint, que la plupart des passagers sont obligés de coucher sur le pont.

VOYAGE A L'INTÉRIEUR.

Les villes principales sont reliées entre elles par des routes généralement bonnes, et il existe dans chaque province de nombreux service de diligences.

D'Alger on peut se rendre par terre à Oran et à Constantine :

D'Alger à Constantine, — en passant par Aumale, Bordj-bou-Arréridj et Sétif; le voyage dure quatre jours ; d'Alger à Aumale, voiture publique pendant la belle saison ; d'Aumale à Sétif, on fait la route soit à cheval, soit à mulet.

D'Alger à Oran, — en passant par Blidah, Milianah, Orléansville, Relizanne et Mostaganem. On se rend à Blidah par le chemin de fer ; de Blidah à Oran par les messageries. Durée du voyage, trois jours.

Alger. — Vue générale.

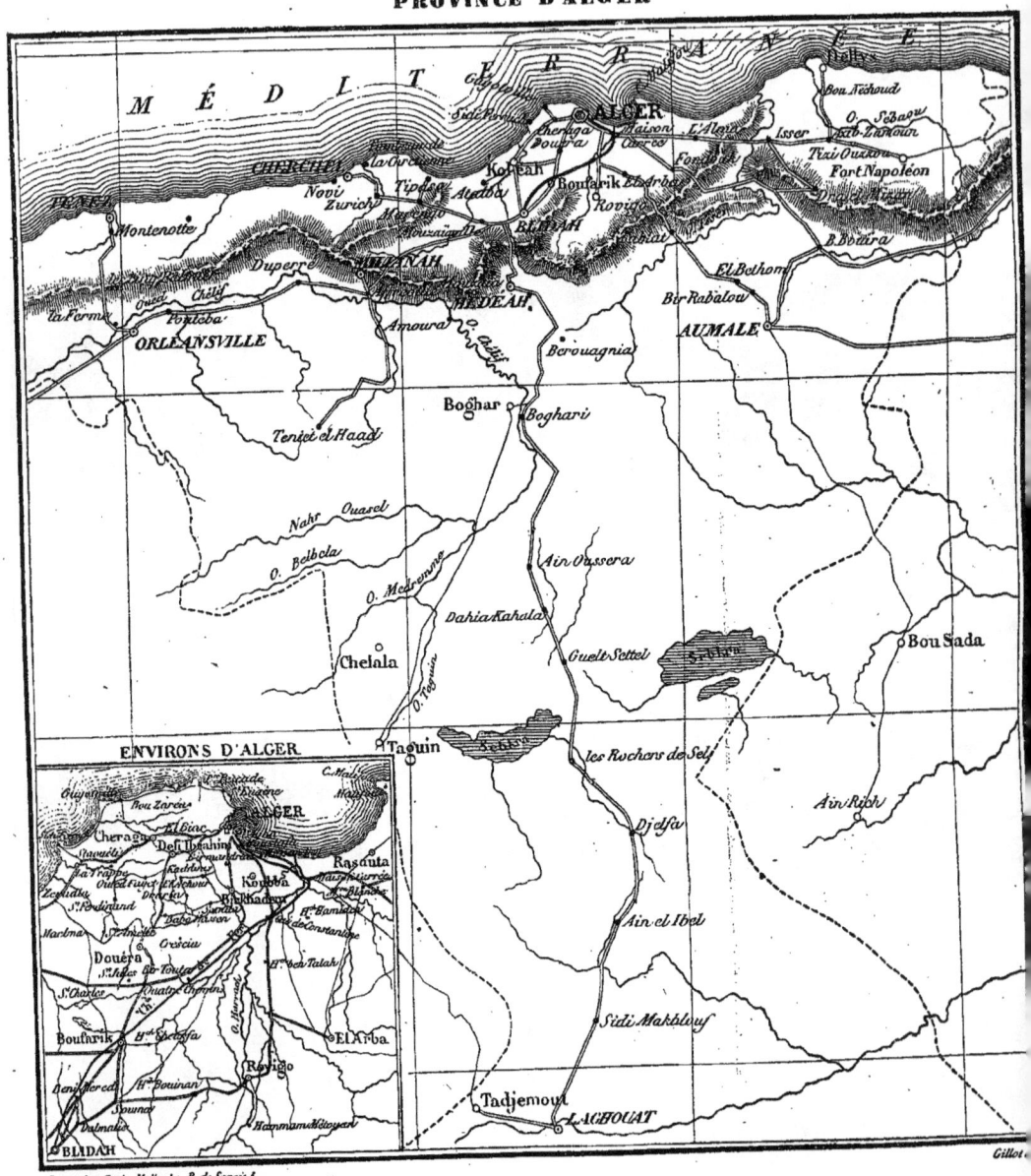

GUIDE DU VOYAGEUR
EN ALGÉRIE

I

PROVINCE D'ALGER

La province d'Alger occupe la partie centrale de l'Algérie; elle est bornée au Nord par la Méditerranée, à l'Ouest par la province d'Oran, à l'Est par la province de Constantine, et au Sud, par le Sahara.

La superficie totale de la province est de 113,000 kil. carrés, dont 30,000 dans la Tell et 83,000 dans le Sahara.

Le département est divisé en quatre arrondissements : Alger, Blidah, Médéah et Milianah. Il comprend 6 districts ou commissariats civils, et 29 communes.

La division militaire comprend 6 subdivisions : Alger, Dellys, Aumale, Médéah, Milianah, Orléansville, et 15 cercles ou annexes.

ALGER.

SITUATION ET ASPECT GÉNÉRAL. Alger, siége du Gouvernement général de l'Algérie, est situé par 36°, 47' de latitude Nord et 0°,44' de longitude Est, sur la côte septentrionale de l'Afrique. Sa distance de Paris est de 1,644 kilomètres.—

Population (*intrà muros*), 46,168 habit., savoir :

Français.	14,288
Étrangers.	12,437
Indigènes israélites.	5,973
— musulmans.	9,019
Population en bloc.	4,451

Dans ce chiffre n'est point compris l'effectif de la garnison.

Hôtels. — Les hôtels sont nombreux ; nous signalerons :
1° L'hôtel d'Orient, boulevard de l'Impératrice ;
— de la Régence, place du gouvernement ;
— de Paris, rue Bab-el-Oued ;
— d'Europe, place Bresson ;
2° de la Porte-de-France, rue des Consuls ;
— de la Marine, rue de la Marine ;
— de Genève, place Mahon ;
3° des Frères Provençaux, rue Philippe ;
— du Jura, faubourg Bab-Azoun.

On peut prendre pension dans ces divers établissements, ou s'y faire servir à la carte.

Alger est bâtie en amphithéâtre sur les flancs d'un contrefort du mont Bouzaréah ; son sommet est sur une hauteur que couronne la Casbah ; sa base touche à la mer. A droite et à gauche, s'étendent les vastes campagnes de Saint-Eugène et de Mustapha, que dominent les croupes mamelonnées du Sahel. — La ville est entourée de fortifications qui la protègent contre toute attaque du dehors. Le port, admirablement défendu par de puissantes batteries, et éclairé par un phare à éclipses, a une superficie de 90 hectares : il peut contenir 40 bâtiments de guerre et 500 navires de commerce, de 100 à 150 tonneaux ; il possède deux formes de radoubs.

La partie haute a conservé, à très peu de choses près, le cachet original qu'elle avait du temps des Turcs : les rues y sont étroites, tortueuses, et on n'y voit guère que des maisons mauresques. C'est là qu'habitent les Arabes, les nègres, et la presque totalité des Juifs.

La partie basse est toute française : la rue de la Marine, celles de Bab-el-Oued, Bab-Azoun et Napoléon, sont larges, tirées au cordeau, et bordées d'élégantes maisons : toutes ont des arcades ; elles forment, avec les rues de Chartres et d'Isly, les grandes artères de la ville. — Le boulevard de l'Impératrice, qui doit longer les quais, est en voie d'exécution.

Consulats. — Les diverses puissances de l'Europe ont, à Alger, leurs représentants officiels : consul-général, consul, ou vice-consul :

Consulat d'Angleterre, rue Joinville, 8.
— d'Espagne, rue de la Fonderie, 6.
— d'Italie, rue d'Isly, 4.
— de Suède et Norvége, rue d'Isly, 23.
— d'Autriche, rue de Tanger, 22.
— de Russie, rue d'Isly, 25.
— de Belgique, rue des Consuls, 2.
— de Grèce, rue Mahon.
— de Hollande, passage Martinetti.
— de Portugal et du Brésil, rue de la Charte, 23.
— de Prusse, aux Messageries impériales.
— des États-Unis, passage Duchassaing.
— de la Confédération suisse, rue Molière, 4.

Consulat des villes libres d'Allemagne, rue Bruce, 9.
— des États Romains, rue du Locdor, 20.

Places. — Les places principales sont :

1° La place du Gouvernement, d'où l'œil embrasse un immense panorama et que décore la statue équestre du duc d'Orléans : cette statue, œuvre de Marochetti, a été fondue par M. Soyez, avec le bronze des canons pris à Alger en 1830. Les faces du piédestal sont décorées de deux bas-reliefs, également en bronze, représentant, celui de la face N., la prise d'Anvers, celui de la face S., le passage du col de Mouzaïa. — Le groupe entier a 5 mètres et pèse 8,000 kilogrammes.

La place du Gouvernement offre, chaque soir, de 4 à 5 heures pendant l'hiver, et de 7 à 8 heures pendant l'été, le plus attrayant des spectacles. La musique des divers régiments de la garnison s'y fait entendre à tour de rôle ; les citadins, dilettanti, curieux ou désœuvrés, s'y pressent en foule, les uns pour écouter sonates, valses ou polkas, les autres pour voir, ou se faire voir ; les femmes « comme il faut, » s'y donnent rendez-vous, et, commodément assises sur des fauteuils ou sur des chaises, se racontent entre deux motifs, la chronique des salons ; — les « *autres* » y vont prendre leur rendez-vous et étalent, sans vergogne, aux yeux des chalands, leurs toilettes les plus tapageuses.

2° La place Napoléon, espace assez étroit entre la Cathédrale, le Palais du Gouverneur et l'Évêché ;

3° La place Bab-el-Oued, — champ de manœuvres près de la mer, entre le fort Neuf et l'arsenal de l'artillerie, et où les amateurs du jeu de boules prennent leurs ébats. Un *cirque* y est actuellement établi. — Un peu sur la gauche, est un établissement de bains de mer.

Le jardin de Marengo, créé par le colonel Marengo, avec la main-d'œuvre des condamnés militaires, est situé en face de la place Bab-el-Oued ; c'est un lieu des plus pittoresques ; — musique militaire chaque dimanche, de 2 à 4 heures.

4° La place Mahon — où stationnent des voitures de place ;

5° La place de Chartres, — où se tient le principal marché de la ville ;

6° La place Bresson, — en voie d'embellissement ;

7° La place d'Isly, — au centre de laquelle est la statue en pied du Maréchal Bugeaud.

Monuments et services publics. — Parmi les monuments affectés, soit aux hauts fonctionnaires de la colonie, soit aux services publics, nous citerons :

L'hôtel du Gouverneur général, place Napoléon.

L'hôtel du Sous-gouverneur, rue Bruce.

La cathédrale et l'évêché, place Napoléon.

Le secrétariat-général du gou-

vernement, rue de la Charte.
La préfecture, rue Soultberg.
La mairie, rue Bruce.
La bibliothèque et le musée, établis rue de l'État-major, dans une maison mauresque d'une architecture intérieure remarquable.
L'exposition permanente des produits de l'Algérie, rue Bab-Azoun.
La grande mosquée, rue de la Marine.
Le temple protestant, rue de Chartres.
Les bureaux de la poste aux lettres, rue Bab-Azoun.
Le lycée, rue Bab-Azoun.
Le collége arabe-français, place d'Isly.
La banque d'Algérie, rue de la Marine.
Le mont-de-piété, place d'Isly.

Cafés-Restaurants. — Café Valentin; — café de la Bourse, pl. du Gouv.; — café d'Europe, pl. Bresson.

Cafés. — Café d'Apollon, pl. du Gouv.; — café de Paris, rue Bab-el-Oued.

Brasseries. — Brasserie Kolb; — brasserie de l'Ours blanc.

Cafés-chantants. — Le café de la Perle, rue de la Flèche : c'est le lieu de rendez-vous des sous-officiers de cavalerie, des matelots en goguette, des commis de magasin et des étrangers nouvellement débarqués. Quelques chanteuses (légères!) sont attachées à l'établissement, et, de sept heures à minuit roucoulent, d'une voix plus ou moins fraîche, les romances nouvelles. La salle est vaste, bien éclairée; on y respire à pleins poumons l'odeur du gaz et celle du tabac.

Théâtre. — Le théâtre, dont le gros de la troupe est, le plus ordinairement, comme mérite, au dessous de la moyenne, offre, pendant l'hiver, quelques distractions. Grand-opéra, opéra-comique, comédie, vaudeville et drame, la troupe aborde, sans sourciller, tous les genres et tous les emplois.

Le théâtre, situé place Bresson, est ouvert quatre fois par semaine, du 1er octobre au 1er mai. Le prix des places varie trop souvent pour que nous l'indiquions ici.

Cercles. — Le monde de la fashion a son cercle particulier (*Cercle d'Alger*). Les petits rentiers et les petits commerçants ont aussi le leur (*Cercle de la Nouvelle France*). — Le cercle d'Alger est le jockey-club de l'Algérie. Créé dès les premiers jours de la conquête, il est composé de sociétaires et de membres libres. Nul n'est sociétaire s'il n'a été agréé, en assemblée générale, par l'unanimité des sociétaires présents. Les étrangers sont admis sur présentation. — Officiers supérieurs, chefs de services, juges, avocats, docteurs, banquiers et propriétaires s'y rencontrent chaque jour; ils y trouvent une bibliothèque choisie, un cabinet de lecture où les journaux et les revues abondent, des salles de billard et une table d'hôte. Pour la plupart des habitués, le cercle est donc, tout à la fois, un salon de conversation et un café-restaurant. Il est, en outre, pour quelques autres, une succursale de Hambourg ou de Bade, — car on y joue…., et on y joue gros jeu.

Presse périodique. — *Le Moniteur de l'Algérie*, bureau rue Charles-Quint, 5. — *L'Akhbar*, rue des Trois-Couleurs, 19. — *Le Courrier de l'Algérie*, rue de l'État-Major, 5. — *Revue africaine*, Journal de la Société historique algérienne. — *Revue agricole et horticole de l'Algérie*, rue du Commerce, 7. — *Bulletin de la Société d'agriculture*. — *Gazette médicale de l'Algérie*, rue Bruce, 7. — *Journal de la Jurisprudence de la Cour impériale d'Alger*, rue des Trois-Couleurs, 19. — *Bulletin de la Société de Climatologie*, au bureau de la Société, rue Napoléon, 7.

Hier et aujourd'hui. — Depuis la conquête, Alger s'est complétement transformée ; le touriste qui l'a visitée il y a vingt-cinq ans et qui la reverrait aujourd'hui, s'y trouverait absolument dépaysé : — hommes et choses, tout a changé de caractère et d'aspect.

Durant les premières années de l'occupation, Alger était, en effet, dans l'acception la plus complète du mot, le quartier-général de l'armée, des fonctionnaires civils et des immigrants. Point central de la colonie, — cette sorte de *Terre promise* où chacun venait chercher, suivant ses aspirations, ou les dangers, ou l'avancement, ou la fortune, — on s'y rendait tout d'abord ; puis, après un séjour plus ou moins long, on partait pour l'intérieur ou pour les villes du littoral.

A cette époque de guerre, d'enfantement social et de spéculations hardies, alors que l'Algérie entière était un champ de bataille et que chaque heure nouvelle apportait un danger nouveau, on vivait vite, — mais on vivait, sans soucis du lendemain, léger d'argent, rempli d'espérances, riant au nez des déceptions, de la douleur et de la mort elle-même.

Dans la ville et dans les faubourgs, que réveillaient, chaque matin, de joyeuses fanfares, tout était mouvement : la troupe, aux costumes bariolés, parcourait les rues cherchant aventures, et jetant aux bourgeois affairés ses lazzis au gros sel ; — les officiers prenaient d'assaut, comme en pays conquis, cafés, théâtre, bals publics et vierges folles. Esclaves du devoir, mais du devoir seulement, ils allaient, ici et là, apportant dans leurs relations une confiance aveugle, dans leur manière d'être un esprit tout prime-sautier ; menant la vie au galop de charge et, sous l'empire d'un caprice, soupirant parfois, entre le combat de la veille et l'expédition du lendemain, aux pieds d'une Omphale quelconque, — européenne, juive ou mauresque. — Les fonctionnaires, pour la plupart, imprégnés de militarisme, menaient leur besogne rondement et sans bruit, rendant, parfois, des arrêts à la turque, mais dévoués, quoi qu'on ait dit, à la chose publique, et toujours prêts à payer de leur personne quand les circonstances l'exigeaient. — Les industriels, alors on en rencontrait quelques-uns, exploraient monts et vallées, mines et carrières, dressaient des projets titanesques et s'emparaient de la cité, jetant bas, sous le marteau des démolisseurs, les vieilles masures au sombre aspect. — Les commerçants, que le manque de concurrence laissait maîtres absolus du marché, s'enrichissaient vite, trop vite, peut-être.— Les Juifs se façonnaient à nos habitudes ; et les mauresques dont les instincts lascifs étaient mis en éveil, abaissaient volontiers, à la vue d'un uniforme ou d'un frac, la gaze qui couvrait leur visage.

C'est ainsi qu'Alger était, il y a vingt-cinq ans, une des villes les plus étranges du monde entier.

Aujourd'hui, je le répète, hommes et choses, tout a changé : à l'animation fiévreuse du camp a succédé la tranquillité placide de la cité bourgeoise, et ce qui fut, autrefois, au point de vue du mouvement, l'image de Constantinople et de Marseille n'offre plus, au ciel près, que l'image embellie de Carpentras ou de Saint-Flour.

La société, prise en bloc, est, pour qui l'observe, un piquant sujet d'études ; mais des groupes qui la composent, celui qui constitue la bourgeoisie proprement dite est, de tous, certainement le plus curieux. — Ce groupe est essentiellement composé des *vieux* et des *jeunes* Algériens.

Les *vieux Algériens*, liés entre eux par une communauté d'origine et une parité d'épreuves sont, pour ainsi parler, rivés les uns aux autres. Longtemps on les a vus se prêter, en toutes circonstances, un énergique appui ; en vertu de cet axiome : l'*Union fait la Force*, ils ont, bel et bien, constitué pour leur plus grande gloire, et au mieux de leurs intérêts, une petite Église qui a ses Demi-Dieux, ses Pontifes et ses Lévites, et en dehors de laquelle il n'y a point de salut.

Les *jeunes Algériens*, — beaucoup ont passé la cinquantaine, — sont ceux qui comptent à peine dix ans de résidence. Ils ont, pour la plupart, quel que soit leur mérite personnel, une peine infinie à se faire une clientèle : *Tardè venientibus ossa !*

Ces deux partis sont en perpétuel antagonisme, en raison même de l'influence qu'ils prétendent exercer, ou des positions qu'ils convoitent ; il est, cependant, une question qui les réunit dans un touchant accord. *Jeunes et vieux Algériens*, — à très peu d'exceptions près, — suspectent également les administrateurs civils, et ont également horreur du gouvernement militaire.

Écoutez ce qui se dit sur la place publique, dans les cafés et dans les cercles : La récolte est-elle mauvaise ? — La disette, vous dira-t-on, témoigne de l'imprévoyance de l'Administration. Quelques tribus se soulèvent-elles ? — C'est que le Commandement militaire a besoin de batailler. Ainsi du reste : Si les négociants de la

Alger. — Vue de la route de Constantine.

métropole diminuent l'importance de leurs achats, si le commerce de détail languit ou chôme, si les banquiers resserrent leur crédit, si les usuriers élèvent à trois cents pour cent le taux de leurs escomptes; si le nombre des faillites augmente, si l'immigration diminue, si les étrangers se plaignent d'être odieusement rançonnés; s'il pleut, s'il vente ou s'il grêle, la faute en est, sans contredit au Gouvernement militaire et aux Administrateurs.

L'esprit de dénigrement est dans la masse. Le fonctionnaire le plus capable et le mieux intentionné sera toujours, quoi qu'il fasse, le point de mire d'attaques sourdes ou violentes, et, s'il n'y prend garde, on l'*usera* vite, dût-on le regretter bientôt après. Ainsi vont les choses. Comme les grenouilles de la fable, les Algériens sont toujours en quête d'un roi.

Mais c'est trop nous étendre sur ce sujet, d'un intérêt tout secondaire pour les touristes, et que chacun, d'ailleurs, apprécie selon ses tendances ; — donc, sans nous attarder davantage, poursuivons notre route.

ENVIRONS D'ALGER.

Sous cette désignation générale *Environs d'Alger*, nous comprendrons : 1° Les villages, hameaux, propriétés particulières et établissements publics qui se trouvent dans la zone la plus rapprochée d'Alger ; — 2° les villages et les villes, qui, placés en dehors des grandes voies de communications, sont distants d'Alger de quelques kilomètres seulement.

Pour se rendre à ces divers endroits, les voyageurs prendront, suivant la route à parcourir :

Le chemin de fer — (omnibus, place du Gouvernement);

Les messageries, pl. du Gouv.;

Les voitures de place, place Mahon ;

Les omnibus, place Bresson ;

Les chevaux ou mulets, rue de la Flèche et place Bab-el-Oued.

Une des promenades les plus agréables est celle qui consiste à visiter *Mustapha inférieur*, — le *Jardin d'acclimatation*, — le *ravin du Ruisseau*, — Birkadem, — *Birmandreïs, la colonne Voirol;* — puis *Mustapha supérieur*. — Un autre jour, on visitera soit le *frais Vallon*, soit le village de *Saint-Eugène*, à l'O. d'Alger, — soit celui du *Fort de l'Eau*, à l'E., sur la route qui conduit au cap Matifou.

(DE MUSTAPHA A LA BOUZARÉAH.)
(Omnibus, voitures de place, chevaux.)

Mustapha inférieur. — Sur le bord de la mer, à 2 kil. d'Alger, dont il est, en quelque sorte, un faubourg. — *Hôtel de Tivoli ; établissement de bain de mer y annexé;* hôpital civil où sont traités les malades d'Alger *intrà et extrà muros*; vastes casernes de cavalerie, spécialement affectées aux chasseurs d'Afrique ; parc aux fourrages ; champ de manœuvres où se tiennent les courses.

Sur la route qui conduit au jardin d'acclimatation, et en face du champ de manœuvres, est la Villa Roux, confortable habitation, dont le propriétaire a fait un lieu de plaisance qu'il met, parfois, à la disposition du public. — C'est ainsi qu'après la saison théâtrale la villa est transformée en une sorte de *Casino* où les amateurs sont conviés à voir, entendre et applaudir les prima dona, jeunes ou vieilles, exotiques ou indigènes, jalouses d'utiliser leur talent.

Le jardin passe, à bon droit, pour être l'un des plus beaux de l'Algérie : il est grand, complanté d'arbres de diverses essences, soigneusement entretenu et émaillé de fleurs odorantes. — On y trouve, presque toute l'année, outre des camélias et des roses, des violettes de Parme dont les élégantes d'Alger parfument, à qui mieux mieux, leur corsage et leur boudoir.

Jardin d'acclimatation. — Pépinière centrale du Gouvernement de l'Algérie, et la plus jolie promenade des environs d'Alger. Cet établissement, qu'on désignait, autrefois, sous le nom de *Jardin d'Essai*, occupe une superficie de 58 hectares, dont 36 en plaine et 22 en montagne. — Outre les pépinières qu'on y forme, on y essaye, sur une grande échelle et sous la surveillance d'un Directeur, l'introduction, l'acclimatation, la culture et l'exploitation de tous les végétaux utiles répartis sur la surface du globe. Le nombre des différentes espèces déjà introduites et cultivées dans ce jardin dépasse *six mille;* celles des espèces qui ont donné des résultats utiles sont multipliées et mises à la pisposition des cultivateurs, qui les achètent à prix réduits. Depuis sa création (1832), la pépinière centrale a livré à la colonisation 1,500,000 arbres, un nombre à peu près égal de jeunes plants, et des graines en quantité considérable. On reçoit aujourd'hui dans cet établissement, pour les acclimater en Algérie et les y domestiquer, des animaux utiles ou susceptibles de le devenir. — En face du jardin, sur la route du Hamma, café restaurant *des Platanes*; — tout à côté de ce restaurant, et auprès d'une fontaine qu'ombragent de magnifiques platanes, est un café maure qui jouit d'une certaine vogue.

C'est sur l'emplacement du jardin d'acclimatation que Charles-Quint fit opérer le débarquement de ses troupes, en 1541.

Un des côtés du jardin d'acclimation fait face à la mer : à quelques pas de là apparait, enfoncée dans les sables, la Koubba de *Sidi-Belal* : — c'est là que les nègres d'Alger viennent célébrer la fête de Fèves, *Aïd-El-Foul*. « Cette fête a toujours lieu un mercredi, à l'époque appelée *Nissam* par les indigènes, c'est-à-dire à l'époque où commence à noircir la plante qui

8

porte les fèves. Jusque-là, les nègres s'abstiennent de manger de ce légume... Le sacré est mêlé au profane dans le cérémonial de cette fête, qui consiste d'abord à célébrer le *Fatha*, ou prière initiale du Coran, et à égorger ensuite un bœuf, des moutons, des poulets, au milieu de danses et de chants. Le bœuf destiné au sacrifice est préliminairement couvert de fleurs ; sa tête est ornée de foulards, et ce n'est qu'après que les sacrificateurs ont exécuté des danses dans lesquelles ils tournent sept fois dans un sens, et sept fois dans un autre, que la victime reçoit le coup mortel. La manière dont l'animal subit la mort, soit qu'il tombe subitement sous le couteau qui l'a frappé, soit qu'il s'agite dans une pénible et lente agonie, est le sujet de pronostics heureux ou malheureux qu'interprètent aussitôt les aruspices noirs.

« Après le sacrifice, commence la danse nègre. La troupe des enfants de Soudan se dirige vers un bassin carré rempli d'eau, consacré à Lalla Haoua, sainte femme qui est également en grande vénération parmi eux ; dans un moment, on voit des individus, hommes ou femmes, que le trémoussement appelé *Djedeb* a violemment impressionnés, se précipiter, ruisselant de sueur, dans les flots de la mer, d'où leurs compagnons ont grand'peine à les retirer. D'un autre côté, et sous des tentes improvisées, les négresses s'occupent à faire cuire les fèves, les premières que les nègres doivent manger de l'année, et qui servent d'assaisonnement au mouton et au kouskoussou, base du festin. Tout le reste de la journée se passe en danses et en chants auxquels la musique appelée *Derdeba*, c'est-à-dire l'horrible tapage si aimé des nègres, sert d'accompagnement. Les autres Musulmans, habitants d'Alger, s'abstiennent en général d'assister à ce spectacle. Il n'en est pas de même des femmes qui, probablement excitées par les récits de leurs négresses, y viennent en foule... »

M. de Rouzé, à qui nous empruntons ces détails, fait remarquer que les traditions ne sont point d'accord au sujet de Sidi-Belal. Quelques-unes rattachent ce saint personnage au Belal, esclave noir au service de Mahomet et qui embrassa, l'un des premiers, la religion du Prophète ; mais, dans leur pays natal, les nègres sont adonnés à l'idolâtrie, et il est douteux qu'ils aient en vue de glorifier un souvenir des premiers jours de l'Islamisme.

Durant les premières années de l'occupation française, on célébrait ponctuellement cette fête, sinon avec grande solennité, du moins avec grand fracas ; mais il semble, aujourd'hui, qu'elle tombe en désuétude.

Le Ruisseau (*Oued-Krenis*).— Hameau et point d'arrêt des omnibus. Cafés, restaurants et auberge ; fabrique de poteries. — En remontant l'*Oued-Krenis*, on gagne Birmandreïs. Cette promenade, très-fréquentée les jours de fêtes, est plus généralement désignée sous le nom de *Ravin de la Femme Sauvage*. Cette appellation date de 1840, époque à laquelle une française, jeune encore et très-peu sauvage, dit la chronique, vint installer sur cette route, à la plus grande satisfaction des promeneurs, un débit de tabac et d'absinthe. Aujourd'hui, ce débit n'existe plus ; mais on voit le long du ravin des propriétés soigneusement entretenues, des moulins qui jamais ne chôment, et l'importante filature de soie que possède et dirige M. Chazelle.

Birmandreïs. — Joli village à 7 kil. d'Alger. Pop. europ. 706 hab. Restaurant et auberge ; fontaine arabe d'un style curieux ; usine pour l'effilochage des plantes textiles.

Birkadem. — Ch. l. de comm. à 10 kil. d'Alger et à 3 kil. de Birmandreïs, pop. europ. 585 hab. — Église, maison commune, écoles et salle d'asile : hôtel, café, restaurant. — Birkadem a acquis une certaine importance qu'il doit à sa proximité d'Alger, ainsi qu'à la beauté de son site et à la fertilité de ses terres. Les habitations, groupées autour de l'église, ne sont pas très-nombreuses ; mais au dehors du village on trouve, éparpillées dans la campagne, une centaine de fermes qui présentent l'aspect le plus riant. Le territoire, couvert d'arbres fruitiers, de mûriers et de vignes, produit en abondance des céréales et du tabac. Birkadem a pour annexe : *Saoula*, hameau à 2 kil. S.-O ; popul. *europ.* 271 hab. ; sol fertile ; eaux abondantes ; plusieurs moulins.

De Birkadem on redescend à Birmandreïs d'où l'on se rend à la colonne Voirol, en suivant une route que les soldats ont taillée dans le roc.

Colonne Voirol. — Cette colonne a été élevée en l'honneur du général Voirol qui exerça, en 1833, le commandement supérieur de l'armée d'Afrique : elle est située au point d'intersection de quatre routes qui conduisent à Birmandreïs, à Hydra, à El-Biar et à Alger.

Hydra était l'ancienne résidence de la famille du Dey (6 kil. d'Alger). Il est aujourd'hui la propriété d'un Européen, qui en a fait une habitation vraiment princière.

Mustapha supérieur. — De la colonne Voirol on descend à Alger en suivant la route de Mustapha supérieur, bordée, à droite et à gauche, par de charmantes villas bâties sur les flancs du coteau ; on remarque plus particulièrement : le Palais d'été du Gouverneur général ; l'orphelinat, et le couvent des Dames du Sacré-Cœur (pensionnat de jeunes filles).

Le Frais Vallon — a été chanté par tous les poëtes algériens, heureux d'avoir à décrire un endroit où l'on trouve un peu d'ombre et de fraîcheur. A vrai dire, c'est une promenade fort agréable. Pour s'y rendre, on gagne la *cité Bugeaud* ; puis tournant à gauche, on suit un chemin montueux qui vous conduit, en moins d'un quart d'heure, à l'entrée du vallon. — « A partir de ce point, la scissure de la montagne se resserre entre deux berges de plus en plus escarpées, retraite ombreuse et paisible, toujours abritée des ardeurs du soleil. Un ancien sentier arabe, rendu carrossable par de récents terrassements, sans que la hache et la pioche en aient trop mutilé la voûte verdoyante, sillonne, à mi-côte, le flanc gauche de ce coin de la nature suisse, qu'on dirait avoir été transporté, d'un seul bloc, des Alpes au fond d'une anfractuosité du Sahel. Bientôt, à 2,300 mètres d'Alger, la voie s'abaisse et s'arrête brusquement dans un défilé si étroit, que la place semble avoir manqué pour continuer le déblai. Un café indigène, de construction mauresque, avec une fontaine à ses pieds, borde l'Oued, presque à sec l'été, et qui gronde l'hiver, en franchissant la cascade, au devant d'un moulin. Trois arêtes montagneuses, séparées par d'abrupts ravins, bornent tout à coup l'horizon. Un sentier sinueux escalade perpendiculairement le versant, derrière l'usine. Après une ascension de quelques minutes, se présente l'entrée d'une petite villa arabe. C'est l'avenue directe et naturelle d'Aïoun-Srakhna. Au bout du jardin couvert d'orangers, de grenadiers, de figuiers et d'amandiers, sourdent plusieurs sources d'eau commune, filtrant librement à travers le gazon et le sable, ou encaissées dans les bassins. L'une d'elles, renfermée dans une petite Koubba, d'où elle coule dans un puisard, se distingue par son isolement particulier et l'espèce de préférence qui lui a été visiblement accordée. La Koubba est celle de Sidi Madjbar, marabout vénéré des Musulmans d'Alger. Une tradition, encore conservée, recommande aux femmes divorcées qui veulent retrouver un mari, de faire trois voyages à cet endroit privilégié. Le résultat, assure la légende, n'a jamais déçu le vœu des pèlerines. »

On ne va pas chercher que de l'ombrage dans les verts sentiers du Frais Vallon... Il existe sur les flancs de la colline quelques restaurants dont les cabinets particuliers retentissent, souvent, de gais propos; — et bien qu'on ne trouve pas de fraises au pied des grands arbres, il n'est pas rare d'entendre, à l'heure où les oiseaux gazouillent encore, des voix jeunes et fraîches reprendre, entre deux éclats de rire, le refrain qui a fait du bois de Bagneux le bois le plus populaire de France.

Bouzaréah. — Ham., 6 kil. d'Alger, sur le revers supérieur et les flancs de la montagne dont il porte le nom; pop. 1758 hab., dont 663 indigènes. L'observatoire d'Alger est établi sur le point culminant de la montagne. Bouzaréah est un des sites les plus pittoresques des environs d'Alger; on dirait un immense jardin qui s'étend de la montagne à la mer. On peut revenir à la ville par la route dite la *Vallée des Consuls*, route que domine la chapelle de Notre-Dame d'Afrique.

C'est sur cette hauteur que les consuls de France, d'Angleterre et des États-Unis avaient,.avant 1830, leurs maisons de campagne. L'ancien consulat de France est devenu la résidence d'été de l'Évêque d'Alger.

DIRECTION DE LA POINTE PESCADE.

(Omnibus; voitures de place.)

Le Jardin du Dey. — C'était autrefois un des palais du dey d'Alger. Tout à côté était la salpêtrière (*dar el Baroud*, maison de la poudre). — La maison de plaisance et la salpêtrière servent aujourd'hui d'hôpital militaire, où sont traités les malades appartenant à l'armée et à l'Administration civile.

A 300 mètres, environ, de la Salpêtrière, et sur les rochers contre lesquels la mer se brise, sont les *Fontaines des Génies*, *Sebu-Aïoun*, (les sept fontaines). — C'est là que se rendent, le mercredi matin de chaque semaine, les Croyants des deux sexes qui implorent, — Dieu sait dans quel but ! — l'intercession des Anges.

Bons et *mauvais* Génies, dit la légende, ont des couleurs qui leur sont propres : *Suum cuique*. Ce sont des négresses qui font office de sacrificateurs, — et voici ce qui se passe : « Près d'une des fontaines, désignée d'avance, une négresse allume un réchaud, y fait petiller des grains d'encens ou de benjoin dont la personne intéressée respire la vapeur ; ensuite, les poules apportées pour le sacrifice sont égorgées à moitié, et lancées sur le sable. Si les poules agonisantes vont, moitié voletant, moitié roulant, gagner la mer, le sacrifice aura été agréable au génie invoqué, et alors la réussite désirée est certaine, c'est-à-dire qu'une maladie sera guérie ou un vœu accompli. — Si, au contraire, les poules meurent sur le sable, tout est à refaire. » — Inutile d'ajouter que plus le sacrificateur est grassement payé, plus le sacrifice est agréable au Génie qu'on invoque : — *Donnant, donnant* ; — cette vilaine maxime est de tous les âges, et de tous les pays !...

Le *Fort des Anglais*, qui s'élève non loin de là, sert de caserne à un poste d'infanterie. — Le cimetière des Européens est en face de ce fort.

Saint-Eugène. — Villag. à 3 kil. d'Alger, sur la route Malakoff. Pop. 850 hab. — Maisons propres, pour la plupart convenablement aménagées.—Café-restaurant du *Château-Vert* ; maison bourgeoise pour les étrangers ; jolies villas sur le bord de la mer.—Saint-Eugène est, chaque dimanche, le lieu de promenade des citadins.

Pointe-Pescade. — Villag. maritime à 6 kil. d'Alger. Pop. européenne, 204 hab.; de riches particuliers y ont établi leur résidence d'été. Le petit fort qui couronne la Pointe-Pescade, et qui est aujourd'hui occupé par un poste de douaniers, a été bâti en 1671. De cette pointe part un aqueduc jaugeant, par 24 heures, 500 mètres cubes d'eau, destinée à alimenter les fontaines, bassins et abreuvoirs de la route. — La route Malakoff, nouvellement ouverte aux voitures et aux piétons, conduit à Guyotville.

Guyotville. — Ham. à 15 kil. d'Alger, sur le bord de la mer. Pop. europ. 115 hab. Joli site et riches cultures.

DIRECTION DU CAP MATIFOU.

Chemin de fer jusqu'à la Maison Carrée.

Le Fort de l'Eau. — Villag. à 18 kil. d'Alger. Pop. europ. 431 hab. — Ce village est l'un des plus propres et des plus riches de l'arrondissement; les Mahonnais qui le peuplent se livrent en grand à la culture maraîchère, et trouvent un fructueux écoulement de leurs produits sur les marchés d'Alger. — Poste de douaniers.

La Rassauta. — Ch.-l. de comm. à 20 kil. d'Alger, sur un coteau au pied duquel coule le Khamis. Pop. europ. 150 hab. — Le territoire, d'une extrême fertilité, comprend un certain nombre de fermes dont les habitants se livrent à la culture des céréales et à l'élevage du bétail. — La partie du territoire qui longe la mer est admirablement propre à la création de salines artificielles.

Le Cap Matifou. — Ham. à 27 kil. d'Alger. Pop. europ. 85 hab. Le cap ferme, au N. E., la rade d'Alger. Un fort, de solide construction, s'élève à 650 m. du cap; on y trouve des citernes abondantes. — A un quart d'heure de marche, vers le S., s'étendent, sur un emplacement oblong de près d'une lieue, que la côte escarpée limite au N. E, les ruines de *Rusgunia*, ville romaine, dont les débris ont servi à la construction de la plupart des vieux édifices d'Alger. On voit encore des voûtes, restes d'anciens bains, des tronçons de colonnes, des mosaïques, de profonds fossés, des traces de fondations dont les pierres ont été arrachées. Non loin est une carrière dont les produits ont dû être employés à l'embellissement de cette antique cité. Au N. est un bon mouillage par les vents d'E. et de N. E., sur un fond de sable et de vase, par 10 et 12 brasses d'eau. C'est là que Charles-Quint rembarqua les débris de son armée. (*Bérard.*) — Entre le cap Matifou et la Rassauta, il existe une saline naturelle, aujourd'hui inexploitée.

LOCALITÉS DIVERSES.

Kouba. — Ch.-l. de comm. à 9 kil. d'Alger, sur une hauteur du Sahel. Pop. europ. 400 hab. — Mairie, église, grand séminaire. — Terrain sec et sablonneux; céréales, tabacs, vignes, mûriers et oliviers. — Moulin à farine sur l'Oued-Knis, qui passe au pied du coteau; briqueterie, atelier de moulinage, où 120 ouvriers peuvent être occupés à mouliner la soie.

Douéra. — Villag. à 23 kil. d'Alger, sur l'ancienne route d'Alger à Blidah. Pop. europ. 1,440 hab. — *Hôtels du Sahel et de Strasbourg; café de Strasbourg*, marché tous les jeudis. — Mairie, église, temple protestant, école primaire, salle d'asile, hôpital contenant 400 lits, hospice pour les vieillards et incurables. — Terres fertiles, eaux saines et abondantes.

Rovigo. — Villag. à 28 kil. d'Alger, près de l'endroit où l'Harrach débouche dans la plaine de la Mitidja. Pop. europ. 180, ind. 20. — Maison commune, église et salle d'asile; lavoir public. — Céréales, bétail nombreux.

A 2,700 mètres de Rovigo, sur la rive gauche de l'Harrach, sourdent les sources d'Hammam Melouan.

« Des deux contructions qui existent aujourd'hui, la première qu'on rencontre est la Koubba de *Sidi-Slimun*; la seconde, un simple puisard. La Koubba mesure cinq mètres carrés environ d'étendue; ses murs, en pisé, sont épais. A l'intérieur est un bassin rectangulaire de deux mètres de long sur un mètre de large, et de soixante centimètres de profondeur, rempli d'une eau chaude assez claire...

« Le vendredi, jour saint pour tout Musulman, est, disent les marabouts, le jour qu'il faut choisir pour aller se régénérer à la source vénérée. On y rencontre alors quelques familles campées sous les oliviers qui entourent la Koubba... C'est d'abord aux femmes à prendre leur bain. Entrées dans la piscine, elles s'y déshabillent et s'immergent aussitôt. La baignade ne dure pas au delà de quelques minutes : alors commencent les mystères religieux. C'est, le plus souvent, une poule sacrifiée vivante, dont le foie et les entrailles, violemment arrachés du corps et jetés dans le ruisseau, vont se perdre au loin; ce sont des bougies allumées et bientôt éteintes, avec énonciation de paroles cabalistiques ; des morceaux de vêtements, des cheveux de personnes aimées ou haïes, des versets du Coran, de la poudre, cent objets divers cachés et ficelés dans du papier que l'on insère dans les anfractuosités de la vieille muraille de la Koubba. Désirs de vengeance et d'amour, espoir de fortune et de santé, tout se formule, ici, avec ferveur, à voix basse, et, quelquefois, dans le silence de l'adjuration mentale. La prière et les vœux accomplis, on rajuste les vêtements, on boit le café, les hommes fument, les femmes devisent à part, et la famille reprend la route du douar, abandonnant avec confiance, jusqu'à l'an prochain, les amulettes qu'elle a offertes au Génie de la source, et dont elle rêve les plus heureux résultats.

« Des sources nombreuses qui sourdent à Hammam Melouan, deux seulement, sont abondantes. La source de la Koubba, et la source du puisard. — L'eau est d'une amertume fraîche, analogue à la saveur de l'eau de mer; d'ailleurs limpide, claire, inodore, très-légèrement onctueuse au toucher. Sa température paraît être, terme moyen, 39 à 40° centigrade. Son analyse a donné une proportion considérable de sel marin : 26 gram. 50 cent. ; elle égale, ainsi, presque celle de la Méditerranée. » (*Docteur Payn.*)

Ces eaux sont diurétiques et d'un heureux emploi contre les maladies cutanées et les rhumatismes : elles se rapprochent, par leur composition, de celles de Bourbonne-les-Bains, de Balaruc et de Lucques. — Nombre d'Européens s'y rendent chaque année.

La concession de ces eaux thermales a été faite (juin 1863), pour 99 ans, au docteur Feuillet, d'Alger, à charge par lui de construire près des sources une maison de santé.

ROUTES DE LA PROVINCE D'ALGER.

D'ALGER A KOLÉAH.
(Service régulier de diligences.)

El-Biar. — Villag. à 6 kil. S. O. d'Alger. Pop. europ. 307 hab. — Auberge, restaurant et cafés; jolies maisons environnées de jardins. — Eglise, brigade de gendarmerie, école primaire, pensionnat pour les orphelines. — Maison de refuge pour les filles repenties. El-Biar est un des villages les plus propres de la colonie.

Chéragas. — Ch.-l. de comm. à 8 kil. d'El-Biar et à 14 kil. d'Alger, à l'entrée de la plaine de Staouéli. Pop. europ. 491 hab. — Hôtels et auberges. — Terres fertiles ; blé, orge, maïs, tabacs, coton, plantes odoriférantes ; plantations d'orangers. Deux distilleries pour les essences ; fabrication en grand de crin végétal. — Très-joli et très-riche village.

Staouëli. — Ham. à 18 kil. d'Alger. Pop. europ. 80 hab. — Staouëli a été le théâtre de notre première bataille en Afrique (19 juin 1830). — Depuis son débarquement à Sidi-Ferruch, l'armée française était sans cesse harcelée par les indigènes, qui, cachés derrière les broussailles, combattaient en guérillas et préludaient ainsi à une lutte plus sérieuse. De part et d'autre, cependant, on était las de ces combats partiels ; les Arabes, concentrés sur le plateau de Staouëli, avaient reçu de nombreux renforts et les beys, qui venaient d'arriver avec leurs contingents, pressaient Ibrahim-Agha, gendre d'Hussein et généralissime, d'engager l'action. Le 19 juin, cinquante mille Arabes s'ébranlèrent au signal donné. Les tirailleurs ouvraient la marche ; derrière eux suivaient deux colonnes profondes, commandées l'une par Ibrahim, l'autre par le bey de Constantine. — La première marchait contre la division Berthezène, la seconde contre la division Loverdo : les tirailleurs devaient s'étendre à droite et à gauche, et tourner l'armée française.

La bataille commença. Les Turcs assaillirent la première division avec une telle impétuosité, qu'ils pénétrèrent dans le redan occupé par la grande garde, puis se jetèrent sur une redoute que défendait un bataillon du 28e. Pris à l'improviste, ce bataillon céda : mais, rallié presque aussitôt par le général Clouet, il chargea vigoureusement l'ennemi et reprit ses positions. — A la droite et au centre, l'engagement fut vif, mais très-court. Ordre avait été donné aux généraux français de ne commencer le feu qu'au moment où les Arabes seraient à portée de fusil ; cet ordre fut ponctuellement exécuté : quand les troupes algériennes se présentèrent, elles furent reçues par un feu roulant de mousqueterie qui joncha le terrain de blessés et de morts. A trois fois différentes cavaliers et fantassins se ruèrent avec furie contre les lignes françaises ; chaque fois ils durent se replier en désordre. — Comme ils allaient tenter une dernière attaque, le général en chef prit l'offensive : les tambours battirent la charge ; les divisions Berthézène et Loverdo s'élancèrent en avant, tandis que deux brigades de la division d'Escars se formaient en réserve en avant de Sidi-Ferruch.

Dès ce moment la bataille était gagnée ; les Arabes, poursuivis à la baïonnette, décimés par la mitraille, abandonnèrent successivement leurs redoutes et leurs batteries. Moins d'une heure après, le camp de Staouëli était occupé par les Français ; on y trouva treize pièces d'artillerie, deux mortiers à barbette, des magasins parfaitement approvisionnés, 100 chameaux et 400 tentes dressées.

A 2 kil. S. de ce village est l'établissement des Trappistes. — Cet établissement, autorisé par arrêté du 11 juillet 1843, et qui est, aujourd'hui, en pleine prospérité, comprend, outre le monastère, une belle ferme, de nombreux ateliers, un moulin, plusieurs fontaines et une orangerie, — le tout enclos de murs.

Il est, en face de la Trappe, une assez bonne auberge.

Zeralda. — Villag. à 26 kil. d'Alger. Pop. europ. 202 hab. — L'administration des forêts a formé dans ce village un établissement qui mérite d'être visité.

Douaouda. — Village à 33 kil. d'Alger. Pop. europ. 268 hab. — Terres excellentes : céréales, coton, vignes, tabac, mûriers et oliviers.

Koléah. — Ch.-l. de comm., sur un coteau, en face de Blidah et à 37 kil. d'Alger. Pop. europ. 1,900 hab., pop. indig. 1,735. — *Hôtel de Paris; cafés de la Poste* et *de la Place. Cercle civil. — Cercle militaire.*

Maisons coquettes, avec cours et jardins complantés d'arbres ; eaux abondantes ; fontaines et bassins ; diligences, bureau de poste ; jolie mosquée. — Au S. O., sur un mamelon, camp et hôpital militaire ; pavillon d'officiers, magasins de subsistances et autres ; jardin spécial aux officiers et admirablement bien entretenu. — Le territoire est des plus fertiles. — Céréales et vignes ; oranges, limons, citrons et autres fruits. — Marché arabe tous les vendredis.

Koléah jouissait autrefois d'une certaine réputation. C'était la résidence d'une famille puissante, celle

Koléah.

des Embareck, dont le fondateur fut un marabout vénéré. Les Embareck étaient chefs des Hadjoutes ; durant les premières années de l'occupation, ils nous firent une guerre implacable. — Les Hadjoutes sont aujourd'hui cantonnés près de Blidah.

D'ALGER A DELLYS

PAR TERRE.

(Voitures publiques, place du Gouvernement et place Bresson. — Le service est fréquemment interrompu dans la saison des pluies.)

La maison blanche. — Villag. à 19 kil. Pop. europ., 155 hab.

Rouïba. — Villag. à 25 kil. Pop. europ. 120 hab. — Céréales, bestiaux ; pas d'eau courante ; belles plantations d'arbres.

Reghaïa. — Villag. à 50 kil. Pop. europ. 98 hab. — Sol fertile, céréales, tabacs, vergers, orangeries, bois de haute futaie ; fermes en pleine exploitation.

L'Alma. — Villag. à 36 kil., près des rives du Boudouaou. Pop. europ. 98 hab. — Ambulance civile. — Terres généralement bonnes, très-propres à la culture de la vigne. — Fut le théâtre d'un brillant combat : 900 fantassins et 45 cavaliers, sous les ordres du commandant de la Torre, repoussèrent et mirent en fuite près de 6,000 arabes (25 mai 1839).

Pont de l'Isser. — Caravansérail.

Azib-ben-zamoun. — Caravansérail.

Ben-Nechoud. — Ham. à 100 kil., et à 11 kil. de Dellys. Pop. 78 h. — Terres excellentes, céréales.

Dellys. (Voy. p. 179).

D'ALGER A CHERCHELL

PAR TERRE.

(D'Alger à Blidah, par le chemin de fer ; de Blidah à Cherchell, service régulier de diligences.)

La Chiffa. — Villag. à 56 kil., et à 9 kil. de Blidah. Pop. europ. 201 hab. — Chapelle, lavoir et abreuvoirs publics. — Terres excellentes ; céréales de qualité supérieure ; vignes, tabac, belles et nombreuses plantations.

Mouzaïa-Ville. — Villag. à 60 kil. Pop. europ. 709 hab., ind. 26. — Maison commune, chapelle, école mixte, bureau de poste, fontaines, lavoir et abreuvoir.

Terres fertiles, irriguées par l'Oued-Haad et l'Oued-Chamli ; jardins et vergers, céréales et fruits ; belles plantations d'arbres. — Marché arabe tous les samedis.

Bou-Roumi. — Ham. à 64 kil. O. de Blidah. Pop. europ. 117 hab. — Céréales, tabac, oliviers et vignes ; jardins bien cultivés et irrigués par les eaux du Bou-Roumi, à l'aide d'aqueducs maçonnés et couverts. — Sol fertile ; air salubre.

El-Affroun. — Villag. à 66 kil. Pop. 270 hab.

Ameur-el-Aïn. — Villag. à 72 kil. ; à 24 kil. de Blidah et à 14 kil. de Marengo. Pop. europ. 235. — Belles plantations d'arbres le long des avenues. — Céréales et vignes.

Bourkika. — Villag. à 32 kil. de Blidah et à 6 kil. de Marengo, presque à l'embranchement des routes de Blidah à Milianah et Cherchell. Pop. europ. 173 hab.; ind. 15. — Vignes et céréales.

Marengo. — Ch.-l. de district, à 86 kil. d'Alger; à 38 kil. O. de Blidah, et à 28 kil. de Cherchell, sur la route qui relie ces deux villes. Pop. europ. 775, ind. 23. — Maison commune, chapelle, écoles de garçons et de filles, bur. de poste, hôpital. — Fontaine, lavoir, abreuvoirs publics, alimentés par les eaux de l'O.-Meurad, qu'amène un canal de dérivation. — Terres fertiles, céréales, vignes, arbres fruitiers. — Moulin à deux tournants: marché arabe important tous les mercredis.

Zur'ch. — Villag, à 99 kil., à 13 kil. S. E. de Cherchell, sur les deux rives de l'Oued-el-Hachem. Pop. europ. 180 hab. — Maison commune, école de garçons, école de filles. — Fontaine publique, belles plantations le long des avenues. — Céréales, vignes et oliviers. — Marché arabe tous les jeudis.

Cherchell (Voy. p. 172).

EN KABYLIE.

Le Maréchal Bugeaud avait, maintes fois, sollicité du Ministère l'autorisation d'envahir la grande Kabylie, que les Arabes se plaisaient à regarder comme un asile inviolable; mais les Chambres étaient systématiquement contraires à cette expédition, et le Maréchal dut renoncer à ses projets. Plus tard (1851), le général d'Hautpoul fit la même demande et essuya le même refus, la situation de la France s'opposant à ce que l'armée d'Afrique fût engagée dans une lutte dont on ne pouvait prévoir l'issue. A quelque temps de là, les choses avaient changé; l'ordre régnait en France et en Europe, et le maréchal Randon, plus heureux que ses prédécesseurs, put tenter l'entreprise : il la mena à bonne fin.

« Le territoire de la grande Kabylie se compose d'un seul massif de montagnes à étages successifs, dont le centre principal est une immense muraille de rochers à pic, qui porte le nom général de Djurjura. Sa superficie, estimée à 8,000 kilomètres carrés, est bornée approximativement au Nord par Dellys et la Méditerranée ; à l'Est, par Bougie, à l'Ouest, par la vallée de l'Isser, au Sud par Aumale. Sa population est estimée à 250,000 habitants.

« C'est le cœur même de la puissance berbère ; ses montagnes abruptes, coupées par des précipices, hérissées de villages, peuplées, comme une ruche d'abeilles, par une race guerrière, pauvre et farouche, sont presque vierges de pas conquérants. » Nous n'ajouterons rien à cette description que nous avons prise dans les *Récit de Kabylie* de M. E. Carrey, et qui a le double mérite d'être courte et d'être exacte. Mais la conquête de ce pays, si longtemps inviolé, est de date si récente, qu'on nous permettra de rappeler, en quelques lignes, une des plus glorieuses expéditions de l'armée d'Afrique :

La conquête de la Kabylie offre deux périodes distinctes :

Lorsque éclata la guerre d'Orient, le Ministre de la guerre dut prendre à l'armée d'Afrique ses plus vieilles et ses meilleures troupes. Le départ de ces régiments réveilla chez quelques marabouts des espérances qu'on croyait à jamais éteintes, et, sur quelques points, l'agitation fut grande. Bou-Baghla reparut aussitôt, prêcha la guerre sainte, et fit si bien que l'insurrection se propagea rapidement (1854). Le maréchal Randon prit immédiatement ses mesures pour comprimer la révolte. Deux divisions, commandées par les généraux Mac-Mahon et Camou partirent, l'une de Constantine, l'autre d'Alger, et se portèrent dans le massif qui s'élève entre Dellys et Bougie. Les deux troupes agirent d'abord séparément, et forcèrent les tribus du littoral à subir notre loi et à livrer des otages ; plus tard, elles se réunirent, remontèrent la vallée du Sébaou, envahirent le territoire des Beni-Yayia (14 juin), qui passait pour inexpugnable, forcèrent les Béni-Hidjer à demander l'aman, et ramenèrent sous notre autorité toutes les peuplades comprises entre le Sébaou, Dellys et Bougie.

Cette première expédition contre les tribus du Djurjura produisit d'heureux effets : elle prépara les voies à l'expédition définitive de 1857.

La leçon avait été dure ; mais les Kabyles aiment la guerre. Nos troupes étaient à peine rentrées dans leurs cantonnements, que les marabouts prêchèrent de nouveau la révolte. La tribu des Beni-Raten, une des plus populeuses et la plus guerrière, devint le centre de la rébellion et donna l'exemple : nos alliés furent pillés, nos postes ouvertement insultés : sept ou huit mille montagnards tentèrent même d'incendier une de nos forteresses, celle de Dra-El-Mizan.

Le maréchal Randon attendit, pour venger ces insultes, que la guerre d'Orient fût terminée ; il prépara de longue main l'expédition ; puis, quand l'heure eut sonné où il pouvait agir, il se mit en marche (mai 1857).

Le corps expéditionnaire, formé des troupes régulières et de quelques goums arabes, comprenait trois divisions et deux colonnes d'observation, — soit près de 35,000 hommes. La première division était commandée par le général Renault, la seconde, par le général de Mac-Mahon, la troisième, par le général Jusuf. — Pour bien comprendre les difficultés que présentait l'expédition, il faut se rappeler que les villages kabyles sont édifiés, pour la plupart, au sommet des montagnes, protégés par des obstacles naturels, et défendus par la population la plus belliqueuse de l'Algérie. Le maréchal Randon triompha, cependant, de tous ces obstacles : les troupes, habilement dirigées et vaillamment conduites, escaladèrent, sous un feu continuel, des positions qui semblaient inabordables, poursuivirent l'ennemi dans ses derniers retranchements, prirent d'assaut chaque village, et, après soixante jours de combats, forcèrent toutes les tribus à implorer l'aman. — Pour raconter cette lutte il faudrait tout un volume. Nous n'en préciserons que les résultats : la Kabylie entière déposa les armes.

Mais il fallait assurer notre domination : des routes furent percées dans la montagne, qui rendirent les communications plus faciles et plus sûres ; puis, sur le plateau central des Beni-Raten, les troupes construisirent le fort Napoléon, — c'est-à-dire une place de guerre qui domine une partie du territoire et qui, le cas échéant, présenterait aux montagnards une barrière infranchissable. (Voir pour les détails de l'expédition : E. *Carrey*, Récits de la Kabylie, camp. de 1857 ; E. *Clerc*, Campagne de la Kabylie.)

La leçon porta fruit : durant la formidable insurrection que le maréchal Mac-Mahon vient de réduire, les Kabyles, bien que sollicités par leurs instincts guerriers et par les chefs des Khouans, ont gardé une stricte neutralité. — Aussi bien, l'expédition de 1857 a laissé dans leur esprit des traces profondes, et s'ils n'ont point recommencé la lutte, c'est qu'ils savent, par expérience, que nos troupes peuvent les atteindre jusqu'aux plus hauts sommets de leurs montagnes.

D'ALGER A FORT NAPOLÉON.
(Service de diligences.)

La Maison Carrée — (Voy. p. 143).

L'Alma (Voy. p. 145).

Le Pont de l'Isser. — (Caravansérail).

Azib-ben-Zamoun. — A 81 kil. (Caravansérail).

Tizi-Ouzou. — Villag. à 100 kil., et poste militaire en pleine Kabylie. Pop. europ. 286 hab. ; ind. 1615. — Pavillon d'officiers, casernes d'infanterie et de cavalerie ; magasins et ateliers ; hôpital et ambulance réunis dans le bordj qu'occupaient les Turcs, au temps de leur domination. Au pied du monticule sur lequel le fort est assis, s'étend la ville française, récemment construite (1856). — Église, école de filles, salle d'asile ; fontaine, abreuvoir et lavoir publics ; rues larges, propres, bordées d'arbres ; maisons convenablement aménagées ; hôtel pour les voyageurs ; café chantant ; diligences ; bureau de poste. — Presque tous les habitants vivent de leur commerce avec la troupe.

« Comme aspect général, la route de Tizi-Ouzou à Fort-Napoléon est pittoresque et variée. Sur les flancs abruptes des monts qu'elle sillonne, des frênes, des oliviers au pâle feuillage, des figuiers aux larges feuilles, étendent çà et là leurs ombres clair-semées ; quelques champs d'orges ou de blés presque mûrs s'étalent, jaunissant sous le soleil qui les dore ; les eaux claires des sources descendent en sinuant les pentes des collines, traçant sur leur passage un long chemin de verdure. Dans le fond des vallées, à trois ou quatre cents mètres de profondeur, partout où les eaux des torrents d'hiver ont amoncelé la terre, où les sources s'épanchent, où les vents du nord ne soufflent pas, la végétation est verte et serrée comme une forêt de France au printemps.

« Selon les caprices du chemin on voit à l'horizon, tantôt le Djurjura et ses neiges éternelles, tantôt les vallées du Sébaou ou de l'Oued-Aïssi, avec leurs profondeurs blanchâtres, éclairées par intervalles sous une eau rare et miroitante.

« Sur toutes les côtes, à tous les horizons, des villages, amas de maisons entassées sans ordre et sans rue, projettent dans le ciel leurs toits rougeâtres. Ceux que la route sillonne laissent apercevoir des intérieurs de masures à demi-détruites, aux murs épais et mal crépis, aux portes basses, aux étroites ouvertures. » (*E. Carrey*).

Fort-Napoléon. — Ch.-l. de cercle à 135 kil. Place de guerre construite par l'armée, sur le plateau central des Beni-Raten, et qui domine une partie du territoire. Pop. europ. 141 hab. La ville, protégée par une enceinte flanquée de dix-sept bastions, embrasse une superficie de 12 hectares. — Maison de commandement, pavillon d'officiers, bureau arabe, casernes d'infanterie et de cavalerie, magasins de subsistances et autres, ateliers du génie ; poste télégraphique et bureau de poste, infirmerie où les civils sont admis. — Hôtel pour les voyageurs. Fontaines publiques ; climat salubre.

« Une enceinte continue, aux murailles de pierre, haute de cinq mètres, assise sur des escarpements inabordables et flanquée de bastions, abrite derrière ses remparts un casernement pour 3,000 hommes. Vienne l'hiver avec ses pluies, c'est-à-dire l'impossibilité absolue de pénétrer dans la montagne avec des troupes ; vienne la neige, qui chaque année couvre, de son linceul glacé, toutes les hautes montagnes kabyles ; vienne un mouvement quelconque des Berbères, n'importe : 3,000 hommes seront au fond de la Kabylie, largement pourvus de munitions, de vivres et d'abris, rayonnant du haut d'une forteresse imprenable sur toute sédition naissante.

« En cas de soulèvement en masse, les balles meurtrières des longs fusils kabyles s'écraseront, impuissantes, sur cette muraille continue. La bravoure fanatique et féroce de ces montagnards indiens, agiles à l'escalade, fertiles en ruses, en incendies, en surprises, retombera brisée contre ces murs de pierre, qui les décimeront. — Le Fort-Napoléon est la mort de l'indépendance Berbère.

« Mieux que nous, et plus vivement surtout, les Kabyles ont

compris l'importance du grand bordj. Quelques paroles échappées à l'un de leurs vieux chefs résument dans une métaphore orientale, toute pleine de tristesse poétique, les sentiments de la race vaincue.

« Venu pour apporter, au lendemain de sa défaite, les contributions de guerre du village, le vieillard, après avoir acquitté sa dette, se prit tout à coup à regarder les fondations de la forteresse future; puis, s'adressant au chef du bureau arabe :

— Sidi maréchal va-t-il donc habiter le Fort, dit-il?

— Non ; c'est un bordj qu'il fait construire.

— Un bordj !... oui, on m'avait bien dit la vérité; — regarde-moi : quand un homme va mourir, il se recueille et ferme les yeux. Amin des Kabyles, je ferme les yeux, car la Kabylie va mourir !

Et pendant quelques minutes, l'Amin resta les yeux fermés comme un mourant. » (*Récits de Kabylie.*)

D'ALGER A AUMALE.

(Voiture publique pendant la belle saison.)

L'Arbah. — Villag. à 52 kil. Pop. europ. 604 hab. — Rues et places publiques bordées d'arbres; orangeries importantes; riches cultures en céréales et en tabacs, arrosées par l'Oued - Djemmah; église, mairie; deux beaux moulins à farine et deux distilleries. — On a découvert près du village une mine de fer d'une grande richesse.

Melab-el-Koran. — A 40 kil. Auberge.

Saccamody. — A 45 kil. Auberge ; vignes renommées.

Aïn-Beurd. — A 52 kil. Auberge.

Tablat. — Ham. à 61 kil. Pop. europ. 60 hab.

El Bethom (les Pistachiers). — Auberge.

Bir-Rabalou. — hameau. Pop. europ. 110 hab.

Les Trembles. — Ham. nouvellement créé.

Aumale. — V. à 111 kil. Commiss. civil. Pop. europ. 1017 hab. — *Hôtel des voyageurs* ; cafés ; *cercle militaire* ; *bureau de poste et télégraphie. Service de diligences pour Alger, mais en été seulement.* Mairie, justice de paix, églises, casernes d'inf. et de cav., vastes magasins, hôp. mil., télégraphe et direct. des postes ; station d'étalons ; cultures, céréales et vignes ; pépinière ; pierre à chaux, plâtre, terre à briques Nombreux moulins à farine qui desservent les tribus environnantes; marché arabe tous les dimanches.

Aumale est essentiellement une position militaire ; les Romains y fondèrent un établissement (*Auzia*) ; les Turcs y construisirent un fort (*Sour-Gozlan*).

D'ALGER A DRA-EL-MIZAN.

(Diligences jusqu'à Souk-ed-Djemmâa ; puis voitures particulières, chevaux ou mulets.)

D'Alger à :

La Maison Blanche. — (p. 143).

Rouïba. — (p. 143).

La Reghaïa. — (p. 143).

L'Alma. — (p. 143).

Souk-ed-Djemmâa. — A 65 kil. Caravansérail.

Dra-el-Mizan. — A 95 kil. Poste militaire à l'entrée de la Kabylie. Pop. europ. 256 hab., ind. 75. — Les habitants vivent de la présence des troupes. — Pas de cultures ; quelques plantations d'arbres fruitiers dans les jardins attenant aux maisons. — Moulin à manége pour le blé ; moulin à huile ; distribution des postes.

D'ALGER A LAGHOUAT.

Chemin de fer jusqu'à Blidah ; diligence de Blidah à Médéah : voitures particulières ; chevaux ou mulets de Médéah à Laghouat.

Les omnibus du chemin de fer prennent les voyageurs place du Gouvernement (bureaux des messageries Bonnifay) et les transportent à la gare. — Départs d'Alger à 7 h. du matin, midi 30 et 5 h. 30 du soir.

Hussein-Dey. — Villag. à 6 kil. Station du chemin de fer. Pop. europ. 700 habitants. — Chapelle, presbytère, écoles et salle d'asile ; vastes magasins pour le service des tabacs ; usines nombreuses ; terres de premier choix, abondamment irriguées ; cultures maraîchères, fruits abondants. — Lieu de plaisance et but de promenade.

Maison-Carrée. — Villag. à 12 kil. Station de chemin de fer sur la rive droite de l'Harrach. Pop. europ. 254 habitants. — Territoire fertile, rendu prospère par sa proximité d'Alger. — Au centre du monticule qui le domine, est un vaste établissement crénelé où étaient autrefois casernés les janissaires, et qui sert aujourd'hui de prison pour les Arabes des deux sexes.

Le Gué de Constantine. — Station du chemin de fer.

Birtouta. — A 23 kil. Station du chemin de fer. Pop. europ. 535 habitants.

Boufarik. — Villag. à 34 kil. Station de chemin de fer. — *Hôtels Mazagran et du Commerce ; café Mazagran.* Pop. europ. 900, ind. 37. Mairie, justice de paix, église, direction des postes ; maison d'apprentissage pour orphelins, école de garçons, école de filles et asile ; plantations publiques bien entretenues, jardins magnifiques. — Cultures principales : céréales, tabac, vignes, oliviers, muriers et orangers. — Sol d'une fertilité rare ; eaux abondantes : un canal de dérivation amène une partie des eaux de l'Harrach sur divers points de la commune, et un autre, les eaux de l'Oued-bou-Chemala jusqu'à Boufarik même. — Marché arabe très-important tous les lundis ; il est abondamment fourni de bestiaux de boucherie et de bêtes de travail.

Boufarik fut occupé en 1832 par le général d'Erlon, qui y établit un camp retranché ; c'était, à cette époque, « un humide bocage, entouré de marais aux exhalaisons malsaines. » Les premiers colons qui s'y établirent furent tous enlevés par les fièvres, et si persistante fut l'insalubrité que la ville passa longtemps pour un foyer d'infection. De nouveaux colons vinrent, cependant, qui achevèrent l'œuvre de leurs devanciers ; les terres furent profondément fouillées, le sol se couvrit de nombreuses plantations, des routes furent ouvertes, l'eau circula partout, et la commune de Boufarik est aujourd'hui l'une des plus salubres et des plus fertiles l'Algérie.

Beni-Mered. — Villag. à 7 kil. de Blidah. Station de chemin de fer. Pop. europ. 602. — église, école de garçons. — Riches cultures en céréales, vignes et oliviers. — Les eaux d'alimentation et d'irrigation affectées au village sont prises dans l'Oued-beni-Aza. Un canal de dérivation, construit en maçonnerie, conduit les eaux sur divers points.

Beni-Mered fut, dans le principe, une colonie militaire et dut sa création au maréchal Bugeaud (1843). — Sur la place, une colonne monumentale rappelle un des plus glorieux souvenirs de l'histoire d'Afrique : vingt-deux hommes, commandés par le sergent Blandon, furent attaqués par plus de 300 arabes et, plutôt que de se rendre, se firent tuer jusqu'au dernier.

Blidah. — Ch.-l. d'arr. à 48 kil. Station du chemin de fer, au pied de l'Atlas. Pop. europ. 5550, ind. 2531. *Hôtel de la Régence, de France, du Périgord et des Bains*; *nombreux cafés; cercle militaire;* — Sous-préfecture, mairie, tribunal de 1re instance, justice de paix, église ; écoles de garçons et de filles tenues par les congréganistes, institutions laïques, école protestante; caserne d'infanterie et de cavalerie, haras, dépôt d'étalons ; rues larges et bien aérées; bureau télégraphique, direction des postes ; théâtre ; jardin public (*Bois des oliviers*), lieu de promenade des plus pittoresques ; on y voit le tombeau de Sidi-Mohammed Blidi, marabout dont la mémoire est en grande vénération parmi les Arabes. — *Tivoli*. — Foire du 15 au 20 août de chaque année ; marché arabe tous les vendredis ; deux marchés journaliers.

Les Européens de la ville sont généralement commerçants, et il en est de même des indigènes, pour la plupart israélites. Dans la banlieue, spécialement occupée par les Espagnols, l'habitant s'adonne aux cultures maraîchères. Il apporte ses produits, non-seulement à Blidah et dans les villages où les grands travaux et les difficultés des irrigations entravent le jardinage, mais il les exporte encore dans les villes voisines, notamment à Médéah.

L'arboriculture prend dans la banlieue de très-grands développements ; on plante chaque année une quantité considérable d'arbres fruitiers ; mais l'oranger est l'objet de soins plus particuliers et constitue une industrie spéciale : l'exportation des oranges. — Les orangeries s'étendent, actuellement, sur une superficie de 110 h.

58 a. 98 c.; elles comportent 19,781 pieds d'orangers en plein rapport; 12,436 nouvellement plantés; 4,119 citronniers, 2,026 limoniers, 265 cédratiers et 2,148 orangers-chinois. On peut, en outre, évaluer à plus de 35,000 les jeunes plants qui se trouvent à l'état de pourettes dans les divers jardins.

Le Bois sacré, près Blidah.

Les vignes comprises dans les jardins de la ville et sur les premières collines de l'Atlas couvrent une superficie de 32 hectares environ; elles donnent des raisins qui sont vendus sur les marchés, pour être généralement consommés en grappes. Cependant, on fait un peu de vin. — La ville est abondamment pourvue de fontaines, abreuvoirs, bornes-fontaines et de lavoirs ; mais le système d'aménagement des eaux d'alimentation laisse à désirer : les eaux d'irrigation ne sont point encore aménagées ; on y travaille. — Il existe sur le canal de dérivation de l'Oued-el-Kébir cinq moulins à farine très-importants : ils constituent l'industrie la plus active et la plus riche de la localité.

Blidah fut, sous la domination romaine, une station militaire ; plus tard, elle fut occupée par les Turcs. Un tremblement de terre la détruisit de fond en comble (1825), mais elle fut bientôt après rebâtie. — Durant la première période de la guerre d'occupation, les Blidiotes combattirent plusieurs fois contre l'armée française ; ils attaquèrent (26 juillet 1830) le corps expéditionnaire que commandait M. de Bourmont ; soutinrent contre les troupes du maréchal Clauzel (19 novembre suivant) un rude combat, en suite duquel tous leurs jardins furent dévastés ; entrèrent, plus tard, dans les coalitions ourdies par les lieutenants d'Abd-el-Kader et furent cruellement châtiés, en 1852, par le duc de Rovigo, et, en 1837, par le comte de Damrémont. — Le traité de la Tafna mit fin à ces guerres continuelles : Blidah fut cédée à la France, et le maréchal Valée en prit définitivement possession (3 mai 1838).

Chiffa (La). — Voy. p. 143.
Gorges de la Chiffa. — Une des merveilles de l'Algérie : sur un parcours de cinq lieues de long, la route a été conquise, tantôt sur le rocher qui la surplombe de plus de 100 mètres, tantôt sur le torrent qui lui cède une partie de son lit. Des herbes de toute espèce poussent dans les fentes des rochers, dont les plus élevés sont couverts de grands bois qu'habitent des troupeaux de singes. De nombreuses cascades tombent, en gerbes, dans la Chiffa ; c'est, d'un bout à l'autre de la route, un admirable spectacle.

A l'entrée des Gorges est une auberge, *Au Ruisseau des Singes*, qui jouit d'une certaine vogue.

Médéah. — Ch.-l. d'arrond. et de subd. milit. à 90 kil., et à 42 kil. de Blidah. Pop. europ. 1,760, indig. 5,360. — *Hôtel du Gastronome ; cafés de la place d'Armes ; cercle ; brasseries. — Service régulier de diligences pour Blidah et Alger.*

Sous-préfecture, résidence d'un général de brigade, justice de paix ; église et presbytère, écoles pour les garçons et pour les filles, salle d'asile, école musulmane ; caserne d'infanterie, quartier de cavalerie, smala de spahis ; magasins de subsistances et autres ; hôpital ; télégraphe, bureau de postes ; pépinière ; station d'étalons dont le dépôt est à Blidah ; rues larges et propres ; jolies habitations ; place complantée d'arbres ; fontaines. — Marché arabe tous les vendredis. — Air salubre, climat tempéré. — En somme, une des plus jolies villes de l'Algérie.

Le ruisseau des singes (Gorges de la Chiffa)

Le territoire est fertile; il produit en abondance : les céréales, la vigne qui donne un vin délicieux, et des fruits justement estimés. — La route qui conduit de Blidah à Médéah a été faite par les zouaves, longe et contourne les gorges de la Chiffa, et rappelle, d'une façon saisissante, la route difficile de la grande Chartreuse. C'est une des plus curieuses excursions qu'il soit donné de faire.

Médéah était, sous les Romains, un poste militaire; elle fut, sous les Turcs, la capitale d'une province, celle de Tittery. — Le dernier de ses beys, Bou-Mezrog, nous offrit ses services, le lendemain même de la prise d'Alger; peu de temps après, il trahit notre cause, et le général Clauzel dut se rendre à Médéah, à la tête d'un corps d'armée, pour imposer aux habitants un chef de son choix, Mustapha-ben-Omar. La substitution se fit sans coup férir; mais après quelques mois de séjour à Blidah, où on l'avait interné, Oulid-bou-Mezrog, fils du bey déchu, obtint l'autorisation de rentrer dans sa famille. Or, il cachait sous une apparente simplicité, une grande ambition : il intéressa les tribus voisines à sa personne et à sa cause, et rallia promptement à lui les Arabes les plus influents. L'autorité de Ben-Omar, sans racines dans le pays, fut ouvertement méconnue, et le général Bertezène, qui avait succédé au général Clauzel, marcha au secours du Bey dont la personne était sérieusement menacée. Il partit d'Alger le 25 juin 1831, à la tête de 4,500 hommes; le 30, il entrait à Médéah, d'où Bou-Mezrog s'était précipitamment enfui.

Les citadins, pour la plupart gens d'ordre et paisibles, accueillirent avec joie l'armée française qui les débarrassait d'un personnage incommode; et, dans le but de prévenir une nouvelle insurrection, ils engagèrent le général à organiser l'administration de la province et à laisser garnison dans la ville; mais au lieu de se rendre à leur avis, M. de Berthezène se lança à la poursuite de Bou-Mezrog, et poussa jusqu'au plateau d'Aouarat, brûlant les maisons et abattant les arbres; après quoi, il revint à Médéah, suivi de près par les Arabes. La ville, joyeuse la veille, était dans la consternation. Les habitants se demandaient avec effroi dans quel but on ruinait ainsi la province; ils redoutaient surtout de passer aux yeux de leurs compatriotes pour des hommes sans courage et sans foi, et s'attendaient à subir de terribles représailles. Ben-Omar se fit leur interprète : il supplia le général de laisser dans la ville un ou deux bataillons, afin de protéger ses partisans contre les vengeances de Bou-Mezrog; mais le général, qui se sentait lui-même fortement compromis et songeait au retour, répondit à ses supplications par un refus catégorique; il avait, disait-il, besoin de tous ses hommes pour opérer sa retraite et tenir tête à l'ennemi. Le Cheikh n'insista point :

Médéah.

il déclara seulement qu'il lui était impossible de rester à Médéah après le départ de nos troupes et demanda, pour ses amis et pour lui, l'autorisation de suivre l'armée française ; M. de Berthezène y consentit et ordonna la retraite (2 juillet); Bou-Mezrog alla l'attendre au col du Ténia.

Médéah, un instant abandonnée à elle-même, reconnut plus tard l'autorité du Bey de Constantine, puis celle d'Abd-el-Kader; puis, enfin, celle de la France ; elle fut prise par le duc d'Orléans (1840), et, peu de temps après, placée sous le commandement du duc d'Aumale, alors général de brigade.

Parmi les environs de Médéah nous citerons :

Lodi. — Villag. à 5 kil. O. de Médéah, sur la route qui mène à Mouzaïa-les-Mines. Pop. europ. 340 hab. — Maison commune; église, école de garçons et de filles, salle d'asile; conduite d'eau qui alimente une fontaine et un lavoir publics. Sol pierreux; céréales, cultures maraîchères et vignes, arbres fruitiers et essences forestières ; jardinets attenant aux maisons. Un moulin à farine, à deux paires de meules, a été construit à l'extrémité N. du village; les frais de cet établissement ont été faits par les colons, qui en sont propriétaires collectifs.

Mouzaïa-les-Mines. — A 14 kil. de Médéah, vaste établissement créé par une compagnie anonyme pour exploitation des mines de cuivre et de fer à elle concédées. — Des causes diverses ont paralysé les efforts des concessionnaires; la compagnie est en déconfiture, et les bâtiments d'exploitation, usines et fonderie, sont, aujourd'hui, complétement abandonnés. — On y reviendra : la mine est riche, et il est à croire que des capitalistes intelligents songeront un jour à en tirer parti.

Mouzaïa (Col de). — Passage difficile sur une des crêtes de l'Atlas, à l'ouest de Médéah ; fut le théâtre d'un rude combat (mai 1840). Une de nos colonnes, aux ordres du duc d'Orléans, était partie de Boufarik pour s'emparer de Médéah. Comme elle arrivait au Col, elle y trouva l'Émir qui l'attendait, prêt à livrer bataille. Des retranchements armés de batteries couronnaient la montagne, et sur le point le plus élevé une redoute formidable avait été construite. — Six mille Arabes des plus aguerris défendaient le passage. Le duc d'Orléans distribua ses forces en trois colonnes : la première devait se diriger sur le piton de gauche et s'emparer des retranchements ; la deuxième, gravir par la droite jusqu'au Col, et prendre les Arabes à revers ; la troisième, aborder le Col de front. A trois heures du matin (12 mai), le canon donne le signal de l'attaque : la première colonne s'ébranle et gravit la montagne au pas de charge; mais les Arabes tiennent bon et disputent le terrain pied à pied; on se presse, on se poursuit, on se bat corps à corps ; l'artillerie de la redoute tire à toute volée et creuse nos rangs mais les vides se comblent, et après d'héroïques efforts, la colonne reste maîtresse d'un mamelon. Les deux autres colonnes se mettent aussitôt en mouvement, escaladent les hauteurs et trouvent sur tous les points une résistance désespérée. Les généraux Schramm, Lamoricière, Changarnier rivalisent d'audace et enlèvent leurs troupes. La redoute seule tient encore ; on l'assaille avec un redoublement d'énergie, et les Arabes sont contraints de l'abandonner. Le Col est occupé, le passage est franchi : — Cinq jours après, la colonne entrait à Médéah.

Damiette. — Villag. à 3 kil. de Médéah et à 4 kil. de la route d'Alger à Laghouat. Pop. europ. 329 hab. — Eglise, presbytère, école pour les deux sexes et salle d'asile. — Peu de céréales : culture presque exclusive de la vigne qui donne d'excellents produits ; belles plantations d'arbres fruitiers et d'essences forestières. — La conduite d'eau d'Aïn-Debet alimente les fontaines, lavoir et abreuvoir. — Climat salubre.

Ben-Chicao. — A 108 kil. Smala de spahis.

Il a été établi à la Smala, par les soins de l'Administration militaire, un troupeau modèle composé de races diverses :
— On comptait, au 1ᵉʳ janvier 1865 :
  Mérinos, race pure. 380 têtes.
  Brebis indigènes... 631 —
  Race caprine. ... 121 —

Le troupeau de mérinos pur sang a été créé dans le but de produire des béliers destinés à l'amélioration de la race ovine indigène. Les béliers sont classés, chaque année, par numéro d'ordre de mérite : les premiers numéros saillissent les brebis pur sang mérinos ; les mérinos de second ordre saillissent les métis, en commençant par ceux qui ont le plus de sang mérinos ; les numéros qui viennent après servent à la lutte des brebis du troupeau indigène. — On ne conserve que les métis femelles.

Les bâtiments de la Smala se composent de onze compartiments de grandeur variable, avec mangeoires et râteliers, exclusivement destinés aux troupeaux et aménagés pour mille têtes de bétail environ ; d'une écurie pour quatre chevaux ; de trois petites pièces, l'une servant d'atelier, la deuxième de magasin pour les instruments à main ; la troisième est occupée par un domestique. — Le logement du personnel (directeur et gérant) se compose de six pièces.

Les bâtiments essentiels de la Smala, c'est-à-dire les bergeries proprement dites, sont parfaitement disposés sous le rapport de l'hygiène et de leur distribution pour la facilité du service. L'installation, toutefois, n'est pas complète ; il manque encore des magasins, des remises, et un corps de bâtiment pour les ouvriers. Des fonds sont votés, annuellement, sur le budget des centimes additionnels à l'impôt arabe, pour l'agrandissement progressif de la bergerie.

Boghar. — Ch.-l. de cercle, à 154 kil., et à 80 kil. de Médéah. Pop. 370 hab. — Poste essentiellement militaire. Casernes ; église, écoles de garçons et de filles, salle d'asile ; pépinière ; direction des postes ; sources abondantes, jardins bien cultivés, sapins, thuyas et genévriers d'une magnifique venue, mais campagne peu propre à la culture des céréales. — Marché arabe tous les lundis. — Boghar fut une colonie romaine (*Castellum Mauritanum*). — Abd-el-Kader, incessamment poursuivi par les troupes françaises, en fit une de ses places d'armes ; détruite en partie par le général Baraguay-d'Hilliers (mai 1841), elle fut occupée définitivement par le maréchal Bugeaud, qui la considérait comme un point stratégique important.

Aïn-Ousera. — 208 kil. Caravansérail.

Guet-et-Steb. — 248 kil. Caravansérail.

Le Rocher de Sel. — 290 kil. Caravansérail.

Djelfa. — Ch.-l. de cercle à 314 kil. Pop. europ. 131 hab., indig. 206. Maison de commandement. — Deviendra, par sa position même, un centre important.

Aïn-el-Ibel. — 346 kil. Caravansérail.

Sidi-Makhlouf. — 416 kil. Caravansérail.

Laghouat. — Ch.-l. de cercle à 456 kil., et à 376 kil. S. de Médéah, sur les bords du Sahara. Pop. europ. 198 hab., ind. (ville et banl.) 2282. — *Hôtel des Touristes*; *Café des Lauriers*; *Brasserie du Désert*; *Bains maures*. — La ville est située au milieu d'une oasis, peuplée d'arbres fruitiers, et principalement de palmiers-dattiers; jardins admirablement entretenus. La ville française est régulièrement bâtie : hôtel du commandant supérieur; pavillon des officiers, cercle militaire; magasins; église, écoles pour les garçons et pour les filles; jardin d'expérimentation; bureau de postes; auberge pour les voyageurs. — Laghouat est une des stations où s'arrêtent les caravanes; il s'y fait un commerce d'échange assez considérable entre les gens du Tell et les gens du Sahara.

A une époque qui n'est pas très-éloignée, les laines du sud de la division d'Alger, bien que d'une qualité supérieure à celles du Tell, n'étaient nullement recherchées par le commerce. Elles étaient longues, dures, jarreuses, de couleurs plus ou moins variées, et, par suite, très-difficiles à teindre.

Les laines de Laghouat s'exportaient alors dans les principales villes du Mzab, où elles se vendaient par échange et à de très-bas prix. Il n'en restait dans le pays que ce qui était nécessaire pour la confection des burnous, tapis, tellis, etc., employés sur place. Il n'en est plus de même aujourd'hui, et les gens du Mzab sont obligés de venir sur nos marchés acheter les laines dont ils ont besoin.

Ce changement est la conséquence des mesures prises par l'Administration, mesures dont l'initiative est due à M. le chef d'escadron Marguerite, qui commandait en 1855 le cercle de Laghouat. Les qualités reconnues dans les toisons de certains moutons firent penser qu'il était possible d'arriver à obtenir ces mêmes qualités dans les produits des cinq cent mille moutons du cercle.

Il s'agissait de remplacer des toisons de laines jarreuses, dures et d'un volume peu considérable, par des toisons ayant le soyeux, le brillant et le tassé de celles qu'on avait remarquées.

La première mesure prise pour atteindre ce but fut la formation d'un troupeau de deux cents brebis de choix, qu'on croisa avec des béliers venus de Rambouillet. Les cinq béliers qu'on fit arriver à Laghouat ne résistèrent pas au climat et périrent, malgré les soins dont ils furent entourés.

En 1857, une étude approfondie de la race ovine du cercle de Laghouat constata que les bêtes étaient fortes, qu'elles supportaient impunément les longs parcours qu'il leur faut faire, chaque jour, pour ramasser leur subsistance, qu'elles résistaient aux froids humides de l'hiver et aux chaleurs de l'été, comme au souffle brûlant du siroco, qu'elles étaient très-sobres et peu difficiles sur la nourriture; qu'en général, la toison du mouton n'était pas assez étendue, qu'elle était trop ouverte et s'imprégnait trop facilement de terre, de graterons, de

Laghouat.

fenasses, et qu'enfin la laine était trop hétérogène et trop jarreuse.

M. Humbert, vétérinaire au 1ᵉʳ régiment de spahis, après avoir reconnu ces qualités et ces défauts, pensa que la race ovine pouvait s'améliorer par elle-même, par le régime et par les appareillements. Des ordres furent alors donnés pour que chaque année les troupeaux fussent réunis sur différents points, afin qu'il fût procédé à la castration des mauvais béliers, et à la marque de ceux reconnus aptes à faire de bons géniteurs. Cette opération a eu lieu régulièrement de 1857 à 1863, c'est-à-dire sept fois. Les avantages qui en sont résultés ont été tellement appréciés, qu'aujourd'hui les indigènes amènent d'eux-mêmes leurs troupeaux sur les points où l'examen doit être fait.

En 1856, la toison valait un franc; elle ne pesait qu'un kilogramme. En 1863, elle pèse deux kilogrammes, et se vend, en moyenne, deux francs cinquante centimes. On a vu des toisons de béliers marqués arriver jusqu'à cinq francs.

Enfin, en 1856, les 400,570 moutons existant, d'après les statistiques faites à cette date, dans le cercle de Laghouat, ne produisaient que 400,570 francs. Le même nombre de moutons produit aujourd'hui 1,001,425 francs. C'est donc une augmentation de 600,855 francs.

Tel est le résultat des mesures qui ont été prises pour l'amélioration de la race ovine dans le cercle de Laghouat, mesures dont l'exécution est des plus simples. Disons, aussi, que la mise en usage des cisailles pour la tonte n'a pas peu contribué à ces progrès.

Ce mode d'amélioration que nous venons d'indiquer, employé en grand, n'a pas, du reste, fait abandonner l'idée de former un troupeau modèle dont les produits fourniraient aux tribus des géniteurs de premier choix. Les laines de ce troupeau se sont vendues jusqu'à 160 francs le quintal, et les jeunes béliers qui en sortent sont aujourd'hui très-recherchés par les éleveurs.

Au 1ᵉʳ janvier 1863, on comptait dans le troupeau modèle établi à Taadmil, (cercle de Laghouat,) 807 têtes de race ovine et caprine. Le total de la dépense, pour frais généraux d'administration, construction d'abris et achats d'approvisionnements, s'élevait à la somme de 3,000 francs; l'ensemble des produits divers a donné 2,966 francs.

Laghouat fut occupée par l'armée française en décembre 1852 : — Un de nos anciens kalifas, Mohammed-ben-Abdallah, s'était détaché de notre cause sur l'ordre exprès qui lui en avait été donné par quelques fanatiques, venus de la Mecque. Créé, ou reconnu, par eux Chérif d'Ouarghla, l'ambitieux marabout se présenta comme le successeur d'Abd-el-Kader, recruta quelques hommes, puis attaqua les tribus qui avoisinent Laghouat, et qui reconnaissaient l'autorité de la France. L'agitation gagna de proche en proche, jusqu'aux limites du Tell; elle pouvait s'étendre encore : le Gouverneur général se hâta de l'étouffer. — Deux colonnes partirent, l'une de la province d'Alger, sous les ordres du général Jusuf, l'autre de la province d'Oran, sous les ordres du général Pelissier. Le chérif, placé entre les deux colonnes et désespérant de franchir le cercle où il était enfermé, se jeta dans Laghouat.

Le plateau de Sidi-Aïssa domine la ville. De ce point élevé, l'artillerie pouvait aisément foudroyer la place, dont la défense consistait en trois grandes tours, reliées entre elles par des courtines. Dès son arrivée (9 décembre 1852), le général Pelissier fit enlever cette position, qu'on garnit de canon. Jusuf se porta à l'est, prêt à donner l'assaut au signal convenu, et la cavalerie enveloppa l'oasis pour couper la retraite aux fuyards. — A l'heure désignée, la batterie de Sidi-Aïssa commence le feu : les murailles tremblent, puis s'écroulent : la brèche est ouverte. Aussitôt deux colonnes d'attaque s'élancent au pas de course et pénètrent dans la ville. De son côté, la troupe du général Jusuf escalade le mur d'enceinte et chasse devant elle la troupe ennemie. Les Arabes se jettent alors dans les maisons, et la lutte continue d'homme à homme, à l'arme blanche; bientôt les rues sont inondées de sang et pavées de cadavres. La population presque entière fut massacrée : quelques cavaliers, et parmi eux Ben-Abdallah, parvinrent seuls à s'échapper. — La résistance était vaincue, mais le péril pouvait renaître. L'occupation permanente de Laghouat fut décidée, et, sur l'ordre du Gouverneur, la ville fut transformée en forteresse. — Nous avions, disaient les indigènes, conquis dans le Sahara un second Alger.

D'ALGER A ORLÉANSVILLE.

(Chemin de fer d'Alger à Blidah; diligences de Blidah à Orléansville.)

D'Alger à Blidah. — Voy. p. 149.

Milianah. — Ch.-l. d'arr. et de subd. mil., à 118 kil., et à 70 kil. de Blidah. Pop. europ. 1,470, ind. 1,317. *Hôtels d'Isly et du Commerce; cafés du Commerce, de Paris, cercle et bibliothèque militaires; servic ede diligences pour Alger et Orléansville.* — Sous-Préfecture; résidence d'un général de brigade; justice de paix; église et presbytère, écoles de garçons et de filles, écoles arabe et israélite; caserne d'infanterie et de cavalerie; magasins de subsistances et autres; télégraphe et bureau de poste; pépinière et station d'étalons. — Marché arabe tous les vendredis.

La ville est bâtie sur un rocher, à 900 mètres, environ, au-dessus du niveau de la mer; les rues sont larges et propres, les habitations commodes, les boulevards et la rue principale, complantés d'arbres de haute venue. Les eaux abondent et transforment les abords de la ville en jardins délicieux.

La campagne est des plus fertiles. Céréales, vignes, plantes sarclées et légumineuses; fruits de toutes sortes et de qualité supérieure. — La montagne du Zakkar, qui domine la place, est riche en marbre blanc, et en cuivre qu'on exploite.

Des essais de pisciculture ont été tentés à Milianah.

Le bassin du cercle militaire, qui cube environ 1,160 mètres, est installé sur d'anciens conduits et de vieux silos. Ce bassin reçoit les eaux qui, sortant du Château-d'Eau, coulent dans les rues de Saint-Paul et Saint-Jean, et entrent par un conduit dans le jardin du Cercle. Ces eaux, chargées de détritus de toutes sortes, sont très-nourrissantes et conviennent parfaitement à l'espèce qu'on tente d'acclimater.

Les berges du bassin sont garnies d'herbes aquatiques sur lesquelles les carpes peuvent jeter leur frai, afin qu'il reçoive la fécondation des mâles.

Un second bassin a été construit par le Génie militaire sur les bords de l'Oued-Boutan : il est alimenté par les eaux de ce petit cours d'eau. Il cube environ 110 mètres.

Les berges sont en pierres et disposées de façon à offrir des cavités où le poisson peut se réfugier. Il s'y trouve également des herbes aquatiques pour recevoir le frai. Quatre beaux saules pleureurs ombragent ce bassin, qui se déverse dans l'Oued-Boutan.

On estime à 4,000 les carpes de toute taille qui existent aujourd'hui dans le lac du cercle militaire et le bassin de l'Oued-Boutan.

La carpe a un goût prononcé de bourbe, mais elle le perd, après un séjour d'une quinzaine dans une eau courante. Elle est alors excellente à manger, et certainement aussi fine que les meilleures carpes de nos pays. Sa croissance est surtout remarquable.

Milianah fut une colonie romaine ; plus tard, elle appartint aux rois de Tlemcen, puis aux Turcs ; l'empereur du Maroc en revendiqua la possession en 1830, et y envoya un de ses officiers qui dut promptement en déguerpir. Abd-el-Kader y installa son frère en qualité de Bey (1837) ; mais son règne fut éphémère : une colonne française s'empara de la ville, peu de temps après (1840), et s'y maintint malgré les attaques multipliées de l'Émir.

AUX ENVIRONS DE MILIANAH :

Vesoul-Bénian — (dép. d'Alger, arrond. de Milianah). Ch.-l. de commune à 19 kil. de Milianah et à 97 kil. d'Alger. Pop. europ. 237 hab. — Mairie ; église, école mixte ; eaux abondantes, fontaines, puits, abreuvoir et lavoir ; céréales, vignes ; élève du bétail. — Peuplé par une colonie venue du département de la Haute-Saône.

Hammam-Rir'a,— les *Aquæ calidæ* des Romains, est située à 3 kilomètres N. de Vesoul-Bénian ; la notice suivante, sur cette localité et ses eaux thermales, est empruntée à M. le docteur Lelorrain.

« Les eaux chaudes d'Hammam-Rir'a s'échappent du versant S. E. d'une montagne dont la hauteur mesure 600 mètres au-dessus du niveau de la mer, et qui se détache par une gorge profonde des collines voisines. Au-dessus s'élance, à 1,500 mètres, le piton aigu du Zakkar, dominant tous les autres pics de ce massif de soulèvements. La montagne a pour base principale une roche calcaire formée de dépôts successifs et ascensionnels laissés par les eaux. Elle présente toutefois des assises argileuses, du grès, du silex, que recouvrent des terrains marneux. Son élévation, comme celle de tout le chaînon qui constitue le petit Atlas, se rapporte, sans aucun doute, au système nommé soulèvement lent. Cette opinion est confirmée par l'absence complète de traces volcaniques et par le silence des géographes, des historiens et des voyageurs anciens. En effet, ils ne font mention d'aucune éruption dans le groupe des montagnes de la Mauritanie. Toutefois, les sources d'eaux thermales se rencontrent généralement dans les lieux où il existe des foyers volcaniques, et les nombreux tremblements de terre, qui, chaque année, agitent la montagne, paraissent indiquer l'existence d'un de ces foyers souterrains se dirigeant du S. E. vers le N.

« La partie supérieure de la colline présente un vaste plateau incliné, comme elle, vers le S. E. ; là, s'élevait une ville romaine à laquelle les eaux chaudes avaient donné leur nom : Aquæ Calidæ. Des restes de murailles, d'énormes blocs de pierres taillées, des débris de colonnes, de chapiteaux, de portiques, les ruines d'un temple et de thermes, de nombreuses pierres tumulaires qui ont conservé leurs inscriptions, etc., attestent encore aujourd'hui la prospérité et la puissance de cette cité. Sa fondation paraît remonter à 32 ans après Jésus-Christ, sous le règne de Tibère ; elle se

Miiianah.

rattachait à la ligne de défense à laquelle on doit la ville de Milianah ; peut-être la richesse des sources thermales qui jaillissaient des flancs S. du coteau sur le versant, l'avait-elle transformée en l'un de ces lieux de plaisance que l'on peut comparer à nos stations balnéiques modernes de France, et surtout d'Allemagne : Vichy, Baden, Hombourg ; il est aisé d'en circonscrire le périmètre et l'étendue : assurément, des fouilles pratiquées avec soin mettraient à jour de nouvelles découvertes. On y aurait songé déjà, si nos musées n'étaient pas si riches en antiquités romaines, et si ces ruines n'appartenaient pas à la période impériale, c'est-à-dire de décadence. Tout autour de cet éparpillement de pierres se voient d'autres ruines, aussi éparses et plus informes. Il est fort difficile de les classer, et de dire si ce sont les restes de forts détachés ou de maisons de campagne.

« On n'a point retrouvé les débris des aqueducs par lesquels arrivaient les eaux prises à la rivière, ni la route qui descendait dans la vallée et se dirigeait sur Milianah, ni les communications d'Aquæ-Calidæ avec les ports de la côte. Il y a lieu d'être étonné d'une absence aussi complète d'indices quand on se rappelle la solidité monumentale que les Romains donnaient à leurs travaux. On ne peut que se livrer à des conjectures ; il est probable qu'une route militaire franchissait par un trajet direct les montagnes interposées entre Aquæ-Calidæ, Tipasa et Cæsarea, en suivant à peu près le tracé de la route muletière qui conduit de nos jours à Marengo. Des sentiers, ou plutôt des chemins, trop larges pour avoir été pratiqués par les Arabes, semblent confirmer cette opinion.

« Quoi qu'il en soit, les édifices somptueux que les Romains élevaient partout où ils rencontraient des eaux minérales ; leur passion pour les bains, dont on peut se faire une idée par la description qu'en a laissée Vitruve, nous obligent à reconnaître, même par ces ruines et ces débris informes, l'importance et la splendeur de la ville d'Aquæ-Calidæ, qui fut le rendez-vous général des malades et des amateurs de bains, à l'époque où florissaient Cæsarea, Tipasa, Icosium, etc. Aujourd'hui, ce plateau est cultivé par les Arabes de la tribu Béni-Menad ; la charrue passe au milieu de débris que l'insouciance des indigènes a respectés, et que les nouveaux habitants enlèvent pierre par pierre, pour construire de chétives cabanes.

« La partie inférieure de la colline offre un sol plat, et forme une vallée étroite, favorable à la culture, arrosée par l'Oued-Hammam qui, 10 kil. plus loin, se réunit à l'Oued-Benian et prend le nom d'Oued-Djer. Cette rivière torrentueuse inonde la vallée pendant la saison des pluies et conserve, pendant l'été, de l'eau qui paraît provenir de sources nombreuses issues dans son lit même. Sur le versant, s'étalent des champs de blé et d'orge, des prairies naturelles, des massifs boisés où dominent le figuier, l'olivier, la vigne sauvage et quelques bouquets de roseaux et de lauriers-roses.

« Plus loin, vers le S., on découvre une forêt magnifique, qui semble vouloir donner un démenti à Salluste (*arbori infecundus ager*), où l'on voit s'élever, au milieu des buissons de lentisques, le chêne vert, le pin, le caroubier, le myrte, et d'autres espèces. Enfin, non loin des sources, vers le S. O., existe une mine de cuivre que les travaux de sondage ont mise à découvert. Les recherches se poursuivent encore, sans qu'il soit possible d'affirmer que le minerai soit assez riche pour en motiver l'exploitation. Ce site est l'un des plus beaux de la province : la vue se repose sans fatigue sur un paysage varié ; elle se perd, d'un côté dans la vallée où serpente l'Oued-Hammam jusqu'au petit village de Bou-Medfa, que l'on aperçoit au loin, assis à mi-coteau, près de la Koubba ; de l'autre, elle vient se briser sur la masse sombre du Zakkar et les collines, cultivées ou boisées, qui s'en détachent pour former la gorge profonde séparant Aquæ-Calidæ de Vesoul-Benian. On respire là un air pur et doux ; l'élévation de la montagne met à l'abri des émanations paludéennes nées des débordements de la rivière ; on y jouit d'une température à peu près égale ; les brises de mer, que n'arrête aucun obstacle, apportent matin et soir une fraîcheur qui tempère les chaleurs de l'été. Des essais de plantations de platanes ont parfaitement réussi, et donnent l'espoir que des plantations nouvelles, des travaux de défrichement et de culture, des irrigations bien entendues, l'aménagement et la distribution convenables des eaux, aujourd'hui perdues, transformeront cette colline en l'un des plus riants séjours de l'Afrique. La nature semble avoir accumulé tous les éléments nécessaires à cette brillante métamorphose. Par quelle singulière destinée certaines localités moins heureusement partagées sont-elles appelées à prospérer ? Quel génie y a conduit la oule, lorsque, auprès des eaux chaudes de Hammam-Rir'a, le malade ne trouve même pas une misérable maison pour s'abriter ? Inconcevable abandon de la part de l'industrie privée !

« L'établissement thermal appartient au Ministère de la guerre ; il est situé sur le flanc de la montagne, aux deux tiers de sa hauteur ; il a été construit sur les ruines d'anciens thermes romains. L'existence de piscines garnies de magnifiques dalles polies, la découverte d'une muraille en ciment romain, ne laissent aucun doute à cet égard.

« L'installation se compose de trois bâtiments rectangulaires, parallèles, exposés au levant, à rez-de-chaussée simple. Le premier renferme les logements des officiers de santé et d'administration, la pharmacie, la dépense, la cuisine et autres dépendances ; le second est affecté aux malades ; c'est une assez belle salle, qui peut contenir quarante à quarante-cinq lits ; les baigneurs civils y sont admis et traités aux frais de l'administration des hôpitaux, mais on comprend que les militaires dominent ; dans le troisième bâtiment se trouvent les piscines et l'appareil à douches.

« Les piscines, au nombre de trois, belles, spacieuses, assez commodes, peuvent recevoir facilement plus de vingt baigneurs ; l'eau s'y renouvelle sans interruption ; le bain ne subit aucune variation de température ; les principes minéraux se présentent aussi abondants qu'à la source.

« Mais, en somme, la construction toute provisoire de l'établissement militaire sera probablement remplacée par un édifice plus complet, lorsque les thermes auront pris, dans l'opinion des médecins et les habitudes des malades, le rang et l'importance que leur assignent la vivacité et l'abondance des sources.

« Les eaux d'Hammam-Rir'a s'échappent des flancs de la montagne et du plateau qui la couronne par dix ou douze sources : elles proviennent préalablement de terrains primordiaux, et forment une nappe très-large et très-profonde, à en juger par l'énorme quantité qu'elle fournit. Elles sourdent d'un terrain calcaire d'eau douce qui constitue la base de la colline, et, après avoir traversé les couches de terrains tertiaires, elles arrivent à la surface du col par des fissures naturelles.

« Cette disposition explique la différence de température des sources ; elles perdent pendant ce trajet souterrain une partie de leur calorique, pour se mettre au niveau de température des couches les plus superficielles et de l'atmosphère. C'est également pendant ce trajet que, se faisant jour à travers des terrains remplis de minéraux, de sels, etc., qu'elles dissolvent, elles se chargent des principes auxquels elles empruntent leurs vertus médicinales. Il est impossible d'indiquer l'endroit précis où se forment ces combinaisons.

« Les eaux minérales d'Hammam-Rir'a ne possèdent pas, toutes, les mêmes éléments et les mêmes propriétés thérapeutiques. Les unes, plus abondantes, peuvent être comprises dans la classe si variée des eaux salines ; les autres, réduites à deux sources, dissolvent des composés de fer et doivent, par conséquent, être rangées parmi les eaux ferrugineuses.

« Les sources d'eau chaude saline sont nombreuses, et des travaux de sondage en feraient jaillir d'autres, si l'abondance de celles qui existent aujourd'hui n'excluait toute crainte pour leur avenir. Trois fontaines alimentent les piscines de l'établissement : deux sortent au même niveau, et à deux mètres de distance d'une roche calcaire sur laquelle est assis l'un des murs du bâtiment. La première jaillit verticalement d'un puits assez profond; c'est la plus abondante : sa température est de 45 à 46°; elle donne à peu près 2,400 litres par heure; la seconde s'échappe horizontalement; sa température est de 42 à 43°, elle jauge 1,560 litres par heure; la troisième, plus élevée et moins riche, se rend dans le réservoir à douches; elle n'a que 40° et fournit 250 litres. — Il existe une autre source qui s'échappe à fleur de terre au fond de la piscine inférieure, près du mur de séparation; le docteur Lelorrain ne l'a aperçue que vers le mois de mai 1856; elle paraît aussi copieuse que la seconde source, qui se déverse dans la piscine réservée aux officiers.

« Si l'on quitte les thermes pour prendre le sentier qui conduit dans la vallée au S. de l'établissement et rejoint la route de Milianah, on découvre, à 250 mètres, une source cachée par des massifs de lauriers-roses, et qui s'échappe de terre horizontalement; sa température est de 44°. Cette eau chaude, assez abondante, ne paraît pas avoir été utilisée; il n'y a là aucune trace de maçonnerie : depuis, on a creusé un bassin grossier qui sert à baigner les ânes, les chevaux ou les mulets atteints d'engorgements des extrémités inférieures. Du côté opposé, en remontant vers le N., à 250 mètres, une nouvelle source s'échappe horizontalement d'un terrain calcaire, et se perd, après un court trajet, dans un bassin carré qui présente des traces de maçonnerie et que le gardien de l'établissement a mis en état de servir. Cette source, l'une des plus riches, a, au point d'émergence, 50 à 51°, et dans le bassin 44°; du reste, l'eau qui s'écoule du réservoir n'est pas en rapport avec la quantité qu'il reçoit, et tout fait supposer qu'une partie sort de terre dans le bassin même, dont le fond est caché par des boues noirâtres : agitées, celles-ci laissent dégager de nombreuses bulles de gaz sulfhydrique. — Cette piscine est spécialement réservée aux Arabes.

« En parcourant le plateau, on rencontre plusieurs autres sources de même nature, moins importantes, qui n'ont pas été dégagées, et qu'il serait facile, par quelques travaux d'amélioration, de conduire à l'établissement, si celles que nous avons décrites ne suffisaient largement, et au delà, à la consommation actuelle. La plupart des sources sont postérieures à l'établissement d'Aquæ-Calidæ : il est probable que chaque secousse de l'un des tremblements de terre si fréquemment éprouvés dans la montagne déchire violemment les roches et ouvre les terrains qui contiennent les eaux souterraines. Elles trouvent ainsi, par des fissures nouvelles, des issues qu'elles envahissent pour se précipiter à la surface du sol. Ces commotions ont également fait disparaître d'autres sources, ou leur ont donné une direction nouvelle. Les eaux minérales sont chaudes, incolores, claires et d'une limpidité peu ordinaire; leur odeur, presque nulle, devient sensible quand on agite le verre; elle est alors nauséeuse. Les sources thermales d'Hammam-Rir'a déposent sur les bords des bassins et des conduits une matière verte, végéto-animale, très-abondante, qui se développe à la surface de l'eau par l'influence de rayons lumineux. Cette matière, décrite sous le nom de *barégine*, de *tremella thermalis*, se rencontre dans la plupart des eaux chaudes. Au-dessous on trouve un second dépôt blanchâtre, qui se durcit et prend l'aspect de plâtre trempé dans l'eau; il semble formé de sels de chaux. Cette substance se solidifie, revêt les conduits d'une couche épaisse de 7 à 10 centimètres; elle acquiert une dureté telle que l'on pourrait la confondre avec la crépissure des murs. En parcourant les sentiers de la colline, on rencontre des veines blanchâtres assez profondes, traces manifestes des eaux. Ce dépôt se condense très-rapidement par le refroidissement; il est susceptible de prendre l'empreinte des objets qu'on laisse séjourner dans les bassins et de former, comme certaines sources incrustantes du Puy-de-Dôme et de Clermont-Ferrand, des dessins que l'on appelle improprement des pétrifications.

« Les tremblements de terre assez fréquents qui agitent la montagne rendent les sources plus abondantes; les eaux se troublent, charrient des sables, deviennent boueuses, et prennent une odeur sulfureuse des plus prononcées.

« La première analyse des eaux salines d'Hammam-Rir'a est due à M. Tripier. Cet habile chimiste a trouvé sur 1000 gr. d'eau :

Chlorure de sodium. . . — de magnésium.	0,900 gr.
Sulfate de soude. . . . — de magnésie. .	0,100
— de chaux. . . .	1,550
Carbonate de chaux. . . — de magnésie..	0,240
	2,590 gr.

« Une autre analyse, faite par M. O. Henry, se rapproche beaucoup de celle de M. Tripier. — Toutes deux peuvent donner une idée des propriétés thérapeutiques des eaux, qu'elles soient prises en boisson ou sous forme de bains. Sans vouloir donner la nomenclature complète des maladies, qu'elles guérissent ou modifient, on citera quelques maladies de la peau, l'eczéma entre autres; les névralgies, principalement la névralgie sciatique, la grande classe des affections rhumatismales; les contusions, foulures, entorses et luxations. accompagnées de roideur des articulations et de gêne des mouvements ; — les plaies par armes à feu ont été assez heureusement modifiées.

« Les sources ferrugineuses jaillissent à des distances plus éloignées; elles sont au nombre de deux, l'une chaude et l'autre froide, et présentent cette particularité, de donner entre toutes ces eaux chaudes, tempérées ou froides, minérales ou naturelles qui s'échappent des flancs de la montagne, les degrés extrêmes de température.

« En suivant le sentier qui, de la source N., affectée aux Arabes, se dirige vers le sommet du plateau, on rencontre au milieu des ruines de la partie supérieure de la ville romaine la source ferrugineuse chaude, que décèlent les vapeurs abondantes qui s'en dégagent. L'eau sort de terre verticalement par dix ou douze petits jets ; elle est claire, transparente, sa température est de 69°.

« Sa saveur est styptique; par le refroidissement elle devient plus sensible, et rappelle le goût de l'encre.

« La source ferrugineuse froide, distante de près de 2 kil. de l'établissement, et à quelques pas au-dessous du sentier qui rejoint la route de Blidah, près du camp appelé camp du Scorpion, s'échappe de terre horizontalement, protégée par un mur grossier de récente construction. Elle sert de but de promenade aux malades qui vont puiser et boire à la source même. Cette eau, d'une limpidité parfaite, est froide à 17 ou 18°, sa saveur fraîche et piquante laisse un goût atramentaire sensible; son odeur est nulle. À la source, on n'aperçoit pas de bulles de gaz ; cependant mise avec soin en bouteille, elle laisse dégager une certaine quantité d'acide carbonique quelquefois suffisante pour briser les flacons. Cet acide lui donne cette saveur aigrelette piquante, qui en fait une boisson rafraîchissante très-agréable, analogue à l'eau de Seltz.

« Comme cette eau se décompose très-rapidement et que cette analyse a été faite à Alger, il est probable qu'une autre analyse faite sur les lieux mêmes donnerait des résultats différents.

« Les propriétés médicales du fer et de ses composés sont connues et appréciées. Le fer est un de ces rares médicaments appelés héroïques ; son action est lente, insensible, silencieuse, mais réelle et positive. La source ferrugineuse froide est employée tous les jours pendant le cours de la saison thermale, et elle agit merveilleusement sur les organes affaiblis par la fièvre,, la diarrhée la dyssenterie, les engorgements du foie, qui portent le cachet de l'intoxication paludéenne, sans parler de cette foule d'affections nerveuses qui reconnaissent pour cause un appauvrissement du sang, la chlorose ou l'anémie, etc.; elles ne résistent pas à l'action prolongée des médicaments. » (Docteur Lelorrain.)

Affreville. — Villag. à 6 kil. de Milianah, sur les rives de l'Oued-Boutan, au bord de la plaine du Chéliff. Pop. europ. 120 hab. — Pays fertile, mais fiévreux ; céréales, vignes. — Marché arabe tous les jeudis.

Affreville, ainsi nommé en mémoire de Mgr. Affre, archevêque de Paris, tué aux journées de juin 1848, a été bâti sur l'emplacement de l'ancienne cité romaine *Colonia Augusta*.

Lavarande. — 132 kil. — Du nom d'un général tué au siége de Sébastopol; joli village. pop. europ. 109 hab.

Duperré. — Villag. à 149 kil., et 21 kil. de Milianah, dans la vallée du Chélif. Pop. europ. 192 hab. — Mairie, école mixte, rues droites et larges, habitations propres, jardins complantés d'arbres fruitiers; terres de bonne qualité; céréales. — A de l'avenir; sa formation en commune de plein exercice y contribuera.

Oued-Rouïna. — Caravansérail.

Oued-Fodda. — Caravansérail.

Pontéba. — 204 kil., sur la rive gauche du Chélif. Pop. europ. 126 hab. — Église et école mixte; Puits, abreuvoir et lavoir publics; — céréales et vignes; point d'arbres.

Orléansville. — Ch.-l. de district et de subd. mil., à 210 kil., et à 53 kil. de Ténès, sur la rive gauche du Chélif. Pop. europ. 803 hab.; ind. 354. — *Hôtels de l'Europe, des Bains.* — Commissariat civil; résidence d'un général de brigade, justice de paix; église et presbytère, écoles comm. de garçons et de filles, salle d'asile; caserne d'infanterie et de cavalerie, magasins, vaste hôpital, caserne de gendarmerie; cercle militaire, bureau arabe; rues larges; jolies maisons; théâtre; cercle civil; pépinière près de la ville; bureau de poste et télégraphe. — Marché arabe tous les dimanches; plus de dix mille indigènes y viennent échanger leurs produits.

Le pays est entièrement dénudé; le service des forêts a fait quelques essais de plantations (pins d'Alep et caroubiers) qui ont parfaitement réussi, et il est à souhaiter qu'il les multiplie, car le climat d'Orléansville est le plus chaud de l'Algérie. — Des eaux abondantes, prises dans le lit du Thizaout, à 3 kil. au S., arrivent en ville par deux conduites construites par le service du génie. Malheureusement, ces eaux ne sont pas potables. Elles servent à l'irrigation des plantes, intrà et extrà-muros, au nettoiement des ruisseaux, à l'arrosage des rues, et alimentent un lavoir public, un abreuvoir et quelques bornes-fontaines. — Point d'eau potable dans la ville : la population se sert généralement de l'eau du Chélif; mais cette eau, la plupart du temps bourbeuse, a besoin d'être filtrée. Des espèces de puisards, creusés dans les grèves du Chélif, donnent une eau à peu près claire; on la porte en ville, à dos d'âne et dans de petits tonneaux; partant, il faut l'acheter, et les familles pauvres en sont ainsi privées. Mais cet état de choses va prochainement changer : le génie militaire travaille, en ce moment, à amener en ville les eaux potables d'une source (Lalla-Aouda), dont la conduite aura près de cinq kilomètres.

Le sol serait fertile, s'il était

D'ALGER A TENIET-EL-HAAD.

D'Alger à Orléansville. — Voy. p. 161.

Affreville — Voy. p. 167.

Almour-el-Louza. — Caravansérail.

Teniet-el-Haad. — Ch.-l. de cercl., ville et poste milit., 190 kil., et à 72 kil. S. O. de Milianah. Pop. europ. 293 hab., ind. 112. — Bureau arabe; casernes d'infanterie et de cavalerie, pavillon d'officiers, magasins de subsistances et autres, hôpital et ambulances; église, écoles de garçons et de filles, salle d'asile; fontaine et lavoir, puits communal et puits particuliers; pépinières; bureau de poste; céréales; belles plantations d'arbres fruitiers. — Marché arabe important. — A 2 kil. O., magnifique forêt de cèdres de 3,000 hectares d'étendue, et où coule une source ferrugineuse dont les eaux ont une parfaite analogie avec celles de Spa.

D'ALGER A TÉNÈS

PAR TERRE.

(Service régulier des diligences.)

D'Alger à Orléansville. Voy. p. 161.

D'Orléansville à :

Ferme (LA). — Villag. à 600 m. d'Orléansville, sur la rive droite du Chélif, qu'on traverse sur un pont américain. Population europ. 230 hab. — Sol fertile; céréales, un peu de tabac sur la partie du territoire du village dite *l'Hippodrome;* puits à noria.

Aïn-Beïda. — 222 kil., ferme et maisons isolées.

Les cinq Palmiers. — 231 kil., ferme et maisons isolées.

Les trois Palmiers. — 238 kil., auberge.

Montenotte. — Villag. à 256 kil. Pop. europ. 660 hab.

Ténès. Voy. p. 174.

VOYAGE SUR LE LITTORAL. — (Ligne de l'Ouest.)

D'ALGER A ORAN

PAR MER.

Bateaux à vapeur.

Sidi-Ferruch. — Villag. à 24 kil. d'Alger. Pop. europ. 85 hab. Peu, ou pour mieux dire, point de colonisation : les terres sont demeurées incultes faute d'habitants. Ce point de la côte est, du reste, purement stratégique : un poste-caserne, admirablement approprié aux besoins de la défense et armé de formidables batteries, le protége contre toute attaque du dehors.

C'est à Sidi-Ferruch que l'armée française débarqua, lorsqu'elle vint, en 1830, faire la conquête d'Alger.

A l'extrémité septentrionale de la presqu'île, sur le point culminant d'une colline, s'élevaient alors une tour carrée, désignée par les Espagnols sous le nom de *Torre Chica*, petite tour, et le tombeau d'un marabout dont la mémoire est en grande vénération parmi les indigènes. On croyait cette position bien défendue ; mais les Arabes, dont les connaissances pratiques en fait de stratégie étaient à l'état rudimentaire, avaient mal conçu et mal organisé leur résistance. Au lieu d'établir sur le monticule un système de fortifications armées d'artillerie, ils s'étaient groupés dans le camp de la Yasma à un kilomètre du littoral, derrière deux redoutes qui défendaient le chemin d'Alger. Cette faute grossière permit à la flotte de pénétrer sans encombre dans la rade de Sidi-Ferrúch (13 juin 1830).

Le débarquement eut lieu le lendemain : il commença au lever du soleil, les brigades se suivant par numéros d'ordre. Dès qu'elles eurent abordé la plage, les troupes d'infanterie se formèrent en colonne et se portèrent en avant, tandis que la compagnie des mineurs allait prendre possession de la tour *Torre Chica*, abandonnée par la garnison turque.

Les Algériens commencèrent le feu, et leur artillerie que servaient d'habiles pointeurs, causa tout d'abord quelque désordre ; il fallait la réduire : la première division (général Berthezène) se porta rapidement sur les redoutes et les enleva avec une impétuosité sans égale ; les Turcs, culbutés sur tous les points, s'enfuirent vers le plateau de Staouéli, laissant au pouvoir des vainqueurs onze canons et deux mortiers. — Nos pertes se montaient à 35 hommes tués ou blessés. — Tel fut le premier engagement qui devait décider du sort de la Régence. — Une inscription, gravée sur une plaque de marbre qui surmonte la porte principale de la forteresse, rappelle l'expédition de 1830. — Elle est conçue en ces termes :

ICI,
LE 14 JUIN 1830,
PAR L'ORDRE DU ROI CHARLES X,
SOUS LE COMMANDEMENT DU GÉNÉRAL DE
BOURMONT,
L'ARMÉE FRANÇAISE
VINT ARBORER SES DRAPEAUX :
RENDRE LA LIBERTÉ AUX MERS,
DONNER L'ALGÉRIE A LA FRANCE.

C'est le seul monument que notre orgueil national ait encore élevé à la mémoire des troupes qui s'emparèrent d'Alger.

Tipaza. — Ham., à 8 kil. de Marengo, au débouché de la vallée du Chélif. Pop. europ. 160 hab., ind. 32. — Poste de douaniers ; fontaine, lavoir et abreuvoir. — Peu de cultures ; les habitants se livrent particulièrement à la pêche.

TOMBEAU DE LA CHRÉTIENNE.

A 7 milles S. E. de Tipaza est un monument autrefois affecté, prétendent quelques savants (?), à la sépulture des rois de Mauritanie ; érigé, disent les autres, pour perpétuer la mémoire d'une princesse Vandale qui s'était convertie au catholicisme. Cet édifice a 42 mètres de hauteur ; sa base polygonique a

60 mètres de diamètre. Des colonnes Ioniques flanquent un monolithe, sorte de fausse porte de 4 mètres de haut sur 1 m. 76 cent. de large. Au-dessus, commence une série de degrés, hauts chacun de 58 cent. et qui, en rétrécissant graduellement leur plan circulaire, donnent à l'édifice l'apparence d'un cône tronqué.

Je trouve dans le *Landscape algérien*, au sujet de ce monument, la curieuse légende que voici :

« Il existait, il y a fort longtemps, dans le pays des Hadjoutes, un nommé Jussuf-ben-Cassem, fort heureux dans son intérieur. Sa femme était douce et belle, ses enfants robustes et soumis. Cependant il était vaillant et il voulut aller à la guerre ; mais, malgré sa bravoure, il fut pris par les chrétiens, qui le conduisirent dans leur pays et le vendirent comme esclave. Quoique son maître le traitât avec assez de douceur, son âme était pleine de tristesse ; il versait d'abondantes larmes lorsqu'il songeait à tout ce qu'il avait perdu.

Un jour qu'il était employé aux travaux des champs, il se sentit plus abattu qu'à l'ordinaire, et après avoir terminé sa tâche, il s'assit sous un arbre et s'abandonna aux plus douloureuses réflexions. « Hélas ! se disait-il, pendant que je cultive le champ d'un maître, qui est-ce qui cultive les miens ? Que deviennent ma femme et mes enfants ? Suis-je donc condamné à ne plus les revoir, et à mourir dans le pays des infidèles ? » Comme il faisait entendre ces tristes plaintes, il vit venir à lui un homme grave, qui portait le costume des savants. Cet homme s'approcha et lui dit :

— Arabe, de quelle tribu es-tu ?
— Je suis Hadjoute, lui répondit Ben-Cassem.
— En ce cas, tu dois connaître le *Koubar-Roumia* ?
— Si je le connais... Hélas ! ma ferme, où j'ai laissé tous les objets de ma tendresse, n'est qu'à une heure de marche de ce monument.
— Serais-tu bien aise de les revoir, et de retourner au milieu des tiens ?
— Pouvez-vous me le demander ? Mais à quoi sert de faire des vœux que rien ne peut exaucer...
— Je le puis, moi, repartit le chrétien. Je puis t'ouvrir les portes de ta patrie et te rendre aux embrassements de ta famille ; mais j'exige pour cela un service : te sens-tu disposé à me le rendre ?
— Parlez ; il n'est rien que je ne fasse pour sortir de ma malheureuse position, pourvu que vous n'exigiez rien de moi qui compromette le salut de mon âme.
— Sois sans inquiétude à cet égard, dit le chrétien. Voici de quoi il s'agit : je vais, de ce pas, te racheter à ton maître ; je te fournirai les moyens de te rendre à Alger. Quand tu seras de retour chez toi, tu passeras trois jours à te réjouir avec ta famille et tes amis et, le quatrième, tu te rendras à *Koubar-Roumia* ; tu allumeras un petit feu auprès du monument, et tu brûleras dans ce feu le papier que je vais te donner. Tu vois que rien n'est d'une exécution plus facile. Jure de faire ce que je viens de te dire, et je te rends aussitôt la liberté. »

Ben-Cassem fit ce que lui demandait le chrétien, qui lui remit un papier couvert de caractères magiques, dont il ne put connaître le sens. Le même jour, la liberté lui fut rendue, et son bienfaiteur le conduisit dans un port de mer, où il s'embarqua pour Alger. Il ne resta que quelques instants dans cette ville, tant il avait hâte de revoir sa femme et ses enfants, et se rendit le plus promptement possible dans sa tribu.

Je laisse à deviner la joie de sa famille et la sienne ; ses amis vinrent aussi se réjouir avec lui, et pendant trois jours son houache fut plein de visiteurs.

Le quatrième jour, il se rappela ce qu'il avait promis à son libérateur, et s'achemina, au point du jour, vers le *Koubar-Roumia*. Là, il alluma le feu et brûla le papier mystérieux, ainsi qu'on le lui avait prescrit. A peine la flamme eut-elle dévoré la dernière parcelle de cet écrit qu'il vit, avec une surprise inexprimable, des pièces d'or et d'argent sortir du monument à travers les pierres. On aurait dit une ruche d'abeilles effrayées par quelque bruit inaccoutumé. Toutes ces pièces, après avoir tourbillonné un instant autour du monument, prenaient la direction du pays des chrétiens avec une extrême rapidité, en formant une colonne d'une longueur indéfinie, semblable à plusieurs volées d'étourneaux.

Ben-Cassem voyait toutes ces richesses passer au-dessus de sa tête. Il sautait le plus qu'il pouvait, et cherchait avec ses mains à en saisir quelques faibles parties. Après s'être épuisé ainsi en vains efforts, il s'avisa d'ôter son burnous, et de le jeter le plus haut possible ; cet expédient lui réussit, et il parvint à faire tomber à ses pieds une vingtaine de pièces d'or et une centaine de pièces d'argent. Mais à peine ces pièces eurent-elles touché le sol, qu'il ne sortit plus de pièces nouvelles, et que tout rentra dans l'ordre ordinaire.

Ben-Cassem ne parla qu'à quelques amis de ce qui lui était arrivé. Cependant cette aventure extraordinaire parvint à la connaissance du Pacha, qui envoya des ouvriers pour détruire le *Koubar-Roumia*, afin de s'emparer des richesses qu'il renfermait encore. Ceux-ci se mirent à l'œuvre avec beaucoup d'ardeur ; mais, au premier coup de marteau, un fantôme, sous la forme d'une femme, parut au haut du tombeau, et s'écria : « *Aloula! Aloula!* viens à mon secours ; on vient enlever tes trésors ! » Aussitôt des cousins énormes, aussi gros que des rats, sortirent du lac, et mirent en fuite les ouvriers par leurs cruelles piqûres.

Depuis ce temps-là, toutes les tentatives que l'on a faites pour ouvrir le Koubar-Roumia ont été infructueuses, et les savants ont déclaré qu'il n'y a qu'un chrétien qui puisse s'emparer des richesses qu'il renferme. »

Le *Tombeau de la Chrétienne* rappelle, par sa forme et ses dimensions, le *Tombeau de Syphax*.

Cherchell (*Julia Cæsarea*). — (dép. d'Alger). Ville maritime, à 72 kil. O. d'Alger, et à 68 kil. N.-O. de Blidah. Pop. européenne 1,032 hab. Pop. indigène 1,575. — *Hôtels de la Poste, du Commerce et du Petit paradis;* service de diligence pour Alger et Milianah.

Commissariat civil ; justice de paix, église, temple protestant ; école de garçons et école de filles ; musée, riche en antiquités ; caserne, hôpital ; promenades et places complantées d'arbres ; eaux abondantes ; campagnes fertiles ; céréales, vignes, etc.

« Cherchell est bâtie au bas des ruines de l'ancienne ville romaine, dont l'enceinte, entièrement occupée par des jardins et d'autres terres en culture, est assez bien conservée. — *Césarée*, près de laquelle est aujourd'hui Cherchell, était avantageusement située pour commander à la Mauritanie centrale ; adossée à des montagnes, ses communications pouvaient être, et furent, en effet, interrompues de loin en loin par l'inconstance des indigènes ; mais cela ne pouvait avoir lieu que passagèrement, car les Romains occupaient en même temps l'intérieur des terres. La possession de Césarée les rendait maîtres d'un très-bon port, et leur ouvrait l'accès des plaines et des vallées situées entre le Chélif et le Mazafran. C'est par là qu'ils pénétraient sans peine jusqu'à Médéah et Milianah, et qu'ils exportaient les productions du pays ; aussi, toute cette contrée est-elle couverte des restes de leurs colonies.

« Du côté de la mer, Césarée dominait un terre-plein, soutenu par des murs de 35 à 40 pieds de haut, qui existent encore, et qui embrassent toutes les sinuosités du rivage. A quelque distance au-dessus de cette esplanade, la moitié de la ville était bâtie sur un plateau; l'autre moitié s'élevait ensuite en amphithéâtre sur une pente assez escarpée, et s'étendait au S. sur le revers d'un coteau. C'était une ville considérable ; ses murs l'enveloppaient suivant les pentes et la configuration du sol ; ils sont en très-bonne maçonnerie et ont plus d'une lieue de tour. Une des portes du côté de terre mène aux montagnes des Beni-Manasser ; celle de l'O., située près du rivage de la mer, conduit au territoire montueux des Ben-Ilfra ; celle de l'E. ouvre sur les coteaux des Chenoua.

« La magnificence de ces ruines et de celles que l'on voit dans les environs atteste que les Romains avaient fait de Julia Cæsarea le principal siége de leur puissance dans cette contrée. L'eau de la rivière d'El-Hachem y était amenée, de plusieurs lieues, par un grand et somptueux aqueduc dont on retrouve des restes entre les collines du S. E. Il existait encore, en 1832, un certain nombre de réservoirs et de citernes dans lesquelles on recueillait anciennement les eaux pluviales : la plus grande, de forme ovale, était extrêmement dégradée. D'après l'étendue de son aire, on estime qu'elle pouvait contenir plusieurs milliers de tonnes d'eau.

La ville moderne est redevable de sa construction aux Maures, chassés d'Espagne vers les dernières années du XVe siècle. L'amiral André Doria s'en empara, en 1531, par un coup de main, quoiqu'elle fût alors alors protégée par un vieux château, actuellement ruiné ; les maisons sont couvertes en tuiles ; des conduits à fleur de terre amènent l'eau de deux bonnes sources venant des hauteurs qui sont au S. O. ; celle du puits est un peu saumâtre. Le port, anciennement spacieux, circulaire et commode, a été bouleversé par un tremblement de terre : on aperçoit encore, sous l'eau, les ruines des édifices qui y ont été précipités ; l'entrée est abritée, par des rochers, contre les vents N. et N. O. Les Romains avaient creusé, à côté du port, un bassin qui communiquait avec lui, et dans lequel les bâtiments étaient parfaitement en sûreté. Le fort était construit au N. du port et du bassin, sur une éminence demi-circulaire, d'un quart de mille de développement ; on pourrait en élever un autre, ou établir une simple batterie sur le même emplacement.

« Les habitants cultivaient autrefois le mûrier ; ils nourrissaient des vers à soie et fabriquaient même des étoffes ; ils travaillaient assez bien le fer et l'acier, et faisaient un grand-commerce de grains ; mais la population et la prospérité de cette ville n'ont pu

10.

tenir contre la jalousie des Algériens : l'une et l'autre ont depuis longtemps diminué. En 1830, l'industrie de Cherchell ne consistait plus guère que dans quelques manufactures de grosse poterie, que cette ville fournissait aux Arabes du voisinage, et que ses sandals, ou grosses barques, venaient aussi vendre à Alger. » (*Tableau des Établissements français.*)

Cherchell fut occupée par l'armée française, le 15 mars 1840, sur l'ordre du maréchal Valée. Elle est aujourd'hui le marché maritime d'une partie de la Mitidja et de la vallée du haut Chélif, et l'entrepôt de Milianah et de Teniet-el-Haad. Le port, construit derrière l'îlot Joinville, offre un bassin de deux hectares de superficie et de trois mètres cinquante de hauteur d'eau; il est entouré de vastes quais et peut contenir quarante navires, de cinquante à deux cents tonneaux. Il est parfaitement sûr, mais son entrée est impraticable par les gros temps.

A 9 kil. de Cherchell, à l'O., est le village de *Novi*. Pop. europ. 180 habitants.

Ténès. — (dép. d'Alger). Ch.-l. de district, ville marit., à 144 kil. O. d'Alger, et à 55 kil. N. d'Orléansville. Pop. europ. 1,489 hab., indigènes 170. — *Hôtels de France, de la Poste, du Commerce; café du Commerce.* — Elle est bornée au N. par une falaise à pic qui la sépare de la mer, et à l'E., par une étroite vallée où coule l'Oued-el-Allah. — Commissariat civil; mairie, justice de paix ; église, école de garçons, école de filles et salle d'asile ; casernes ; magasins et hôpital ; cercle militaire où les fonctionnaires civils sont admis ; jolies maisons et belle place complantée d'arbres ; réservoirs servant de château d'eau ; fontaines nombreuses ; télégraphe et bureau de poste. — Marché aux bestiaux, tous les jeudis.

La ville occupe, à l'O. du cap Ténès, le fond d'une anse très-ouverte, battue en plein par tous les vents dangereux. Un petit débarcadère en bois et quelques magasins sont établis sur la plage, qui règne au pied du plateau. Cette plage étroite, dont les abords offrent plusieurs bancs de roches presque à fleur d'eau, est toujours difficile à accoster et devient impraticable lorsqu'une petite brise de mer s'élève. Les grands bâtiments mouillent en pleine côte, à 900 m. dans le N. de la ville, par 12 à 14 mètres d'eau, fond de sable. Ce mouillage est assez bien abrité du côté de l'E., par les terres, mais il n'est pas tenable par les vents du N. et du N.-O. Les caboteurs trouvent un abri assez sûr derrière un massif d'îlots, situé à 1,500 mètres dans le N.-E. de la ville, et à 500 mètres du rivage.

Ténès, placée à l'entrée du col par lequel la vallée centrale du Chélif communique à la mer, est l'entrepôt naturel d'Orléansville, l'un des plus riches marchés de l'Algérie, et de Tiaret ; elle a, aujourd'hui, une assez grande valeur stratégique comme dépôt d'approvisionnements de l'armée ; les ressources agricoles et les richesses minérales de son territoire, son heureuse position comme ville de transit, lui assurent un bel avenir commercial. Son port sera, au dire des ingénieurs, l'une des têtes les plus importantes du chemin de fer projeté à travers les provinces d'Oran et d'Alger, par la ligne centrale du Tell. (Voy. Lieussou, *Études sur les ports de l'Algérie*.)

Ténès (*Cartenna*) fut une colonie romaine ; les ruines qui, naguère, couvraient le sol, accusent une certaine importance. — Elle fut réédifiée, en 1843, par ordre du général Bugeaud.

A 1 kil. de la mer et au S. de la nouvelle ville *Ténès (vieux)*, ville arabe. Pop. 1,155 hab.

Mostaganem — (dép. d'Oran) Ch.-l. d'arrondissement et de subdivision milit., à 1 kil. de la mer, et à 76 kil. d'Oran. Pop. europ. 4,827, ind. 3,499. — *Hôtels de la Régence, de l'Univers, de France; — cafés de Paris, du Commerce, de la Bourse, café-concert.* — Sous-préfecture; résidence d'un général de brigade; tribunal de première instance : justice de paix ; église, oratoire protestant, mosquée et synagogue, école communale, écoles primaires, pensionnats de jeunes filles; cercle civil; société de secours mutuels et bureau de bienfaisance ; casernes d'infanterie et de cavalerie ; dépôt d'étalons ; magasins; vaste hôpital ; cercle et bibliothèque militaires; télégraphe et bureau de poste; rues droites, larges et aérées ; jolies places ; belles promenades, jardin public ; pépinière ; fontaines nombreuses.

— Halle aux grains, halle aux poissons; caravansérail pour les Arabes ; marché quotidien, très-fréquenté des indigènes ; faubourg populeux.

La ville, établie sur un plateau, à 1,100 mètres du rivage, est traversée par un ruisseau, l'Oued-Sefra. — Sur la rive droite de l'oued, et sur un coteau, s'étend le quartier Matamore, qui domine toute la ville, et qui est dominé, lui-même, par le fort de l'Est.

La Direction du port et quelques magasins sont les seuls établissements placés au bord de la mer; ils sont protégés contre une agression, par les mauvaises qualités du mouillage et par les difficultés du débarquement.

Le rivage, formé par des falaises rocheuses dont le piédestal est, çà et là, revêtu de sable, n'offre aucune crique, aucune anfractuosité prononcée ; il est battu par tous les vents du large et se trouve placé à l'exposition du vent du N. O. Les débarquements sont généralement impossibles en hiver : des études ont été faites qui permettront de changer cet état de choses.

Trois faubourgs se développent auprès de la rive : *Tegditt*, peuplé plus particulièrement d'indigènes, qui cultivent les fruits et les légumes; *Regmout*, et *la Marine*. Les environs sont délicieux ; les propriétés particulières situées dans la *Vallée des Jardins*, au S. de la ville, sont, pour la plupart, d'une co-

Mostaganem.

quette architecture: dans les vergers qui les entourent, les arbres et les fleurs abondent.

A 4 kil. de Montaganem, sur la route de Ténès, on trouve :

Pelissier. — Ch.-l. de commune. Pop. europ. 276 hab., ind. 1,667. — Mairie et école. — Puits et abreuvoir publics. — Céréales, tabac, légumes, vignes, belles plantations d'arbres fruitiers.

Cette localité avait reçu primitivement le nom de *Libérés*, en vue de son peuplement par des soldats de l'armée d'Afrique, qu'on devait y établir comme des colons, après leur libération du service militaire. Cette pensée n'ayant pas été réalisée, et sur la demande des habitants qui se plaignaient que cette dénomination présentait un sens équivoque et désagréable pour eux, le décret d'institution de la commune y substitua le nom du général *Pelissier*, « nom illustre, dit le rapport de M. le maréchal Vaillant, dans les fastes militaires et civils de l'Algérie, et particulièrement cher à la province d'Oran. »

Arzeu. — (Dép. d'Oran) Ch.-l. de comm., ville et port maritime, à 57 kil. d'Oran. Pop. europ. 1,050 habit. — *Hôtel de la Régence.* — Mairie; église, écoles de garçons et de filles, salle d'asile; caserne, pavillon d'officiers; ambulance; grands ouvrages militaires et maritimes; sol fertile propre à la culture des céréales, du tabac, de la vigne et du coton; point d'eau courante, ni d'eau potable. — Arzeu a eu un moment de prospérité (1848) ; mais, pour des causes qu'il serait difficile de préciser, la population s'est retirée en masse, et grand nombre de maisons tombent en ruines. — Cet état de choses ne saurait durer; Arzeu occupe, en effet, une situation exceptionnellement bonne, et, tôt ou tard, elle prendra le rang qu'elle doit occuper. Nous citerons à l'appui de nos dires l'opinion d'un homme dont on ne récusera point la compétence: « La rade d'Arzeu, dit M. Lieussou, est la meilleure de la côte d'Algérie, celle du moins qu'on peut le plus facilement approprier aux besoins d'un grand commerce. Elle a derrière elle les riches vallées du Sig, de l'Habra, de la Mina et du bas Chélif; elle est l'entrepôt naturel de Relizane, de Mascara et de Sidi-bel-Abbès. Elle communique avec le Sahara oranais par Mascara, Saïda et Géryville, plus facilement que tout autre point de la côte; elle paraît naturellement appelée à centraliser le commerce d'exportation des immenses plaines qui l'entourent et le transit qui s'établira, par le Sahara oranais, entre l'Europe et l'intérieur de l'Afrique... Sans routes carrossables et sans aiguades, Arzeu n'est encore qu'une impasse, qu'un lieu de relâche pour les navires que le mauvais temps chasse de Mostaganem ; mais les caractères nautiques de sa rade et la topographie générale de la province d'Oran lui assignent le premier rang parmi les ports marchands de la région ouest de l'Algérie. Les intérêts particuliers d'Oran et de Mostaganem pourraient retarder longtemps encore son développement, mais ils ne prévaudront pas contre les intérêts généraux du commerce. Ce qui existe en Algérie est bien peu de chose par rapport à ce qui sera. Le jour où un réseau de chemins de fer pourra être établi dans la province d'Oran, on reconnaîtra que Arzeu est le seul port qui puisse devenir la tête de ce réseau, et l'artère qui aboutira sur cette rade deviendra la principale. »

Mais si l'avenir est gros de promesses, le présent est plein de déceptions. Les habitants se livrent à la pêche, à la coupe de l'alfa pour ouvrages de sparterie et à l'extraction du sel qui se cristallise par l'évaporation dans les salines d'Azi-Bazin, à 14 kil. sud du port. Ce sont leurs seules industries, et elles sont peu lucratives.

Arzeu fut occupée par les Romains, sous le nom d'*Arsenaria* ; elle fut détruite par les Arabes, lors de leur invasion en Afrique, puis relevée par les rois de Tlemcen. Sous les Turcs, sa rade fut le principal port d'exportation de la province. Pendant la guerre d'Espagne, il en est parti plus de 300 navires par an, chargés de grains et de bestiaux, pour l'armée anglaise ; en 1831, plus de 100 navires vinrent s'y charger d'orge et de blé. — Le général Desmichels s'en empara le 4 juillet 1833 ; mais, aux termes du traité qu'il conclut avec l'Emir (26 février 1834), la ville fut replacée sous l'autorité du chef arabe. Peu après, la guerre recommença ; Arzeu fut de nouveau occupée par nos troupes, puis fut définitivement acquise à la France par le traité de la Tafna (30 mai 1837).

Mers-el-Kébir —(dép., comm. et ann. d'Oran). Ville et port maritime, à 8 kil. Ouest d'Oran. Pop. europ. 1,471 habitants. — Maison commune ; église, écoles ; entrepôt réel ; service de santé ; bureau de Douanes ; caserne dans le fort ; bornes-fontaines, abreuvoirs et lavoirs alimentés par les eaux de la source de Ras-el-Aïn, qu'une conduite amène d'Oran, et verse dans un vaste réservoir ; bureau de poste. — Terres environnantes peu propres à la culture : un peu de céréales et un peu de légumes, sur la montagne. — Les habitants, pour la plupart, se livrent à la pêche, ou font le cabotage.

L'anse de Mers-el-Kébir est située dans la région occidentale de la baie d'Oran, sur une côte rocheuse et escarpée où la place manque pour des établissements importants. La rade offre à une flotte de 15 vaisseaux, 10 vapeurs et 100 bâtiments de transport, une station assez bonne, même en hiver. — M. Lieussou en donne la description suivante : « Rade sûre pour 15 vaisseaux, à l'entrée du canal qui sépare l'Afrique de l'Espagne. — Mouillage actuel des navires à destination d'Oran. — Quais de débarquement abrités. — Défense continentale suffisante ; défense maritime incomplète. — Commandement militaire des côtes de la province d'Oran. — Base d'opérations pour la flotte en regard de Gibraltar. — Aujourd'hui, port de refuge ; dans l'avenir, grand port d'abri et d'agression, arsenal de ravitaillement et de réparations : second port militaire de l'Algérie. »

Mers-el-Kébir fut occupée par

les Romains. Les Espagnols y débarquèrent lorsqu'ils vinrent faire la conquête d'Oran ; elle est possession française depuis le 13 décembre 1830.

De Mers-el-Kébir on se rend à Oran par la voie de terre.

La route, taillée dans le roc sur les deux tiers de son parcours, contourne le golfe qu'elle domine presque partout à pic et à des hauteurs effrayantes. Une haie d'aloès et un parapet de pierre la bordent sur toute sa longueur du côté de la mer. — A 2 kil. de Mers-el-Kébir, sur la route même, est l'Établissement thermal des *Bains de la Reine*. (L'Infante Jeanne, fille d'Isabelle la Catholique, reine d'Espagne, vint, dit-on, il y a trois cents ans, boire les eaux de la source.) — Franchement salines, ces eaux sont bonnes contre un grand nombre d'affections internes et externes, telles que les débilités de l'estomac, les lenteurs digestives, les rhumatismes simples et goutteux. — L'Hôpital militaire d'Oran y fait transporter ses malades.

VOYAGE SUR LE LITTORAL. — (Ligne de l'Est.)

D'ALGER A LA CALLE
PAR MER.
Bateaux de l'État.

Dellys — (dép. d'Alger). Ch.-l. de district, ville marit., à 96 kil. Ouest d'Alger, mi-partie arabe, mi-partie française. Pop. europ. 968 hab., ind. 1,427. — *Hôtels de la Colonie et du Gastronome; cafés de l'Europe et de l'Algérie.* Ch.-l. de subd. mil.; comm^t. civ.; justice de paix; direct. de port.; église, presbytère, école prim.; caserne, hôpital et magasins; direction des postes et télégraphe; cercle militaire et civil; bureau arabe; belle mosquée affectée au culte musulman. — La ville française est des plus coquettes; rues larges, tirées au cordeau, jolie place complantée d'arbres; la ville arabe a un aspect tout autre. — Climat très-salubre.

La pointe de Dellys, s'avançant comme un môle dans la direction du nord-est, ferme l'anse au nord-est; elle est longue, étroite, élevée; elle est prolongée de 200 mètres par une ligne de gros rochers, et d'environ 600 mètres par un banc de roches sur lequel il n'y a que 3 mètres d'eau. Le mouillage n'est pas très-sûr. On s'occupe de l'améliorer. — Dellys est le marché maritime de la région ouest de la grande Kabylie; elle est placée au débouché des vallées de l'Isser et du Sébaou, qui pénètrent profondément dans le pays; mais elle est séparée des plaines d'Aumale et des plateaux de l'intérieur par plusieurs chaînes de hautes montagnes. Sa valeur, comme point de transit, est à peu près nulle; sa sphère d'action n'embrasse qu'un territoire riche, mais peu étendu, et son port ne sera jamais qu'un marché de caboteurs, succursale de celui d'Alger.

Les cultures qui réussissent le mieux sur le territoire du district sont celles des céréales, de la vigne, du bechena (variété de sorgho) et de l'olivier.

Dellys fut habitée par les Romains, sous le nom de *Rusucurrum*. On découvre journellement, aux environs, des objets d'art assez curieux, des médailles et des pierres chargées d'inscriptions qui témoignent de son importance. — Elle fut occupée par l'armée française en 1844, et devint le point de départ et la base de nos opérations dans la Kabylie occidentale.

Bougie — (dép. de Constantine, arrond. de Sétif). Ch.-l. de comm., ville et port maritime, à 229 kil. N. O. de Constantine. Pop. europ. 2,189 hab., ind. 1,134. — *Hôtels de la Marine, des Quatre-Nations; cafés et brasseries; — postes et télégraphie.* — Mairie ; justice de paix ; église, écoles de garçons et de filles ; caserne ; et magasins ; cercle militaire ; hôpital.

La ville est bâtie en amphithéâtre, sur le revers méridional du Gouraya, qui se dresse à 671 m. au-dessus du niveau de la mer ; elle est protégée de l'attaque de l'intérieur par plusieurs forts. La colonisation est resserrée autour de la ville, qui n'a point encore d'annexe ; les céréales, les prairies naturelles, le tabac et les arbres fruitiers donnent de bons résultats ; quelques essais de vigne ont parfaitement réussi.

La baie, comprise entre le cap Carbon et le cap Cavallo, offre la forme régulière d'une moitié d'ellipse ; elle fait face au nord, et a 25 milles d'ouverture sur 8 milles de profondeur. La rade, située dans la région occidentale de la baie, est parfaitement abritée de toutes les aires de vent ; elle n'est tourmentée que par la houle du N. E., qui n'est jamais ni assez vive ni assez forte pour compromettre un navire mouillé sur de bonnes amarres. Le mouillage des vaisseaux est, dans la région N. O. de la rade, par des profondeurs d'eau depuis 12 jusqu'à 20 mètres sur un fond de vase, d'une excellente tenue, recouvrant un banc d'argile. Il est assez sûr pour que des bâtiments de guerre puissent y stationner sans danger pendant l'hiver, assez vaste pour contenir une flotte.

Située à l'entrée de la vallée de la Soummam, qui relie les vastes plaines de l'intérieur à la côte, à travers le massif montagneux de la grande Kabylie, Bougie a, ou, pour dire mieux, doit avoir un jour une importance considérable. L'emplacement qu'elle occupe lui assure des avantages particuliers ; et, en effet, sous le rapport nautique, il offre un grand port de refuge naturel, admirablement disposé pour être amélioré par l'art ; il surveille les passages entre les Baléares, la Sardaigne, la Sicile et l'Afrique ; il se trouve plus rapproché qu'Alger et Mers-el-Kébir de Toulon et de la Corse. Sous le rapport commercial il est placé au

Bougie. — Vue du fort d'Abd-el-Kader.

cœur de la grande Kabylie, au débouché à la mer des vastes et riches bassins d'Aumale et de Sétif, sur la grande voie naturelle entre l'Europe et l'intérieur de l'Afrique. Sous le rapport militaire, il offre toutes les éléments naturels d'une place imprenable et d'un port de guerre de premier ordre. Ce sont toutes ces considérations qui faisaient dire à Liessou : « La haute importance nautique et militaire de Bougie, son isolement de nos autres possessions d'Algérie, les facilités que présente la baie pour un débarquement des troupes désigneraient cette place aux premières attaques. Dans le cas d'une guerre maritime, la prise de ce port, par les Anglais, serait aussi funeste à notre marine et à l'Algérie que l'occupation de Mahon ; une fois maître de la place, l'ennemi, accueilli par les Kabyles, adossé à des montagnes inaccessibles, s'y fortifierait à loisir sous la protection de ses vaisseaux ; sa flotte, désormais appuyée sur Malte, Bougie et Gibraltar commanderait sur la côte d'Afrique, et empêcherait le ravitaillement de l'armée d'occupation. »

Mais nous n'avons point à craindre une pareille mésaventure ; Bougie, comme autrefois Alger, pourrait, certainement, s'appeler « la bien gardée. »

Bougie a été, à toutes les époques, l'une des principales cités maritimes de l'Algérie. Les Romains y fondèrent une grande ville, *Salda* ; les Berbères y fixèrent le siège de leur empire ; les Espagnols s'y établirent beaucoup plus fortement qu'à Alger ; et s'ils furent chassés après 45 ans d'occupation, c'est que, privés de secours, ils ne purent résister aux attaques incessantes de Salah-Raïs et de ses 40,000 turcs.

Bougie fut attaquée et prise (29 septembre 1833), par le général Trézel : dans cette expédition, qu'il avait préparée de longue main, le capitaine de Lamoricière déploya, aux yeux de ses compagnons une audace peu commune. — (*Voy. pour plus amples détails :* 1° LA GRANDE KABYLIE, par MM. *Daumas et Fabar* ; — 2° EXPLORATION SCIENTIFIQUE DE L'ALGÉRIE. LA KABYLIE, par *E. Carette.*)

Djidjelli — (dép. de Constantine, arr. de Philippeville), Ch.-l. de district, ville maritime, à 128 kil. de Constantine. Pop. europ., 814, ind. 1052. — *Hôtels et auberges* ; *cafés : Impérial, de France, de l'Espérance ; Bains maures.* — Commissariat civil, justice de paix ; église, école primaire ; pépinière ; caserne ; cercle et bibliothèque militaires ; hôpital et magasins ; direction des postes. — Marché arabe tous les jours.

La ville, que protége un fossé d'enceinte, est établie sur une presqu'île rocailleuse, entre deux criques bordées par des plages de sable. La crique de l'ouest, très-petite, est sans intérêt pour la navigation ; la crique de l'est, qui forme le port, est vaste et profonde ; elle est abritée des vents d'ouest par la ville, et protégée

Djidjelly.

contre la mer du nord par une ligne de récifs de 900 mètres de longueur. On y mouille par 10 à 15 mètres d'eau, dans le nord-ouest du phare. Ce mouillage n'offre aucune sécurité et n'est guère praticable qu'en été. On s'occupe aujourd'hui à transformer cette crique en port fermé.

Djidjelli fut longtemps un simple port militaire, étroitement bloqué par les Kabyles. La soumission du pays et les routes stratégiques ouvertes par l'armée, à la suite de l'expédition des Babors (octobre 1859), en ont fait un marché maritime de quelque importance. L'eau y abonde et le desséchement des marais voisins l'assainira. Séparé de Sétif par de hautes chaînes de montagnes, il ne pourra être relié aux plaines de l'intérieur que par la voie lointaine de Mila : partant, dit M. Lieussou, il n'a point d'avenir comme port de transit; comme port d'exportation, il dessert un marché agricole riche, mais peu étendu vers l'ouest. La proximité du port de Bougie lui enlève toute importance militaire, et paraît devoir restreindre son commerce aux ressources de son propre territoire et au transit de Mila et de la vallée de l'Oued-el-Kébir.

Djidjelli fut fondée par les Carthaginois, sous le nom d'*Igigellis*; plus tard, elle fut élevée au rang de colonie romaine, et devint une ville épiscopale aux époques chrétiennes de l'Algérie. Au seizième siècle, elle avait des relations commerciales très-suivies avec Marseille, Gênes, Livourne et Venise : en 1514, elle se donna à Barberousse, qui fit de son port le repaire de ses pirates et le dépôt de leurs déprédations. En 1664, sur l'ordre de Louis XIV, qui voulait fonder un établissement militaire sur les côtes de Barbarie, le duc de Beaufort fut chargé de s'en emparer. L'armée de terre, placée sous les ordres du comte de Gadagne, était forte de 5.200 hommes de troupes régulières, y compris un bataillon de Malte, avec 120 chevaliers. Il y avait, en outre, 200 volontaires, et, au moment du débarquement, l'armée fut renforcée de 20 compagnies des vaisseaux, formant un total de 800 hommes. La flotte se composait de 15 vaisseaux ou frégates, 19 galères et 20 autres petits bâtiments. — L'armée débarqua (22 juillet 1664), occupa la ville et construisit un fort, — le fort Duquesne, — pour se défendre contre les attaques incessantes des montagnards kabyles : bientôt après, les Turcs arrivèrent d'Alger, avec une puissante artillerie. Le duc de Beaufort, en mésintelligence complète avec M. de Gadagne, partit pour Tunis, et la position de l'armée française devint très-critique. Les Turcs ouvrirent le feu sur les postes extérieurs, démontèrent les batteries, ruinèrent les redoutes et tournèrent enfin leurs forces contre le camp lui-même. La position n'était plus tenable : M. de Gadagne, voyant ses troupes démoralisées, ordonna d'embarquer. Le mouvement s'opéra d'abord avec ordre; mais bientôt la peur gagna les soldats et, selon l'expression même du général en chef, la retraite devint « aussi honteuse qu'une fuite. » Cette désastreuse affaire nous coûta 1400 hommes, 30 pièces de canon de fonte, 15 de fer et plus de 50 mortiers. — La victoire que les Turcs venaient d'obtenir ne profita point aux habitants de Djidjelli : ils ne subirent point, il est vrai, le joug des Chrétiens, mais ils perdirent tout ce qui faisait leur richesse, c'est-à-dire leur commerce avec l'Europe. La ville, dans ces conditions nouvelles, se dépeupla rapidement; en 1725, Peysonnel n'y trouva qu'une soixantaine de maisons

Djidjelli fut occupée par l'armée française le 13 mai 1839; le duc d'Orléans la visita la même année. « La ville, écrivait alors Ch. Nodier, n'est qu'un amas de masures kabyles et mauresques, grises et ternes comme le rocher sur lequel elles reposent, et avec lequel elles se confondent de loin; les rues à peine tracées, les murs crevassés ou renversés et ce misérable assemblage de huttes, préparent tristement à l'aspect hâve et flétri, à la vue de la détresse déguenillée des malheureux habitants de Djidjelli, qui végètent dans la plus hideuse malpropreté. » — Grâce, cependant, à l'initiative de nos soldats, la ville changea rapidement d'aspect; elle était même en pleine voie de prospérité, lorsqu'elle fut renversée de fond en comble par un tremblement de terre (22 avril 1856.)

Elle fut promptement réédifiée; sa prospérité dépend aujourd'hui de la construction du port. On y travaille activement.

Stora — (dép. de Constantine, comm. et ann. de Philippeville). Villag. à 4 kil. de Philippeville, dont il est le port. Pop. europ. 605 hab. — Église; fontaine, lavoir et abreuvoir. — Point d'agriculture; quelques jardins sur la montagne au pied de laquelle le village est assis. Les habitants se livrent au cabotage et à la pêche.

C'est à Stora que mouillent les navires. — L'anse est placée au fond d'un golfe d'où l'on ne peut pas sortir par les vents du large. Elle est formée par un rentrant de la côte de 400 mètres, et présente vers le S. O. une très-belle plage, propre au débarquement des marchandises et au halage des bateaux; mais elle n'offre un bon abri contre la mer que par les vents d'O. et de S. O. En hiver, les bâtiments jettent l'ancre en dehors de l'anse, par 16 à 18 mètres d'eau; mais ce mouillage extérieur, battu en plein par la grosse mer, est lui-même fort dangereux et n'a, dit M. Lieussou, qu'une valeur relative. Par les coups de vent de N. O., les navires roulent et fatiguent beaucoup, mais ils tiennent; par les tempêtes du N. et du N. E, les ancres tiennent, mais les navires cassent leurs chaînes ou sombrent sur leurs amarres.

« Les ruines de Stora, qu'on nommait autrefois Rusicada, sont à l'O. de Collo, dans la baie qui a reçu plus particulièrement le nom de Stora.

« Au S. de la baie, du S. O. au N. O., il y a une suite de plages entrecoupées de rochers. Les terres élevées de l'intérieur s'abaissent insensiblement; les arbres qui les couvrent leur donnent un aspect agréable. En arrière s'étend une plaine immense, couverte de prairies et de terres labourées. A droite, et près de là, est une anse de 2,000 mètres au plus de profondeur, et d'environ 2,500 d'ouverture, où quelques bâtiments pourraient se mettre à l'abri pendant l'hiver. Cette anse particulière est un excellent port commencé par la nature, où un débarquement eût été facile, si l'on était parvenu à s'emparer des hauteurs qui les dominent avant l'arrivée de l'ennemi.

« Le cap *Skikida*, dont le nom pourrait bien n'être qu'une altération de celui de *Rusicada*, est formé par une terre isolée de 190 mètres de hauteur, qui s'abaisse graduellement vers l'intérieur, mais qui du côté de la mer est abrupte et garnie de quelques roches. Ses parties élevées sont très-boisées. Il forme l'extrémité orientale de la baie particulière de Stora. A l'E. de ce cap et à son pied coule une rivière appelée Oued-el-Kébir, et aussi Beni-Melki, qui se jette dans la mer à travers un banc de sable, ce qui rend son embouchure très-difficile à distinguer: on l'a confondue avec l'Oued-Rummel, qui passe à Constantine. Les sources du Beni-Melki sont, en effet, sur la route de Stora à Constantine; mais son lit est séparé de l'Oued-Rummel par des hauteurs qu'il faut franchir en se rendant d'une ville à l'autre.

« Ce qui frappe le plus sur cette côte, c'est la quantité de ruines répandues sur ce petit espace. Vis-à-vis le milieu et tout auprès de la plage du port, il y a un grand massif d'anciennes constructions, auquel les Arabes ont donné un nom qui dans leur langue signifie magasins, parce que c'est là qu'on a rassemblé, pendant longtemps, ce que les populations de l'intérieur voulaient vendre aux Européens, ou envoyer à Paris. Si on suit la côte vers l'E., on voit des fragments plus petits de ces ruines sur presque tous les mamelons. On arrive enfin à la plage qui précède le cap Skikida, et là, sur un emplacement assez beau, on les trouve bien plus multipliés qu'ailleurs; on y distingue des cintres, des voûtes, des restes de citernes, des pans de muraille qui, du bord de la mer, se dirigent vers l'intérieur et suivant les sinuosités des collines. Ce sont là les ruines de Rusicada, ancienne cité des Romains, qui devait avoir des rapports fréquents avec Constantine, comme le port le plus rapproché de cette capitale. Léon l'Africain dit que de son temps, de 1512 à 1514, on voyait encore entre ces deux villes une route pavée en pierres noires, semblables aux routes romaines d'Italie.

« Ces ruines sont situées à l'entrée d'une vallée formée, à 200 mètres au plus, par des montagnes de 300 à 400 mètres d'élévation, entre lesquelles coule un ruisseau de très-bonne eau. Une bourgade d'environ 2,000 âmes s'était établie parmi les débris de l'ancienne ville. Cette bourgade n'existe plus depuis très-longtemps.

« Les Français et les Génois commercèrent à Stora à une époque très-reculée. On tirait de ce port le meilleur froment de cette partie de l'Afrique; mais les prohibitions turques, l'isolement où l'on s'y trouvait, et le port de Colo, que l'on commençait à fréquenter, finirent par le faire déserter. Les pêcheurs de corail étaient, dans les derniers temps, les seuls Européens qui se montrassent encore dans la baie, mais il était extrêmement rare qu'ils communiquassent avec les indigènes; et quand ils n'auraient pas été arrêtés par la surveillance des croiseurs algériens, le caractère des habitants suffisait pour les tenir éloignés du rivage. »

La route qui conduit de Stora à Philippeville contourne la rade; elle est des plus pittoresques.

Philippeville — (dép. de Constantine. Ch.-l. d'ar.), ville et port maritime, à 83 kil. de Constantine. Pop. europ. 9,963 hab., ind. 605.— *Hôtels de la Régence, de l'Orient, du Luxembourg. Cafés : de Paris de Foix, de la Perle. — Bains Français. — Service de diligences pour Jemmapes et Constantine.* — Sous-préfecture; résidence d'un commandant supérieur; tribunal de 1re instance, justice de paix; mairie; église catholique, oratoire protestant, mosquée, école communale pour les garçons, école des frères, école de filles dirigée par des sœurs, et pensionnat; caserne d'infant. et de caval.; cercle et bibliothèque militaires; magasins de subsistances et autres; vaste hôpital; télégraphe et bureau de postes; musée, théâtre; pépinière; fontaines alimentées par les eaux qui sourdent de la montagne et se déversent dans de magnifiques citernes; rues droites et larges; jolies places, dont l'une est complantée d'arbres. — Le Musée est particulièrement riche en antiquités. Philippeville est le lieu de transit et d'entrepôt d'une grande partie du commerce avec l'Est de l'Algérie, principalement avec Constantine.

La plage de débarquement est impraticable aux navires, qui sont forcés de mouiller à Stora. — Des travaux sont commencés qui doivent modifier cet état de choses.

Les environs de Philippeville sont productifs, pittoresques et très-fréquentés des promeneurs. Le mont Filfila recèle des marbres qui rivalisent avec ceux d'Italie.

La ville a été construite (1838) par le maréchal Valée, sur les ruines de l'ancienne Russicada.

Collo — (divis. de Constantine,

Philippeville.

subd. de Philippeville). Ch.-l. de cercle, village maritime, à 40 kil. E. de Philippeville, au pied même d'une haute montagne. — Cette ville est habitée par des Maures qui vivent de cabotage et possèdent une douzaine de petits bateaux. Les établissements français se bornent à un poste de douane et à une direction du port et de la santé.

Les grands navires jettent l'ancre dans la baie de Collo, par 25 mètres d'eau sur un fond de sable vassard. Cette rade foraine, d'où l'on peut appareiller par tous les vents, est praticable pendant la plus grande partie de l'année. Un grand nombre de navires y viennent en relâche forcée et y séjournent parfois assez longtemps. — L'anse qui sert de port à la ville est abritée de tous les vents dangereux : elle présente une petite plage, commode pour le halage des bateaux et toujours abordable. Les petits navires peuvent s'y amarrer sur la rive nord ; ils y sont en sûreté, et y trouvent d'assez grandes facilités pour le débarquement des marchandises. Ce petit port a autour de lui un territoire fertile et bien cultivé ; il communique à l'intérieur du pays par la vallée de l'Oued-Guebli. — L'Administration projette de créer sur ce point un centre de population agricole. Les études sont presque achevées. — Aux environs, riches mines de cuivre et de plomb argentifère ; — vastes forêts.

Au temps des Romains, Collo (*Minervia Chulla*) était renommée comme ville manufacturière. Les Latins en tiraient une grande partie des cuirs nécessaires à leurs besoins, et les environs de la ville, peuplés de chênes-verts, fournissaient d'excellents bois de construction. Cet état de prospérité dura longtemps ; au moyen-âge, les habitants trafiquaient avec les chrétiens et faisaient d'assez grandes affaires avec les Pisans et les Génois. De 1604 à 1685, la Compagnie d'Afrique eut un comptoir à Collo pour le commerce intérieur et la pêche du corail : il tirait annuellement de la contrée « quatre cents quintaux métriques de cire, des céréales, du miel, de l'huile, du corail, du suif, un peu de coton et environ cent cinquante mille cuirs non tannés. »

Les relations des habitants avec les commerçants français cessèrent après la prise d'Alger, et la ville resta paisiblement au pouvoir des Kabyles, jusqu'au jour où elle fut prise par le général Baraguay d'Hilliers (4 avril 1843).

Fort Génois—(dép. de Constantine, arr. de Bone). Port maritime à 4 kil. Ouest de Bone. — Son nom lui vient d'un fort, aujourd'hui abandonné, que les commerçants génois firent construire au quinzième siècle, alors qu'ils se livraient, sur la côte d'Afrique, à la pêche du corail. — Le mouillage du fort Génois est couvert au Nord-Ouest et au Nord par les montagnes du cap de Garde ; il est défendu des rumbs au-dessous du Sud-Est, par la proximité du cap

Rosa : de grands bâtiments mouillent en dedans de la pointe du port, par des profondeurs variables, depuis 12 jusqu'à 50 mètres, sur un fond de vase mêlée de sable, d'une excellente tenue. Les petits navires mouillent plus près de terre, dans la région nord de l'anse. — Cette rade foraine, placée à l'entrée du golfe, est facile à prendre et à quitter par tous les temps ; elle offre à la navigation côtière une très-bonne relâche. Par sa position géographique, elle couvre la frontière de Tunis et surveille les abords du canal de Malte, l'un des trois nœuds stratégiques de la Méditerranée. Pour les rapports offensif et défensif, elle occupe, à l'Est de l'Algérie, une position analogue à celle que Mers-el-Kebir occupe à l'Ouest; mais les imperfections de son mouillage et la proximité de la rade de Bougie lui assignent un rôle plus modeste. — De puissantes batteries de côte la protégent contre toute attaque. — La montagne qui domine le fort recèle de belles carrières de marbre, actuellement exploitées par une compagnie concessionnaire.

Une route carrossable relie Bone au fort Génois : la campagne environnante est, presque partout, en culture ; jardins bien entretenus ; élégantes villas et joli site. — A visiter.

Bone — (dép. de Constantine). Ch. l. d'arr., ville et port militaire à 156 kil. de Constantine et à 84 kil. Est de Philippeville. Pop. europ. 8867, ind. 5425. — *Hôtels de la Régence, de France, Jouvence,* etc.; nombreux cafés. — Sous-préfecture et chef-lieu de subdivision militaire.

— Une des plus jolies villes de l'Algérie ; sous-préfecture; mairie; hôtel de la subdivision ; deux églises, temple protestant, synagogue, mosquées, dont l'une fort élégante; tribunal de première instance et justice de paix ; collège communal, école des frères pour les garçons, école française israélite, école protestante mixte, école maure-française, deux salles d'asile, école et ouvroir pour les filles ; trésor et postes ; télégraphe ; redoutes, casernes, fort de la Kasbah ; hôpital civil, hôpital militaire ; pépinière; chambre de commerce ; bureau de bienfaisance et caisse d'épargne ; marché aux grains et aux légumes; poissonnerie et marché arabe; place et promenades complantées d'arbres ; joli théâtre; environs délicieux (Hyppone ; — l'Alélick; Sainte-Anne ; — Bugeaud, et la magnifique forêt de l'Edough, peuplée plus particulièrement de chênes-liège).

La petite plaine de Bone, autrefois insalubre, est aujourd'hui complétement assainie ; elle est en partie couverte de jardins bien cultivés et de maisons de plaisance. — Dans la banlieue, le sol, fertile et suffisamment irrigué par les eaux de la Boudjima et du Ruisseau-d'Or, produit en abondance les céréales, la vigne et le tabac; les arbres fruitiers y sont nombreux. — Peu d'industrie ; exportation de céréales, huile, cuirs, laine, cire, miel, bestiaux et minerais.

Bone.

Comme ville maritime, Bone n'a qu'une importance très-secondaire. Le golfe, compris entre le cap de Garde et le cap Rosa, a 21 milles d'ouverture sur 7 milles de profondeur, et fait face au Nord-Est. Il est bordé à l'Ouest par une haute falaise qui se rattache, par des pentes abruptes, à la montagne de l'Edough ; au Sud, par des plages et des dunes à travers lesquelles débouchent la Seybouse et la Mafrag ; à l'Est, par une côte basse et rocailleuse. La rive ouest, qui court du cap de Garde à la ville, et dont les découpures profondes présentent successivement les anses du fort Génois, des Caroubiers et du Cassarin, est la seule qui offre quelques ressources à la navigation.

Bone a été bâtie près des ruines de l'ancienne Hippone, et reçut le nom d'*Annâba* (ville des jujubiers). Les rois de Tunis s'en emparèrent et y firent construire la kasba (1300). Les Génois, qui faisaient la pêche du corail et que les corsaires inquiétaient fort, obtinrent, à force d'argent, l'autorisation de bâtir près du cap de Garde le fort qui porte leur nom. Les Catalans leur succédèrent (1439), puis les Barcelonais (1446). Plus tard, les Turcs dépossédèrent les Tunisiens. — Après la prise d'Alger, le général Damrémont vint débarquer à Bone (2 août 1830) ; mais après avoir livré quelques combats aux tribus qui refusaient de reconnaître l'autorité de la France, il dut, par ordre du maréchal de Bourmont, évacuer la ville. L'année suivante (13 septembre 1831), le commandant Houder et 125 zouaves prirent possession de la Casbah, sur la demande même des habitants ; les Turcs obtinrent tout aussitôt leur expulsion, et M. Houder fut lâchement assassiné. A quelque temps de là (5 mars 1832), Ben-Aïssa, lieutenant d'Ahmed, bey de Constantine, pénétra dans la ville et la ruina de fond en comble. Les habitants invoquèrent de nouveau la protection de la France : les capitaines Jusuf et d'Armandy, que suivaient 120 marins de *la Béarnaise*, escaladèrent, durant la nuit, les hautes murailles de la forteresse et s'en emparèrent presque sans coup férir (26 mars 1832). — Le maréchal Soult, citant ce trait inouï d'audace, disait à la Chambre des Députés : « C'est le plus beau fait d'armes de notre siècle. » — Depuis cette époque, Bone est restée en notre possession.

La Calle — (dép. de Constantine, arr. de Bone). Ch.-l. de distr., ville et port maritime, à 80 kil. E. de Bone, et à 15 kil. environ de la frontière de Tunis. Pop. europ. 924, ind. 317. — *Auberges*. — Commissariat civil ; église, école; caserne, pavillon d'officiers ; hôpital ; puits ; télégraphe et bureau de poste.

A la différence des autres mouillages de l'Algérie, qui n'offrent que des anses plus ou moins grandes, et qui regardent l'E. S. E., le port de la Calle consiste dans un petit bassin oblong, dont l'entrée regarde l'O. N. O. — Mouillage d'été impossible pour les grands navires. —

Quai abrité, et très belle plage de hâlage. — Lieu de refuge des corailleurs qui hâlent leurs bateaux à terre lors des gros temps du N. O. — Excellente station pour des croiseurs, à proximité de la frontière, au débouché du canal de Malte. — Port de cabotage et de pêche, succursale de celui de Bone.

La principale industrie des habitants est la pêche du corail. Les abords de la ville sont cultivés en jardins maraichers, et plantés d'arbres fruitiers et de vignes en rapport. Les cultures industrielles, tabac, garance et coton, ont été essayées sur une petite échelle, et avec succès. Aux environs, mines de fer de l'Oued-el-Aroug, mines de plomb de Kef-oum-Teboul; forêt de chênes-liége en pleine exploitation.

La Calle est célèbre dans l'histoire du commerce français. Pendant deux siècles et demi, ce coin de terre fut l'objet de la politique constante de la France et le siége d'un grand mouvement commercial. Des négociants français s'y établirent sur la côte, à 48 kil. E. de Bone, et fondèrent un établissement connu sous le nom de Bastion de France; plus tard (1626), Samson Napollon fut envoyé à La Calle et y établit un comptoir qui subit des fortunes diverses : prospère, lorsque nous étions en paix avec les deys ou les pachas de Constantine; complètement ruiné, le jour où il plaisait aux Arabes de rompre avec les chrétiens. Le dernier pillage date de 1827. — La Calle fut occupée par l'armée française en 1836, et depuis elle a repris son ancien rôle.

On appelle Concessions d'Afrique les Établissements français formés sur la côte de Barbarie, en vertu du traité de commerce conclu sous le règne de Khaïr-Eddin, traité qui accordait à la France : 1° le privilége exclusif de la pêche du corail le long de la côte d'Afrique dépendant de la Régence d'Alger; 2° l'exportation annuelle d'une certaine quantité de grains, ainsi que des cuirs, des laines, des cires et autres productions du pays.

Ce privilége remonte au règne de François Ier et à l'année 1520. A cette époque, un certain nombre de négociants, la plupart marseillais, et parmi lesquels on cite Thomas Linches et Carlin Didier, formèrent une association qui fut connue sous la dénomination de Compagnie d'Afrique jusqu'en 1799, époque de l'expédition des Français en Égypte.

Le premier établissement qu'ils formèrent fut le Bastion de France, situé entre Alger et Tunis, à cent lieues environ de la première ville et quarante de la seconde. Cet établissement eut à subir des vicissitudes diverses jusqu'en 1694, époque à laquelle la compagnie, ayant reconnu les inconvénients d'un lieu qui n'offrait aucun abri aux navires, crut devoir l'abandonner pour aller établir le siége de ses opérations à la Calle, située quatre lieues plus à l'E., presque sur la limite entre la régence d'Alger et celle de Tunis.

Des considérations de diverse

nature déterminèrent ce choix. On doit citer entre autres l'avantageuse position du rocher isolé de la Calle au fond de cette vaste baie qui s'étend au delà du cap Gros, le joli port que cette position procure, la fertilité des environs, la bonté et l'abondance des eaux, l'heureuse configuration du terrain pour la défense militaire, et enfin le voisinage des mers les plus riches en corail : aussi la Calle est restée, pendant plus d'un siècle, le centre de tout le commerce de la compagnie d'Afrique ; il y avait ensuite de simples comptoirs à Bone, à Collo, et, en dernier lieu, à Tabarca (Régence de Tunis).

Avec tant de ressources, la Calle devait parvenir et parvint bientôt en effet à un état florissant. La compagnie y entretenait en dernier lieu un Agent principal avec le titre de gouverneur, un chancelier, un trésorier, un inspecteur, un aumônier, un chirurgien major et deux aides, un commis aux vivres, un commis au magasin général, quatre surnuméraires, des drogmans, des ouvriers de toutes professions, enfin une garnison de 50 hommes commandés par un capitaine.

La pêche du corail s'effectuait pour le compte de la Compagnie, au moyen d'une cinquantaine de bateaux qui lui appartenaient, et dont les équipages étaient composés, pour chaque bateau, de 10 à 12 matelots. La plupart, Corses ou Provençaux, retournaient chez eux pendant l'intervalle d'une pêche à l'autre, ou bien étaient répartis dans 48 baraques que comprenait à cet effet l'établissement. Pendant ce temps de repos, les bateaux étaient tirés à terre, et on procédait à leur réparation sous des chantiers couverts.

Outre les bateaux affectés à la pêche du corail, la compagnie possédait encore un aviso et plusieurs bâtiments du port de 50 à 120 tonneaux, pour le transport en France des produits de la pêche et de ses achats en grains, cuirs, cires et laines, et pour le retour des marchandises manufaturées qu'elle débitait dans le pays, et de tous les objets que ne lui fournissait pas le sol de l'Afrique.

La Calle comprenait un grand nombre de beaux magasins, des quais, une église, un hôpital, un lazaret, quatre postes militaires, quatre bastions armés de canons, une mosquée pour les Maures employés par la compagnie, enfin tout ce qui pouvait être nécessaire au bien-être, à l'approvisionnement et à la défense d'une ville de 2,000 âmes, bien qu'en certaines saisons la population descendît au-dessous de ce chiffre.

Les environs de la Calle étant susceptibles d'une belle culture, et toutes les terres ne reconnaissant d'autre propriétaire que le Bey, la compagnie était parvenue à augmenter l'étendue de ses concessions territoriales, en s'attachant à payer exactement les Redevances convenues, à faire les présents d'usage, et à entretenir une bonne intelligence avec la régence d'Alger et les cheiks du pays. Elle jouissait en outre d'une grande prépondérance dans la contrée, à cause du bien-être qu'elle y procurait par ses achats, et ses troupeaux pacageaient paisiblement à plusieurs lieues.

L'établissement de la Calle profitait à nos provinces du Midi, auxquelles il offrait des matières premières utiles ; pour notre navigation, il fut longtemps une excellente école de matelots.

Au milieu de la guerre déclarée aux priviléges en 1789, ceux des compagnies commerciales ne pouvaient pas être épargnés. La compagnie d'Afrique fut attaquée avec vivacité. Les réclamations du commerce et le principe général des priviléges commerciaux furent examinés dans le sein de l'Assemblée constituante. Le résultat de la discussion fut la dissolution de toutes les compagnies, hors celle d'Afrique. Mais les événements qui suivirent n'étaient pas propres à consolider la prospérité de l'établissement de la Calle. La guerre maritime lui porta un coup funeste, et en 1799 la saisie des propriétés de la compagnie, au commencement de l'expédition d'Égypte, força les habitants de la Calle d'abandonner la colonie. Tout ce qu'ils laissèrent sur les lieux fut livré au pillage et à la destruction.

Sur ces entrefaites, l'Angleterre, restée maîtresse de la Méditerranée, profita de son ascendant sur la Régence d'Alger pour se faire céder, en 1807, nos concessions d'Afrique, moyennant une redevance annuelle de 267,500 francs : l'on sait qu'elle les garda près de dix années ; notre reprise de possession ne date que de 1816, après la conclusion de la paix générale. Nous n'avions à reprendre que des ruines ; car l'expédition de lord Exmouth venait d'avoir lieu et avait été le signal de l'incendie et de la destruction presque complète de la Calle par les Maures. La restauration des bâtiments dut, en conséquence, être le premier soin du gouvernement.

Dans le but de rendre à cet établissement, comme à toutes les différentes parties de nos possessions d'Afrique, leur ancienne importance, plusieurs commissions furent successivement appelées à délibérer sur le choix du système d'administration qu'il convenait de leur appliquer. D'après leur avis on abandonna en 1822, pour huit années, l'exploitation du privilége commercial à M. Paret, négociant à Marseille, et celle de la pêche du corail continua seule d'être dirigée par le département des affaires étrangères. Les avantages résultant de ce double privilége coûtaient à la France, sous la restauration, une redevance de 200,000 francs envers le pacha d'Alger, dans laquelle le Trésor rentrait en accordant des patentes pour la pêche du corail aux bâtiments étrangers, à raison de 1,000 francs pour la saison d'été, et de 500 francs pour celle d'hiver.

Ces deux systèmes d'exploitation étaient en pleine vigueur lorsque la guerre éclata tout à coup, en juin 1827, entre la France et Alger

L'abandon de la Calle et sa destruction par les troupes du dey en furent la suite.

La conquête d'Alger, en 1830, devait nécessairement appeler l'attention du gouvernement sur les avantages qu'il était permis d'attendre de la restauration de la Calle, dans le cas où, soit par un traité, soit par la force des armes, il deviendrait possible de reformer un établissement sur ce point de la province de Constantine, sans avoir à craindre que les pêcheurs ou colons qui viendraient s'y fixer fussent incessamment inquiétés par les Arabes. Dès le commencement de 1831, cette affaire fut l'objet d'un examen approfondi de la part du Département de la guerre. L'ordre fut donné au général commandant l'armée d'occupation d'Afrique de faire faire une reconnaissance des ruines de la ville, afin de déterminer jusqu'à quel point il serait possible d'en reprendre possession sans trop de dépenses ni d'effusion de sang.

Cette reconnaissance fut faite au mois de mai 1831. A cette époque, la Calle ne représentait plus que des masures abandonnées et inhabitables. Quelques pans de mur qui étaient encore debout ne pouvaient servir qu'à faire reconnaître le tracé et la disposition intérieure des établissements. Les batteries avaient beaucoup souffert; cependant quelques merlons étaient restés intacts. La tour du Moulin, construite sur une hauteur isolée, et munie de retranchements, était seule dans un assez bon état de conservation. (*Tabl. des Établ. Français.*)

Depuis, la pêche du corail a été réglementée, et certains avantages ont été faits aux corailleurs français et algériens : —Nous empruntons à l'ouvrage du savant M. Lacaze Duthiers les détails qui suivent sur les difficultés inhérentes à cette pêche :

« Les manœuvres de la pêche dépendent beaucoup du nombre d'hommes; il est utile de faire connaître la composition de l'équipage : elle a une grande importance.

« L'armement varie dans la grande et la petite pêche.

« Dans la première, les bateaux ont de dix à douze hommes d'équipage; dans la seconde, ils n'en ont que quatre ou six.

« Toujours, pour la grande pêche, il y a un patron et un poupier; l'un est commandant, l'autre est second. Le premier décide de tout; il est maître absolu; il ordonne de commencer la pêche dans tel ou tel point, car c'est lui qui connaît les bancs : le second prend le commandement pendant que le premier se repose.

« Il y a quelquefois un mousse, qui souvent est le fils du patron et fait son éducation sous les yeux de son père; il aspire, lui aussi, à devenir d'abord poupier ou second, et puis commandant ou patron.

« Le nombre des matelots varie entre huit et dix, rarement douze : cela dépend beaucoup de l'armateur et du tonnage de l'embarcation ; toutes les coralines n'ont pas, d'ailleurs, le même tonnage.

« L'origine des matelots est très-différente; beaucoup viennent des côtes de la Toscane : les Génois semblent aujourd'hui diminuer. La plupart sont Napolitains, et plus spécialement de la Torre del Greco.

« La réputation du pêcheur de corail n'est pas à l'abri de tout reproche : « Il « faut avoir volé ou tué pour être co- « railleur, » entend-on souvent répéter.

C'est une appréciation qui est presque devenue un proverbe. Le grand-duc de Toscane avait fait autrefois embarquer quelques galériens à bord de chaque coraline partant de ses ports. On peut comprendre, d'après cela, que les matelots de cette classe aient laissé après eux d'assez mauvais souvenirs, car leur conduite n'était et ne devait pas être exemplaire, et leurs antécédents auraient seuls suffi pour motiver le proverbe.

« Les meilleurs matelots sont payés cinq cents et quatre cents francs pour les six mois de la saison d'été ; ils ne sont pas nombreux ; le plus grand nombre est à la solde de trois cents et même de deux cents francs.

« La nourriture du bord est en rapport avec cette solde ; le biscuit (ou galetta, comme l'appellent les Italiens) et l'eau sont à discrétion toute la journée et la nuit. Le soir, chaque homme reçoit une jatte de pâtes d'Italie fort simplement accommodées ; quelques armateurs donnent aussi des oignons, mais, le plus souvent, les matelots achètent eux-mêmes les fruits qu'ils emportent à la mer.

« La viande n'entre, dit-on, dans le menu du corailleur que deux fois dans la saison : le 15 août, et le jour de la Fête-Dieu.

« Le vin est à peu près inconnu à bord.

« Avec une nourriture aussi simple et une solde relativement aussi faible, le travail rendu est cependant considérable et les fatigues prodigieuses. On aurait peine à comprendre comment, dans de telles conditions, le corps pourrait produire autant d'efforts, si l'on ne remarquait que la consommation de la galette, qui en fin de compte représente du pain desséché et de très-bonne qualité, est énorme. On peut dire, sans exagération, que le corailleur mange constamment ; je n'ai jamais accosté un bateau sans voir quelques-uns des hommes ayant un biscuit à la main.

« La pêche dure nuit et jour ; six heures de repos, voilà, quand un bateau tient la mer toute la saison d'été, le temps donné à l'organisme pour refaire ses forces. Les relâches sont courtes, et le travail ne cesse complètement que pendant celles du 15 août et de la Fête-Dieu, ou quand le temps est mauvais et qu'il est impossible de tenir la mer. Mais habituellement, lorsque le bateau rentre au port, c'est uniquement pour se ravitailler ; l'équipage s'occupe, en arrivant, à tirer l'embarcation à terre, afin de la gratter, et de la débarrasser des plantes et animaux marins qui, se fixant sur sa coque, l'attaquent ou la couvrent d'une couche épaisse fort nuisible à sa marche. Le reste du temps est employé à charrier de l'eau, du biscuit et le chanvre nécessaire pour entretenir les filets.

« Si l'on n'oublie pas que le travail se fait sous le ciel et le soleil brûlant d'Afrique, on comprendra peut-être toute la valeur du proverbe cité plus haut ; il signifie certainement aussi que les conditions sont tellement pénibles, qu'il faut être bien malheureux pour vouloir s'y soumettre.

« On comprendra encore comment il se fait que les marins français, trouvant meilleure solde, meilleure nourriture et un travail moins pénible, abandonnent la pêche du corail.

« Je vais chercher à faire connaître ce que sont les fatigues de ces malheureux pêcheurs, en indiquant par quelle manœuvre ils arrivent à obtenir du corail. Mais on ne peut se faire qu'une idée imparfaite de ce travail si l'on ne va voir la pêche soi-même, je dirai même plus, si l'on ne passe quelques jours à bord d'une coraline, ainsi que je l'ai fait.

« Lorsque le patron juge qu'il est sur un banc, il fait lancer l'engin à la mer.

« La voile est orientée d'après la fraîcheur de la brise et de manière à ne pas filer trop rapidement, car cela n'est pas utile pour accrocher la roche.

« Dès que l'engin est engagé, on ralentit la vitesse, afin de ne pas le briser, et l'on commence les manœuvres de la pêche proprement dite. Si la brise n'est pas forte, si l'on est en calme plat, comme cela arrive si souvent pendant la belle saison, c'est avec les avirons que l'on continue à faire marcher le bateau, et, dans ce cas, tout l'équipage rame vigoureusement.

« Quand la roche est bien accrochée, vient la manœuvre du cabestan, que six ou huit hommes accomplissent et que le patron combine avec les mouvements et la vitesse de l'embarcation. Ainsi, peu dant que les uns tournent, les autres rament ou bien orientent la voile, suivant le commandement, suivant surtout qu'il y a ou qu'il n'y a pas de brise.

« Le câble de l'engin, qui a été souvent filé à soixante et quatre-vingts brasses, s'enroule sur le tambour du cabestan, après avoir passé en sautoir sur le plat-bord du bateau, à l'arrière, près de la barre; un homme assis au pied du mât en tient l'extrémité et obéit aux ordres du patron.

« Ainsi, à ce moment deux forces peuvent agir sur le filet; elles sont la conséquence l'une de la marche du bateau, l'autre de la traction opérée par le cabestan.

« C'est le patron qui surveille et conduit la pêche, en activant, ralentissant ou faisant cesser l'action de l'une ou de l'autre de ces deux forces.

« Placé à la barre, il dirige d'abord l'embarcation; puis, quand la roche est accrochée, il ne gouverne plus, cela n'étant pas utile; il enlève même souvent le gouvernail.

« Le plus ordinairement il est assis à tribord, laissant pendre en dehors de l'embarcation sa jambe droite. Il porte devant lui, lié à sa ceinture, un petit tablier de cuir très-épais, destiné à le protéger contre les frottements trop vifs de l'amarre de l'engin, car celle-ci passe contre lui et appuie même quelquefois sur sa cuisse.

« L'engin, en rencontrant les inégalités du fond de la mer, en s'accrochant à elles ou en redevenant libre, avance par saccades; les secousses qui sont la conséquence de cette marche produisent dans l'amarre un frémissement particulier dont le poupier étudie attentivement les moindres particularités.

« D'après les impressions qu'il ressent, il commande d'activer le travail du cabestan et d'affaiblir l'action de la voile, ou bien il ordonne une manœuvre inverse; quelquefois enfin, il les active tous les deux à la fois ou les fait cesser complétement tout à coup.

« Ce n'est que par une longue habitude, que par une pratique consommée, que cet homme arrive à sonder et à connaître avec son engin les profondeurs de la mer, comme le fait, pour ainsi dire, le chirurgien avec son stylet quand il cherche à reconnaître la nature cachée du fond d'une plaie.

« Les bancs présentent des inégalités, et, quand la croix de bois les rencontre, elle s'élève ou s'abaisse; alors le poupier sent très-bien que l'amarre, qu'il tient vigoureusement serrée dans sa main, sur ou contre sa cuisse, se relâche ou se roidit. Dans le second cas, il crie : *Molla!* ce qui revient à l'impératif français *lâche, mollis.* A ce commandement, l'homme assis au pied du mât et qui tient l'amarre tendue lâche prise, le cabestan cesse son action, la corde se déroule, et l'engin tombe au fond de l'anfractuosité des rochers qu'il a rencontrés; puis on recommence le travail pour le soulever de nouveau.

« Ce n'est qu'après avoir répété plusieurs fois cette manœuvre que l'on ramène le filet à bord : la *calle*, comme on dit, est finie.

« On comprend que le but de ces relâchements subits de l'amarre est de faire flotter et accrocher les fauberts, de les faire pénétrer, en tombant et s'écartant, au-dessous des rochers où se trouve le corail.

« Que par la pensée on se reporte au fond de la mer, là où un banc présente ses innombrables inégalités rendues plus âpres encore par les dépôts sous-marins qui se forment irrégulièrement, et l'on verra les trente-quatre fauberts éparpillant leurs mailles dans tous les sens et s'attachant à tout. Quels efforts ne faudra-t-il pas pour les dégager et les ramener?

« C'est en cela cependant que consiste la pêche : accrocher et décrocher les filets voilà le travail pénible dont nul n'aura l'idée s'il ne fait que passer auprès des corailleurs en pêche. Pour juger des efforts et des fatigues de ces malheureux, il faut avoir séjourné plusieurs jours à bord; alors on se rendra un compte exact de ce qu'est réellement l'état de pêcheur de corail.

« Les matelots sont presque nus; ils ne conservent qu'un caleçon. Leur peau brûlée, noircie par le soleil, leur donne une physionomie rude et étrange; ils chantent cependant pour s'exciter les uns les autres. Leur travail se fait de deux manières : tantôt leurs efforts sont continus, et alors ils s'entraînent réciproquement par un sifflement particulier qui peut se rendre par les syllabes *zi-zi* sifflées pour ainsi dire avec les dents serrées, ténues comme une note longue de musique et renforcées de temps en temps, mais toujours sans changer de ton.

« Les hommes s'arc-boutent, tantôt en appuyant la poitrine, tantôt le dessus de l'épaule et tantôt le cou, contre les bras du cabestan; leurs pieds prennent appui sur toutes les parties du bateau, contre les saillies des entrées des soutes, contre les plats-bords. Après un certain temps, si l'engin ne se dégage pas, le travail change : le matelot occupé à roidir l'amarre, à la pelotonner, et qui est assis au pied du mât, commence à chanter, sur un air lent et monotone, des paroles qu'il compose; le plus souvent il psalmodie les noms des saints les plus vénérés, ou bien il chante les choses plaisantes qui lui passent par la tête.

« C'est une sorte de litanies, dont la réponse est faite par les six ou huit hommes du cabestan, qui crient à la fois *Carriga-mo* ou *Carrigo-lo*, Chargeons, maintenant, charge-le, monte-le (sous-entendu l'engin); et ce cri est accompagné d'un effort simultané de tous les matelots qu'interrompt de nouveau la voix monotone du chanteur.

« C'est en assistant à la manœuvre faite au chant du *Carrigo-lo* que l'on comprend bien les fatigues des pêcheurs.

« Avec ce sentiment parfait du rhythme musical qui caractérise les Italiens, les uns, rejetant leur tête et leur corps en arrière pendant la psalmodie, se préparent à se précipiter sur la barre qu'ils tiennent entre leurs bras, et à ajouter ainsi à la puissance de leurs muscles l'impulsion donnée par le poids de leur corps ; les autres, se ployant en arc, quand, placés près des plats-bords, ils peuvent prendre avec leurs pieds un point d'appui fixe et solide, cherchent, en se détendant et se redressant brusquement, à faire un effort plus considérable encore.

« Alors ces malheureux, hâletants, font peine à voir ; la chaleur du soleil qui les brûle fait ruisseler leur corps de sueur, leurs yeux s'injectent; leur face, malgré sa teinte basanée, rougit vivement ; les veines de leur cou, gonflées et saillantes, montrent toute la puissance, toute l'énergie de leur action.

« Cependant l'engin engagé ne vient pas. Le patron excite ses hommes de la parole et du geste; et, lorsqu'un bras du cabestan passe devant lui, il ajoute son action à celle de ses matelots, qui, à chaque cri de *Carrigo-lo*, avancent à peine d'un pas ; il encourage les uns, il gourmande les autres ; les efforts redoublent. Enfin il les entraîne et fait si bien que tout à coup le filet se dégage, déracine et casse des blocs énormes de rochers.

« Alors le travail reprend son train ordinaire ; le bruit monotone du *zi-zi* se fait entendre de nouveau, et l'équipage, quoique harassé, commence à plaisanter; sa curiosité se réveille, car le filet approche, et il va connaître le fruit de tant de fatigues. La croix est redressée contre le bord, les filets amenés sur le pont ; alors on s'occupe de recueillir le corail : la *calle* est finie, et, si la brise est bonne, il y a un moment de repos.

« Tant que l'engin est accroché sur le fond, il joue le rôle d'une ancre ; le bateau peut être considéré comme étant mouillé, il vient à pic et reste en place. Mais, dès que les filets sont dégagés, la brise et les courants le portent rapidement loin du banc. Il faut, pour rejeter de nouveau le filet à la mer et faire une nouvelle calle, revenir au point d'où l'on était parti. Aussi, quand j'accostais les corailleurs au moment de la levée du filet, je me hâtais de recueillir le plus vite possible ce dont j'avais besoin, et de rentrer dans mon embarcation, afin de ne point gêner les manœuvres et de ne pas faire perdre un temps précieux ; c'est une précaution que je recommande aux naturalistes qui iront à la mer.

« La pêche du corail, on le voit, est un rude métier ; car, pour obtenir des résultats, il faut nécessairement un grand travail, de grandes fatigues, et ces conditions ne sont obtenues, le plus souvent, que par l'énergie et la fermeté du patron, qui, on doit bien le penser, mérite souvent sa réputation d'homme dur, inflexible et brutal. » (Lacaze Duthiers, *Histoire naturelle du corail*.)

La pêche du corail sur la côte d'Afrique peut devenir, plus encore peut-être que le cabotage, un utile élément de navigation maritime. Dans l'état actuel des choses, cette pêche échappe presque complétement à la marine française; mais bientôt, nous aimons à le croire, il en sera différemment : un récent décret accorde, en effet, aux armements *algériens* certaines immunités qu'il nous faut rappeler et qu'on peut résumer comme suit :

1° Exemption de levée pour les inscrits maritimes résidant en Algérie;

2° Abrogation de tous droits de pêche pour les bateaux corailleurs français ou algériens, alors même qu'ils sont montés exclusivement par des étrangers;

3° Exemption des mêmes droits pour les bateaux corailleurs *au dessous de six tonneaux de jauge*, construits en France ou en Algérie, ainsi que les bateaux *francisés* appartenant à des personnes domiciliées en France ou en Algérie, depuis un an *au moins*. — Cette exemption faite à la condition expresse que les patrons de ces bateaux sont également domiciliés en Algérie depuis un an au moins, et qu'ils ont dans leur équipage soit un mousse, soit un novice de 16 à 18 ans, soit deux matelots résidant en Algérie depuis plus d'un an.

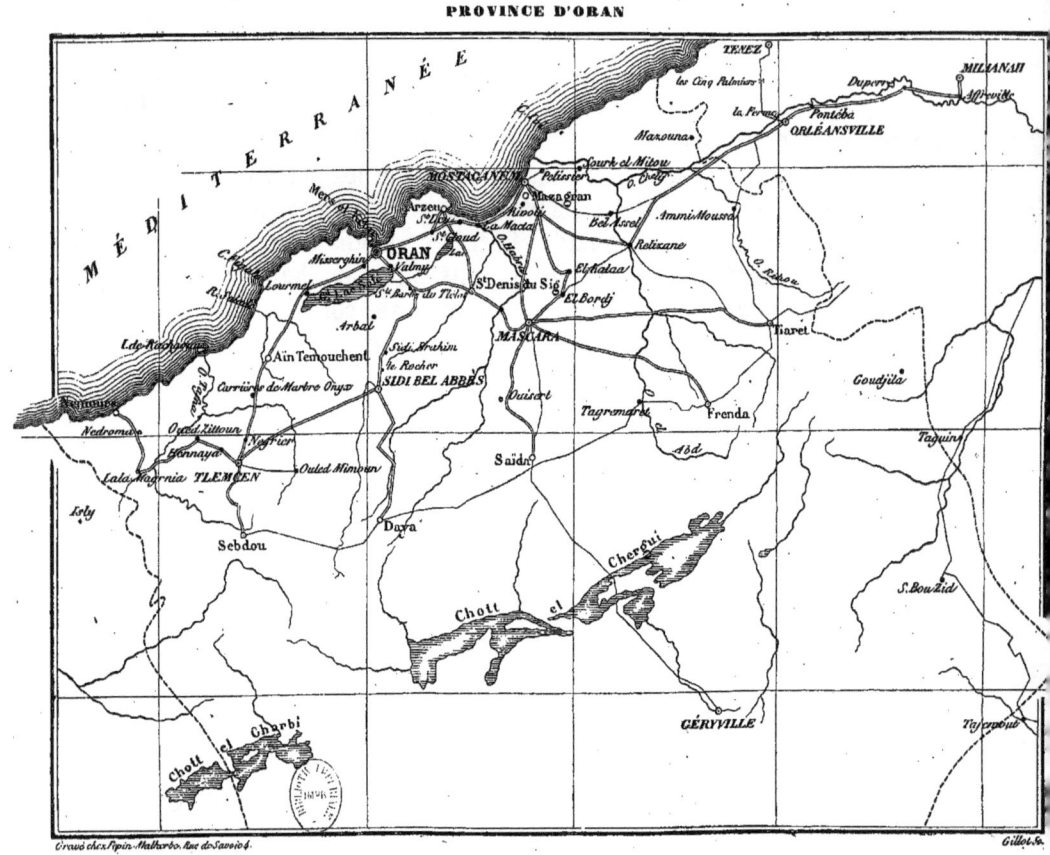

II

PROVINCE D'ORAN

La Province d'Oran occupe la partie occidentale de l'Algérie ; elle est bornée : au Nord, par la Méditerranée, à l'Est, par la province d'Alger, à l'Ouest, par l'empire du Maroc, et au Sud, par le Sahara.

La superficie de la province est de 102,000 kil. carrés, dont 35,000 dans le Tell et 67,000 dans le Sahara.

Le département est divisé en quatre arrondissements : Oran, Mostaganem, Mascara et Tlemcen ; il comprend quatre districts (commissariats civils), et dix-huit communes.

La division comprend cinq subdivisions : Oran, Mostaganem, Sidi-bel-Abbès, Mascara, Tlemcen, et quinze *cercles*, ou annexes.

ORAN.

Oran. — Ville et port maritime, capitale de la province de l'Ouest, chef-lieu du département et de la division militaire, au fond du golfe qui porte son nom, est à 410 kil. d'Alger. Pop. européenne (*intra muros*) 12,334 hab., indigènes 4,213, dont la plus grande partie Israélites. — *Hôtel de France, place Napoléon; hôtel d'Orient, place Kléber : Café-restaurant de la promenade Létang : Café-concert, place Napoléon; brasserie du Ravin, à la porte Napoléon. Théâtre près la promenade Létang. Bureau des postes, près la place Kléber ; service de diligences pour Alger et pour les principales localités de la province.*

Oran, qui depuis quelques années a pris une extension considérable, est assise au pied d'une haute montagne que dominent les forts Santa-Crux et Saint-Grégoire. Elle s'élève, de la mer au plateau autour duquel elle s'épanouit, en suivant, de l'O. à l'E., une ligne courbe fortement inclinée, et se trouve divisée par un ravin en deux parties à peu près égales qui communiquent de plain-pied au moyen d'un terrassement. — Le centre de la ville (quartier de la préfecture) se relie à la partie haute par le boulevard Oudinot, de construction toute récente, et qui aboutit par une rampe carrossable à la place Napoléon. — La place est ceinte de murs et défendue par des forts puissamment armés. Le port offre un mouillage peu sûr; mais il est, depuis plusieurs années, l'objet de travaux importants qui le rendront abordable aux navires du commerce. Quant à présent, les vaisseaux n'ont d'autre abri que la rade de Mers-el-Kébir.

Les rues sont généralement larges, les places spacieuses, les maisons élégantes et bien aérées : la promenade de Létang, qu'ombragent des arbres de haute venue, est une des plus belles qui existent, même en Europe. — La population Européenne, composée plus particulièrement d'Espagnols, est active, laborieuse, pleine d'entrain. — On cite comme monuments principaux; l'Hôtel du général comm'. la div.; la Préfecture; la mosquée de la rue Philippe; l'Église et les casernes. De même qu'à Alger et à Constantine, tous les services administratifs ont à Oran leur personnel et leurs bureaux : tribunal civil, justice de paix, conseil de guerre, tribunal de Cadi; collége, écoles primaires, écoles indigènes, églises, presbytères; temple protestant; synagogues; mosquées; succursale de la banque d'Algérie; trésor et postes: service télégraphique; service des mines et des ponts et chaussées; chambre consultative d'agriculture; bureau de bienfaisance; société de secours mutuels; casernes d'infanterie et de cavalerie; hôpital civil et dispensaire; cercles civils; théâtre.

Oran, dont l'origine remonte à la plus haute antiquité, fut habitée par les Romains (*unica colonia*), puis, successivement, par les Vandales, les Berbères, les Arabes et les Turcs. — Elle fut conquise (18 mars 1509) par les Espagnols, que le cardinal Ximénès conduisait en personne. — En 1708, elle retomba au pouvoir des Turcs. — En 1732, elle fut reprise par le comte de Mortemar, grand d'Espagne au service de Philippe V. — En 1790, un effroyable tremblement de terre, qui détruisit presque entièrement la ville et écrasa une partie de la garnison sous les ruines des casernes, décida les Espagnols à évacuer la place et à l'abandonner aux Turcs.

En 1830, après la prise d'Alger, le bey d'Oran fit prevenir le général de Bourmont, qu'il était prêt à reconnaître l'autorité française et à abandonner la ville.

Quelques mois après sur l'ordre du maréchal Clauzel, le général

Oran.

Damrémont vint occuper Oran (3 janvier 1831), et nos troupes s'y maintinrent malgré les attaques incessantes des tribus voisines, ralliées, pour la plupart, à la cause d'Abd-el-Kader. — Depuis la chute de l'Émir, la province est tranquille, et Oran passe, à bon droit, pour une des villes les plus florissantes de l'Algérie.

ROUTES DE LA PROVINCE D'ORAN.

D'ORAN A ORLÉANSVILLE.
Service régulier de diligences.

Assi-Bou-Nif. — Ham. à 15 kil. Pop. europ. 215 hab. — Église, mairie; école et salle d'asile. — Terres médiocres : céréales et arbres fruitiers; point d'eau courante; norias et puits particuliers.

Assi-Ameur. — Ham. à 17 kil. Pop. europ. 189 hab. — Mairie; école mixte, salle d'asile. — Terres bien cultivées; plantations publiques bien entretenues; pas d'eau courante : une noria alimente un lavoir et un abreuvoir pour les besoins publics : 18 puits particuliers fournissent aux besoins des ménages et des animaux.

Fleurus. — Villag. à 20 kil. Pop. europ. 331 hab. — Mairie; église, presbytère, écoles pour les deux sexes et salle d'asile; puits, abreuvoir et lavoir publics; point d'eau courante. — Terres propres à la culture des céréales : blé, orge, seigle et avoine, plantes sarclées et légumineuses; puits particuliers; plantations publiques bien entretenues. — Deux carrières à plâtre en exploitation, un moulin à vent, tuilerie et briqueterie.

Saint-Cloud. — Villag. à 28 kil., et à 16 kil. d'Arzeu. Pop. europ. 817 habitants. — Mairie; justice de paix; gendarmerie; bureau de poste; église, presbytère, écoles de garçons et de filles, salle d'asile; fontaines, lavoir et abreuvoir alimentés par des sources dont les eaux sont aménagées; céréales; cultures maraîchères, vignes; belles plantations d'essences diverses. — Élevage du bétail, plus particulièrement de l'espèce ovine. — Moulin à vent.

Mefessour. — Villag. à 30 kil. Pop. europ. 238 hab. — Maison commune, chapelle et école mixte; puits, lavoir et abreuvoir publics; point d'eau courante; puits particuliers; blé, orge, plantes sarclées et légumes divers; un peu de bétail; quelques arbres fruitiers. — Moulin à vent et charbonnerie.

Sainte-Léonie. — Villag. à 33 kil. Pop. europ. 223 hab. — Mairie; église, presbytère et école mixte; fontaine et abreuvoir en dehors du village, dans un ravin; céréales, pommes de terre, fèves et légumes divers.

La Macta. — A 37 kil., groupe de maisons, près du pont de la *Macta*, rivière qui se jette dans la mer entre Mostaganem et Arzeu.

La plaine de la Macta est tristement célèbre par la défaite qu'y subit le général Trézel (1835). — Le général, à la tête d'une colonne forte de plus de 2,500 hommes, marchait sur Mascara qu'il voulait prendre afin de châtier Abd-el-Kader qui menaçait nos alliés, les Douairs et les Sméla's. Après avoir battu les Arabes dans la forêt de Muley-Imaël, il vint camper sur les bords du Sig et fit sommer l'Émir de reconnaître l'autorité de la France. — Mais Abd-el-Kader, bien qu'il eût subi des pertes énormes, ne se laissa point intimider; il connaissait la faiblesse numérique de ses adversaires et ce que leur avait coûté la victoire. Il rallia promptement ses troupes et vint se poster en face du camp français.

En présence de ces masses compactes, dont le nombre grossissait incessamment, le général craignit de s'être trop engagé: gêné dans sa marche par un convoi nombreux, il ne pouvait avancer qu'avec une extrême circonspection au milieu d'un pays presque inconnu, et redoutait une surprise; il résolut, en conséquence, de se retirer sur Arzeu. — Lorsqu'il vit l'armée française effectuer son mouvement, l'Émir ne douta plus de la victoire: il savait où nous attendre. Prompt à concevoir une manœuvre, plus prompt encore à l'exécuter, il part avec une nuée de cavaliers portant des fantassins en croupe, et occupe les hauteurs qui avoisinent la Macta.—Trézel était brave: en face d'un ennemi cinq ou six fois supérieur en nombre, il n'hésite point une minute : à sa voix deux compagnies s'élancent vers les collines qu'elles tentent de gravir; mais les Arabes tiennent ferme et forcent nos tirailleurs à rester dans la vallée. La colonne, poursuivant sa route, s'engage dans les gorges; bientôt elle est attaquée sur tous les points. Les chasseurs qui marchent derrière le convoi, fléchissent vers les marais de droite, et laissent un espace découvert entre les dernières voitures et le 66° de ligne. Les Arabes se précipitent dans cette trouée, se ruent sur les blessés, les arrachent des prolonges, puis les mutilent et les égorgent. L'arrière-garde se voyant coupée, faiblit à son tour, l'épouvante la gagne et elle se débande. Quelques hommes, cependant, reprennent courage; ils se rallient sur un mamelon et continuent la lutte et chantant la *Marseillaise*... Aussitôt la scène change : le courage renaît, la voix du chef domine la fusillade, l'ordre succède au désordre. Des tirailleurs se forment en arrière-garde, l'artillerie soutient la retraite et quelques charges vigoureuses de cavalerie éloignent l'ennemi qui, surchargé de butin, ralentit ses attaques.—Le soir même la colonne gagnait Arzeu. (28 juin 1835.)

La Stidia.— Ham. Pop. europ. 440 hab.

Mazagran. — Villag. à 82 kil., et à 3 kil. O. de Mostaganem. Pop. europ. 478 hab., ind. 585. — Mairie; église, presbytère, école mixte; sources nombreuses et abondantes, fontaine, lavoir et abreuvoir; conduites d'eau pour l'irrigation des jardins ; sol fertile : céréales, vignes, cultures arborescentes et maraîchères; plantations nombreuses et bien entretenues, élève du bétail, plus particulièrement de l'espèce bovine. — Moulin à vent faisant farine.

Mazagran fut habitée par les Romains, puis par les Arabes, puis par les Espagnols.

En 1833, un poste français y fut placé ; en 1840, la garnison fut attaquée dans les circonstances suivantes que nous aimons à rappeler: *cent vingt-trois hommes* du 1er bataillon d'Afrique, aux ordres du capitaine Lelièvre, occupaient le fort : ils avaient pour toutes munitions un baril de poudre, une pièce de canon et 40,000 cartouches. Le 1er février 1840, le bey de Mascara vint avec 15,000 hommes environ prendre position devant le blokaus ; le 2, il canonna les murailles; dès que la brèche fut ouverte, les Arabes s'élancèrent à l'assaut. Le combat dura dix heures: quand le jour disparut, le sol était jonché de morts, les chevaux piétinaient dans le sang, mais notre drapeau se déployait encore derrière la brèche.

Le lendemain, les Arabes revinrent à la charge, sans plus de succès. Les chasseurs, cependant, étaient épuisés de fatigue et presque à bout de munitions : le découragement gagnait les plus valides. — Dans ce moment suprême, le capitaine Lelièvre montra une incomparable énergie : « Mes amis, dit-il aux assiégés, nous avons encore un baril de poudre et 12,000 cartouches; nous nous défendrons jusqu'à ce qu'il ne nous en reste plus que douze ou quinze par hommes, puis, nous entrerons dans la poudrière et nous y mettrons le feu. » C'était tout simplement héroïque. Il ne fut pas besoin pourtant de recourir à cette résolution extrême; après une nouvelle attaque infructueuse, les Arabes partirent.

Mostaganem, — à 86 kil. (voy. p. 175.)

Relizane. — Bourg à 144 kil. Pop. europ. 926, ind. 19. — Auberge et relais. — Relizane est situé à 65 kil. Sud-Est de Mostaganem, sur la pente occid. d'une colline au pied de laquelle s'étend la plaine de la Mina, dont la superficie est de 15 à 20 kil. — Terres fertiles, abondamment irriguées par les eaux de la Mina, dont le cours a été intercepté, à 3 kil. environ, en amont du village, par un magnifique barrage que le génie militaire a construit. Les colons s'y livrent principalement à la culture des plantes industrielles ; le tabac et le coton prospèrent également. — Caserne ; église ; écoles primaires pour les garçons et les filles ; deviendra une des colonies les plus productives de l'Algérie.

De Relizane à Orléansville le trajet se fait directement par diligences : on s'arrête, pour les repas, dans les caravansérails.

Orléansville, p. 168.

D'ORAN A MASCARA.

(Service régulier de diligences.)

La Sénia. — Bourg à 8 kil. Pop. europ. 603 hab., ind. 622. — Auberges; mairie, chapelle, et école mixte; céréales; plantes potagères et maraîchères; vignes, deux belles avenues de mûriers bordent la route; arbres d'essences diverses sur les places et les boulevards du village.

Valmy. — Ch. l. de com.; à 14 kil. Pop. europ. 238 hab. — Bureau de poste; mairie; église et presbytère; école mixte; céréales, tabac et vignes, mûriers, oliviers et arbres fruitiers; pas d'eau courante; quatre-vingt seize puits, dont trente-quatre avec norias, fournissent aux besoins de la commune et à quelques irrigations dans les propriétés privées.

Sainte-Barbe-du-Tlélat. — Villag. Pop. europ. 422, ind. 10. Mairie, église, presbytère et école mixte. Poste de gendarmerie; halle; fontaines, abreuvoir et lavoir alimentés par l'Oued-Tlélat, qui coule près du village et dont les eaux sont aménagées par des canaux et des tuyaux en fonte. — Céréales, prairies naturelles, tabac et vignes; mûriers, oliviers, arbres à fruits d'une belle venue. — Marché tous les lundis.

Forêt de Muley Ismaël. — La forêt, peuplée d'oliviers, de thuyas, de lentisques et de sumac-thisgra, embrasse une superficie de plus de 12,000 hectares. — C'est dans cette forêt que le colonel Oudinot fut tué en 1835, à la tête du 2º chasseur d'Afrique.

Saint-Denis-du-Sig. — Ch. l. de district, à 52 kil. sur la rive dr. du Sig. Pop. europ. 2,796, ind. 381. — Auberges. — Commissariat civil; justice de paix; mairie; poste de gendarmerie; église, presbytère, école mixte; hôpital. — Eaux abondantes: réunies d'abord dans deux réservoirs d'attente et versées ensuite dans un bassin de filtrage, elles s'écoulent dans une fontaine et dans un avreuvoir publics. — Rues larges et droites, bordées d'arbres; jolie place; télégraphe et bureau de poste. Marché très-important tous les dimanches. — Sol d'une fertilité exceptionnelle: céréales, colza, tabac, vignes; plantations vigoureuses et bien entretenues. — Un barrage, établi à 3 kil. Sud de la ville, au point où le lit du Sig, avant de déboucher dans la plaine, se trouve resserré entre deux masses de rochers, oppose aux flots grossis par l'hiver une large muraille en pierres de tailles de 9 mètres 20 cent. de hauteur sur 42 m. 76 cent. de largeur.

» C'est, dit M. Bérard, dans son *Indicateur*, le plus important ouvrage de ce genre qui ait été fait en Algérie. Les eaux, retenues et élevées, sont répandues à droite et à gauche par des canaux latéraux de 30 kil. de développement. Des aqueducs, ménagés dans l'épaisseur de la maçonnerie, et garnis de vannes, permettent de vider le bassin d'amont. » La distribution des eaux est réglée par un syndicat.

Aux environs de la ville, grandes et riches fermes. — Quatre moulins à farine et une usine importante pour l'égrainage des cotons : ces cinq établissements sont mûs par les eaux du Sig. — 500 machines à égrainer sont installées chez les divers colons qui achètent les cotons bruts aux cultivateurs et les livrent égrainés à l'Administration.

A 3 kil., sur la rive droite du Sig, est un vaste établissement connu sous le nom d'*Union agricole d'Afrique*, et qui a été longtemps dirigé par des officiers du génie.

Des idées phalanstériennes avaient présidé à sa formation ; mais la bonne harmonie, que semblait appeler son titre, n'a jamais pu s'établir d'une manière assez complète entre les membres dirigeants de l'association, pour assurer la prospérité de l'entreprise.

Oued-el-Hammam. — Villag. à 74 kil., à 15 kil. de Saint-Denis-du-Sig et à 18 kil. de Mascara. Pop. europ. 190 hab. — Caserne de gendarmerie ; église, école primaire ; relais de poste. — Terres fertiles, arrosées par la rivière dont les eaux, contenues par un barrage à 15 kil. en amont du village, se jettent dans un canal de dérivation. — Nombreuses et belles plantations d'arbres ; riches cultures en blé, orge et pommes de terre. La vigne réussit parfaitement. — Marché arabe tous les mercredis. — Sources d'eaux chaudes, employées avec succès contre les maladies scrofuleuses.

Mascara. — Ch.-l. d'arr. et de subdiv. à 96 kil. Pop. europ. 3,332, ind. 5,426. — *Hôtels Tourlonius ; Piot ; plusieurs cafés ; théâtre.* — La ville, que protége un rempart crénelé, est assise sur la rive gauche de l'Oued-Toudman, qu'on traverse sur trois ponts en maçonnerie. — Sous-préfecture ; Hôtel de la subdivision ; justice de paix ; église et presbytère, écoles et salle d'asile ; casernes d'infanterie et de cavalerie, bureau arabe, magasins, hôpital militaire admirablement situé ; télégraphe et bureau de poste ; pépinière du gouvernement ; station d'étalons dont le dépôt est à Mostaganem ; rues étroites, bien aérées ; fontaines nombreuses. — Fabrique de burnous, justement estimée ; il s'y tient, trois fois par semaine, un grand marché où les Arabes viennent, de trente lieues à la ronde, vendre leurs différents produits ; haïcks, tapis, laines et bestiaux. — Territoire fertile : céréales et vignes qui donnent d'excellents vins. — Autour de la ville se trouvent de belles fermes, dont quelques-unes ont été créées par nos régiments ; les jardins arabes, plantés en partie de figuiers, sont cultivés avec soin par les indigènes, qui se nourrissent essentiellement de pains de figues.

Mascara a été bâtie par les Turcs sur l'emplacement d'une colonie romaine ; elle devint, aux premiers temps de l'occupation française, la résidence favorite d'Abd-el-Kader,

Mascara.

qui naquit dans une tribu voisine. Après la rupture du traité Desmichels, le maréchal Clauzel reprit la campagne et marcha sur Mascara à la tête d'une colonne dont la première division était commandée par le duc d'Orléans. Après un combat opiniâtre, les Arabes furent dispersés, et l'armée française entra dans Mascara (6 décembre 1835). On avait cru, dans le principe, que cette ville offrirait d'immenses ressources : au dire des enthousiastes, la capitale de l'Émir « était la plus riche cité de la Régence, » et les imaginations d'aller leur train. Il fallut renoncer à ces espérances si doucement caressées. Écoutons M. Berbrugger, l'un des historiographes de l'armée d'Afrique :

« .... La nuit qui commençait à se former, la pluie tombant abondamment, la boue des rues sales et étroites qu'il fallut d'abord traverser, contribuaient encore à rendre plus poignant le triste spectacle qui se manifestait graduellement aux regards : une ville à peu près déserte, et le petit nombre de figures humaines qu'on y apercevait ressemblant plutôt à des spectres qu'à des hommes ; des femmes pâles, échevelées, à peine couvertes de quelques haillons, portant encore la trace de la brutalité des Arabes. Ces malheureux nous saluaient avec autant de joie que leur souffrance leur permettait d'en éprouver, et paraissaient nous regarder comme leurs libérateurs. Là, nous apprîmes, en effet, que les soldats d'Abd-el-Kader, en revenant du combat de l'Habra, avaient passé par Mascara, obligé la population maure d'évacuer, et pillé tout le monde indistinctement ; mais les Juifs avaient eu plus particulièrement à souffrir ; une soixantaine avaient été tués, un grand nombre de femmes et d'enfants emmenés.

« Dans cette catastrophe, la famille d'Abd-el-Kader lui-même n'avait pas été épargnée, et sa femme avait eu ses pendants d'oreilles arrachés par les propres soldats de son mari. En un mot, dans cette ville infortunée, où le feu consumait un assez grand nombre de maisons, il ne restait plus que sept à huit cents juifs, tremblants et consternés. C'est au milieu de ce triste cortége que le prince et le maréchal allèrent établir le quartier général à l'extrémité de la ville, dans la maison même de l'Émir. » — Trois jours après, le maréchal ordonna la retraite et revint à Oran. Six ans plus tard, le maréchal Bugeaud se porta sur Mascara et s'en rendit maître (1841).

De Mascara on se rend à *Tiharet* par une route stratégique sur laquelle des caravansérails sont établis.

Tiharet — (div. d'Oran, subdiv. de Mascara). Poste milit. et villag. à 35 kil. de Mascara. Pop. europ. 274 hab., ind. 164. — Casernes d'infanterie et de cavalerie ; magasins ; hôpital ; fontaines et lavoirs publics. — Riches plantations d'arbres ; terres généralement fertiles ; on cultive avec succès les pommes de terre et le tabac. Le bois et l'eau y sont en abondance. — Marché arabe tous les lundis; les laines, les céréales, les troupeaux de moutons y donnent lieu à des transactions fort importantes, ainsi que les tapis, les haïcks, les œufs et plumes d'autruche, et les objets de sellerie. — A 3 kil. E. est une smala de spahis.

Tiharet, construit sur les limites du Tell et des hauts plateaux, est la clef du pays des Chotts; il est situé sur un point culminant d'où l'on embrasse un horizon très-étendu, au milieu duquel on distingue le Djebel-Goudjila, le Djebel-Amour et le Nador, qui sont les derniers contre-forts de l'Atlas. — Tout ce pays, habité par des peuplades sahariennes, les Harars et les Ouled-Naïls, offre d'immenses pâturages à d'innombrables troupeaux de moutons, dont la chair et la laine sont très-estimées, et aux admirables chevaux qu'on appelle *chevaux du désert.* — C'est un point des plus importants du Sahara algérien; les caravanes du Sud y viennent, chaque année, échanger leurs produits contre ceux du Tell.

D'ORAN A SIDI-BEL-ABBÈS.
(Service régulier de diligences.)

D'Oran à Sainte-Barbe-du-Tlélat. — (Voy. p. 207.)

Les Trembles. — Villag. à 66 kil. Pop. europ. 72, ind. 42. *Auberges.* — Terres fertiles; climat salubre.

Sid-Birahim. — Villag. à 72 kil. Il domine la vallée du même nom, dont les terres sont arrosées au moyen des barrages. Pop. europ. 192 hab. — Église, presbytère et école mixte. — Deux puits publics sont affectés aux besoins des hommes et des animaux; l'un de ces puits, creusé à une profondeur de 20 mètres, sur la place du village, ne donne qu'une eau saumâtre; l'autre, creusé à une profondeur de 15 mètres, au bas du coteau sur lequel le village est assis, donne une eau abondante et excellente. Céréales et tabac; plantations peu nombreuses, mais bien entretenues; jolis jardins. — Moulin à eau à quatre paires de meules.

Le Rocher. — Ham. à 78 kil. Pop. europ. 53 hab.

Sidi-bel-Abbès. — Ch.-l. de subd, milit. à 87 kil.; Pop. europ. 4,011 hab., ind. 608. — *Hôtels: de France, de Flandres, de Bayonne, de Paris; cafés; café chantant; théâtre. — Service de diligences pour Oran.* — Commissariat civil, justice de paix; mairie; église, presbytère, écoles de garçons et de filles, salle d'asile; casernes d'infant. et de caval.; magasins de subsistances et autres; cercle militaire; hôpital; télégraphe et bureau de poste; gendarmerie; pépinière; station d'étalons; rues propres, spacieuses, coupées à angles droits, ombragées par des arbres de haute venue; jolies places complantées d'arbres; fontaines et puits publics; abreuvoir; puits dans presque chaque maison.

Sol fertile: céréales et tabac,

belles plantations de mûriers, d'arbres fruitiers et autres. — Partie du territoire est irriguée par les eaux de la Mekerra. — Deux marchés quotidiens; marché arabe très-important le jeudi de chaque semaine. — Deux moulins à eau faisant farine; un moulin à vent pour la fabrication du plâtre; deux vanneries et trois briqueteries. — Sidi-bel-Abbès est une des plus jolies villes de l'Algérie.

D'ORAN A TLEMCEN.

(Service régulier de diligences.)

Misserghin. — Villag. à 15 kil. Pop. europ. 1,027, ind. 136. — Mairie, église, presbytère, école et salle d'asile; brigade de gendarmerie; orphelinat pour les garçons et pépinière y attenant; orphelinat pour les filles; fontaines, abreuvoirs et lavoirs, alimentés par quatre sources échelonnées dans le grand ravin qui descend des montagnes voisines; ces sources, qui fournissent ensemble environ 2,000 mètres cubes d'eau par jour, sont réunies dans des conduits en terre et en poterie, font tourner cinq moulins, alimentent les fontaines et servent à l'irrigation d'une grande partie des jardins de la localité.

Misserghin est un des plus jolis villages du département; les rues y sont larges, droites, bien aérées; les maisons, propres et bien bâties; plusieurs habitations de plaisance. — Le territoire est fertile: céréales, tabac, arbres fruitiers et vignes. — Bétail nombreux; élève de l'espèce bovine et de l'espèce ovine, race mérinos. — Plantations particulières, vigoureuses et très-productives. — A quelques kil. du village se trouve le lac Salé.

Bou-Tlélis. — Ham. à 30 kil., et à 15 kil. de Misserghin. Pop. 579 hab. — Mairie, chapelle, écoles de garçons et de filles, lavoir et abreuvoir publics; céréales, tabac, belles plantations de mûriers, d'oliviers et d'arbres à fruits; pas d'eau courante; une noria et quatre puits publics pourvoient aux besoins des hommes et des animaux. Les colons ont creusé des puits pour leur usage particulier. La nappe d'eau, en dehors du village, a une profondeur de 4 à 10 mètres.

Lourmel. — Villag. à 42 kil. Pop. europ. 144 hab. — Caserne de gendarmerie; église; fontaines, lavoir et abreuvoir. — Les conditions fertiles du sol, l'abondance et la bonne qualité des eaux, le bois qu'on trouve en abondance dans les environs, enfin l'air salubre du pays, feront bientôt de Lourmel un village des plus recherchés de la province.

Aïn-Temouchent. — Villag. à 72 kil. Pop. europ. 1,100. — Commissariat civil; bureau de poste; caserne, poste de gendarmerie; place et jardins publics plantés de beaux arbres; fontaines publiques dont les eaux sont excellentes; marché arabe tous les jeudis; les habitants s'y approvisionnent d'animaux et de denrées. — L'élevage du bétail procure des bénéfices trèsencourageants aux colons qui se livrent à cette industrie. — Quatre moulins à eau; un moulin à vent; fabrique de poterie, tuilerie et briqueterie. — Le village a, comme ressource pour les cultures et le fonctionnement des moulins, deux petits cours d'eau, l'*Oued-Temouchent* et l'*Oued-Senam*, d'un débit moyen de trente litres à la minute, et dont la jonction est au pied même de la ville.

Aïn-Temouchent a été bâtie en 1851, sur les ruines d'une ville romaine appelée par Pline *Oppidum Timici*. Les pierres de taille qui couvraient le sol servirent aux travaux militaires ou particuliers; mais le service du génie se réserva tout ce qui, provenant des fouilles, pouvait intéresser l'art. C'est ainsi qu'on a pu mettre de côté un certain nombre d'inscriptions lapidaires, et quelques autres objets non moins précieux pour la science archéologique.

Pont-de-l'Isser. — Ham. à 104 kil. Pop. europ. 23 hab., ind. 3. — Pays fiévreux, peu habité et peu habitable. — Caserne de gendarmerie. — La rivière de l'Isser coule à proximité du village; ses eaux sont limoneuses et de médiocre qualité.

Négrier. — Villag. à 125 kil. Pop. europ. 171 hab. — Ecole et salle d'asile; fontaines, lavoirs et abreuvoirs publics. — Sol fertile; céréales, lin; belles et nombreuses plantations d'arbres, beaux oliviers d'un riche produit. — Four banal; usines à huile et à farine.

Tlemcen. — Ch.-l. d'arrond. et de subdiv. militaire à 130 kil. Pop. europ. 2,427 hab., ind. 15,856. — *Hôtel de France*; — *café-brasserie Flokner*; *service de diligences*. — Sous-préfecture, mairie, hôtel de la subdivision; église et chapelle catholiques, temple protestant, mosquées, synagogues; tribunal de première instance, deux justices de paix; écoles communales pour garçons et filles, école arabe, école israélite; bureau de bienfaisance; cercle civil et riche bibliothèque; casernes d'infanterie, de cavalerie et de gendarmerie; magasin de subsistances et autres; pavillon et cercle pour les officiers; télégraphe et bureau de poste; pépinière; station d'étalons.

Le Méchouar, situé au S. de la ville, a été transformé en citadelle; la sous-intendance, le génie, l'artillerie, l'hôpital et la prison se trouvent à l'intérieur. Les abords de la ville sont entourés de jardins et d'oliviers, d'une haute venue; les rues sont propres et bordées de rigoles pavées où coule incessamment une eau vive; fontaine monumentale, ombragée de beaux arbres; dix-neuf fontaines publiques, quatre abreuvoirs, deux lavoirs, bassin de réserve, alimenté par les eaux de l'Oued-Kissa et de l'Oued-Kalla. — Jolies promenades.

Le territoire, partout arrosable et complétement défriché, est couvert d'arbres fruitiers de toute espèce, notamment d'oliviers, dont les fruits fournissent une huile excellente; cultures maraîchères; taba et céréales; belles et nombreuses plantations.

Outre les marchés spéciaux, il se tient à Tlemcen, un marché particulier où abondent le bétail, la laine, les céréales, les huiles, pailles et fourrages qu'apportent les habitants des villages voisins et les caravanes du Maroc. Minoteries; fabrication des huiles; tanneries.

Tlemcen fut fondée par les Vénètes; elle devint plus tard la capitale d'un royaume qui se composait des villes de Nedroma, Oran, Arzeu, Mazagran et Mostaganem; la ville maritime de Djidjelli en était une annexe. Ce royaume subit des vicissitudes diverses: Tlemcen, attaquée, prise et reprise tantôt par les Turcs, tantôt par les Marocains et les Espagnols, n'était plus, au siècle dernier, qu'un foyer d'insurrection. — L'empereur du Maroc s'en empara en 1830, mais il dut bientôt renoncer à ses prétentions. Les Koulouglis, commandés par Ismaël, et qui défendaient le Méchouar, passèrent au service de la France. Clauzel en prit possession (12 janv. 1836) et y laissa une garnison sous les ordres du capitaine Cavaignac, qui fut, en 1848, Chef du pouvoir exécutif. Le général Bugeaud ravitailla la place quelque temps après; l'année suivante (1837), aux termes du traité de la Tafna, Tlemcem fut cédée à Ab-el-Kader, qui en fit sa capitale, et s'y maintint jusqu'en 1842, date de notre occupation définitive. (Voy. *Histoire de Tlemcen*, par l'abbé Bargès.)

D'ORAN A NEMOURS.

(Diligences jusqu'à Tlemcen; chevaux et mulets de Tlemcen à Nemours.)

D'Oran à Tlemcen. (Voyez p. 212.)

De **Tlemcen** à:

Bréa. —Ham à 4 kil. Pop. europ. 206 hab. Église et écoles. — Céréales, oliviers et vignes, plantations nombreuses, parfaitement entretenues. Sources abondantes provenant des hauteurs du Mansourah.

Hennaya. —Villag. 11 kil. Pop. europ. 261 hab. — Église, presbytère, école et salle d'asile; sol fertile; eaux abondantes et d'excellente qualité, fontaine, lavoir et abreuvoir publics; céréales, tabac et oliviers; belles plantations particulières. Bétail nombreux.

Oued-Zitoun. —22 kil. — Caravansérail.

Mekarra-Guedara. — 52 kil. — Caravansérail.

Nedromah. — Ville arabe, à 51 kil. et à 16 kil. de Nemours, exclusiv, habitée par les indigènes. — C'est l'*Hurbara* des anciens. Ceinte de hautes murailles. — Fabriques de tissus et de poteries estimées. Il s'y tient tous les jeudis un marché très-fréquenté par les Arabes et par quelques Européens.

Nemours. — Ville et port marit. à 67, à 162 kil. d'Oran et à 34 kil. des frontières du Maroc. Pop. europ. 944 hab., indig. 184. — Commissariat civil; justice de paix; église et presbytère, école et salle d'asile; casernes et ambulance ; pépinières; bureau de poste ; fontaine monumentale, lavoir et abreuvoir; puits à pompe; terres de bonne qualité ; céréales tabac, cultures maraîchères; jolis jardins belles et nombreuses plantations d'arbres. — 1 moulin à vent, 1 moulin à eau et 2 à manéges. — Marché quotidien où les gens du Maroc apportent leurs produits.

Port : petite anse très-ouverte à l'exposition directe du nord ; abri nul, mais bonne plage de débarquement; port de cabotage et de pêche, très-fréquenté par les balancelles espagnoles qui y apportent de nombreux produits comestibles.

Nemours a été occupé par l'armée française le 1er septembre 1844.

Deux autres routes conduisent de Tlemcen à Nemours ; ce sont deux routes stratégiques; toutes deux traversent :

Lalla-Maghrnia. — Poste milit. et villag., sur la frontière du Maroc, à 8 kil. d'Oudjda, et à 45 kil. de Tlemcen. Pop. europ. 132 hab. — Casernes, pavillons d'officiers ; manutention et magasin de subsistances ; hôpital, ambulance ; pépinière ; bureau de poste ; jolis jardins sur les bords de l'Oued-Fou. — Tous les dimanches il se tient, en dehors de la redoute, un marché considérable, approvisionné de blé, d'orge, de laine, de chevaux et de produits de toute nature : très-fréquenté par les indigènes et par les Marocains.

A 10 kil. S. O. de Nemours se trouve le marabout de :

Sidi-Brahim, — à jamais célèbre par la lutte que soutint la troupe du colonel Montagnac contre les réguliers d'Ab-el-Kader (25 sept. 1845).

Les Soukhalias, récemment soumis à la France, voulurent venger les Ouled-Rias que le colonel Pelissier avait exterminés ; pour ce faire, ils eurent recours à la plus abominable trahison. — Obéissant aux conseils de l'Émir, ils écrivirent au commandant supérieur de Nemours qu'ils étaient menacés par les réguliers, et lui demandèrent un secours immédiat. Le colonel Montagnac partit avec 420 hommes, établit son camp sur les bords du ruisseau de Sidi-Brahim; puis, avec trois compagnies du 8e chasseurs d'Orléans et 60 hussards, se porta à trois kilomètres plus loin, où il joignit un gros de cavaliers. Il croyait rencontrer des auxiliaires : il ne rencontra que des ennemis.

Abd-el-Kader, en effet, était là, guettant ses adversaires comme la panthère guette sa proie. Au signal qu'il donne, les Arabes enveloppent la colonne française et l'assaillent avec furie. Montagnac, pris à l'improviste, forme sa troupe en carré et l'exhorte à se défendre. Une balle l'atteint ; il meurt. Les chasseurs se groupent autour de son cadavre et luttent avec l'énergie du désespoir. Mais on les enferme dans un cercle de feu, et leurs rangs s'éclaircissent.

A la fin de la journée, il ne restait que 83 hommes, commandés par le capitaine de Giroux et par le lieutenant Chappedelaine. La troupe se replie sur le marabout de Sidi-Brahim, où elle s'enferme. Abd-el-Kader ordonne aussitôt à l'un de ses prisonniers, — le capitaine Dutertre, — de se rendre auprès des combattants et de leur conseiller de mettre bas les armes. Dutertre s'avance jusqu'aux murailles, exhorte les chasseurs à combattre jusqu'à leur dernier souffle, puis revient auprès de l'Émir qui le fait décapiter et ordonne l'assaut. Après trois attaques infructueuses, les Arabes changent le siége en blocus et se retirent, laissant 400 des leurs autour du marabout. — Deux jours se passent : les assiégés n'ont plus ni munitions, ni vivres; ils se précipitent en avant, traversent la ligne du blocus et gagnent un ravin où ils comptent se reposer. Mais les Arabes accourent comme des bêtes fauves et les entourent; il faut livrer un nouveau combat. Les chasseurs jettent leurs fusils, désormais inutiles, et, la baïonnette au poingt, s'élancent en désespérés contre l'ennemi. Sur quarante qui restent, vingt-sept succombent; treize seulement échappent au massacre et sont recueillis par la garnison de Nemours, qui venait à leur secours.

Nous ne terminerons point cette description sommaire des principales localités de la province, sans rappeler deux des plus glorieuses campagnes de l'armée d'Afrique : — La campagne d'Isly, et celle des Beni-Snassen.

ISLY.

Petite rivière, dans le Maroc, à quelques kilomètres de notre frontière. — C'est sur les bords de l'Isly que le maréchal Bugeaud, à la tête de 10,000 hommes, défit, en bataille rangée, l'armée marocaine, forte de 40,000 combattants, et que commandait en personne le fils de l'Empereur (14 août 1844).

La victoire d'Isly, qui suffirait pour illustrer le maréchal Bugeaud, marquera dans les fastes de l'armée d'Afrique comme le succès le plus éclatant et le plus décisif. Aussi bien, et pour nous servir des expressions mêmes du maréchal, elle apprit à l'Europe étonnée que la victoire n'est pas toujours du côté des gros bataillons, et ruina de fond en comble la puissance d'Abd-el-Kader, qui était alors notre implacable ennemi.

Ce fut une grande et glorieuse journée, où chefs et soldats rivalisèrent d'ardeur : nous la raconterons en détail, mais il nous faut d'abord rappeler les causes qui avaient amené la guerre.

Poursuivi sans relâche par nos colonnes mobiles, abandonné des siens, Abd-el-Kader avait quitté la Régence et s'était réfugié dans les montagnes du Riff, au delà de nos frontières. C'était là qu'il comptait recruter de nouveaux soldats pour la guerre sainte. En face des montagnards, il se posa non point en prétendant que la fortune avait trahi, mais en serviteur d'Allah, c'est-à-dire en ennemi des chrétiens. Mis en contact avec les marabouts, il leur raconta toutes les phases de la guerre, montra l'armée française détruisant sur son passage les champs, les moissons, les troupeaux, prête à envahir leur territoire; — et il demandait quel crime avaient commis les enfants du Prophète pour que Dieu les laissât ainsi sans courage et sans force.

Ces discours, pieusement écoutés et promptement répandus, excitèrent dans le Riff une violente agitation. Abd-el-Kader fut considéré comme un martyr : de tous les points on accourut pour le voir et l'entendre, et si grande devint sa popularité que l'empereur du Maroc le créa khalifa de la province.

Le gouvernement français ne voulait point la guerre : il s'adressa à la cour de Fez et demanda l'exécution pure et simple des traités antérieurs. Abd-er-Rhaman, qui croyait pouvoir compter sur l'appui de l'Angleterre, répondit d'une manière évasive. On convint toutefois que, pour éviter tout sujet de querelle, on fixerait la délimitation des frontières. El Gennanouï, caïd d'Ouchda, fut chargé par l'empereur de régler le différend avec l'autorité française.

Mais on ne soulève point impunément les passions religieuses : les Marocains avaient fait cause commune avec Abd-el-Kader et il leur tardait de commencer la lutte. Sur ces entrefaites, le fils aîné d'Abd-er-Rhaman vint à Ouchda : sa présence enflamma le courage des Musulmans qui, sans provocation aucune et sans déclaration de guerre, se ruèrent contre Lalla-Maghnia. Heureusement, Lamoricière était là : aux premiers coups de feu il marcha contre l'ennemi; bientôt après, les Marocains fuyaient en désordre.

Bugeaud était alors en Kabylie : à la nouvelle du combat d'Ouchda, il partit en toute hâte pour la province d'Oran avec les bataillons disponibles, et prit le commandement des troupes (12 juin 1844). Son premier soin fut de demander à Gennanouï une conférence, afin de régler les points en litige. Celui-ci accepta, et la conférence fut fixée au 15 juin, sur les bords de la Moulouïa. Le général Bedeau fut chargé d'y représenter la France : il s'y rendit avec la cavalerie française et quatre bataillons d'infanterie. De son côté, Gennanouï s'était fait accompagner par six cents fantassins et trois mille cavaliers.

Les deux troupes étaient à peine en présence que les Marocains entourèrent nos bataillons et, s'excitant les uns les autres, commencèrent le feu. Gennanouï suspendit un instant les pourparlers, afin de rétablir l'ordre, puis déclara qu'il ne pouvait contenir l'enthousiasme de ses soldats et qu'il fallait terminer au plus vite. Abd-er-Rhaman, ajoutait-il, désirait la paix, mais il voulait que les Français se retirassent derrière la Tafna, qui serait désormais notre limite.

Les deux chefs ne purent s'entendre : on se sépara ; mais au moment où la troupe française commençait sa retraite, elle fut attaquée.

Le général Bedeau avait reçu l'ordre formel de ne point accepter la bataille ; il méprisa l'insulte et se retira. Le maréchal, prévenu de ce qui se passait, prit avec lui quatre bataillons et se porta rapidement au secours de la colonne, qui fit aussitôt volte-face, chargea les Marocains et ne s'arrêta qu'après les avoir dispersés.

La guerre une fois commencée, le maréchal Bugeaud agit avec sa vigueur habituelle :

Depuis plusieurs jours il préparait moralement et matériellement sa petite armée ; il réunit plusieurs fois les officiers pour les bien pénétrer de quelques principes dont il allait faire l'application, et il fit répéter la manœuvre qu'il avait adoptée pour combattre la cavalerie marocaine.

Le 13 août, au soir, l'armée simulant un grand fourrage se porta à quatre lieues en avant, puis s'arrêta. A minuit, elle se remit en marche ; au petit jour elle arrivait à la rivière d'Isly, qu'elle devait traverser deux fois pour rejoindre l'ennemi. Le passage du premier gué s'effectua sans trop de difficultés ; peu d'heures après, les troupes gagnaient un massif qui forme le coude très-peu prononcé de la rivière, et voyaient devant elles tous les camps marocains, rangés sur la rive droite, au milieu de plusieurs milliers de combattants. —Sur une butte dominant les alentours, on distinguait les tentes du fils de l'empereur, ses drapeaux et son parasol, signes du commandement.

Le maréchal réunit autour de lui les chefs de corps pour leur donner ses dernières instructions ; il leur désigne pour point de direction la tente même du fils de l'empereur ; aussitôt après, l'armée descend vers le second gué.

Les Marocains essayent d'en défendre le passage, qui est résolûment franchi, et la colonne atteint, sans grandes pertes, un plateau immédiatement inférieur à la butte occupée par le fils du sultan. Les pièces de campagne sont pointées sur cette butte : à l'instant même des masses de cavaliers arabes débouchent à droite et à gauche des collines et enveloppent notre armée. Nos tirailleurs, placés en avant, se couchent à plat ventre ; les carrés ouvrent leur feu, et les canons tirent à mitraille. Alors, toute cette cavalerie s'arrête, inquiète, et commence à tourbillonner. La colonne continue sa marche, et, après une assez faible résistance, elle enlève la butte où, quelques minutes auparavant, brillait le parasol de Mohammed.

Cette butte prise, le maréchal ordonne une conversion à droite et charge la cavalerie, qui n'avait point encore donné, de porter le coup décisif.

Le colonel Tartas divise sa troupe en quatre échelons, formés chacun de quatre à cinq cents cavaliers : le premier de ces échelons se compose en grande partie de spahis indigènes : Jusuf est à leur tête ; il se précipite, tête baissée, vers le camp marocain, traverse, comme une trombe, les masses compactes qui s'efforcent de l'arrêter, et arrive aux tentes marocaines remplies de fantassins et de cavaliers qui lui disputent le terrain pied à pied. A peu de distance des spahis accourent trois escadrons de chasseurs, qui donnent à l'attaque une nouvelle impulsion : les canonniers marocains sont sabrés sur leurs pièces ; leur artillerie est prise, et le camp de Mohammed reste au pouvoir des Français. — Il était encombré de cadavres, de pièces d'artillerie et de drapeaux ; on y retrouva le parasol du fils de l'empereur, et sa tente dressée reçut les glorieux trophées que nous venions de conquérir.

Ainsi finit cette bataille mémorable qui devait consacrer la conquête définitive de l'Algérie.

BENI-SNASSEN.

Ce sont des tribus marocaines de race kabyle, dont les maisons sont bâties sur les montagnes du Riff et qui furent rudement châtiées par l'armée française (octobre 1859), dans les circonstances suivantes :

L'empereur du Maroc, Abd-er-Rhamann, venait de mourir, et sa succession était à peine ouverte que ses héritiers se disputaient l'Empire. Les populations qui avoisinent notre frontière, jalouses de suivre l'exemple donné par les Riffains qui assiégeaient les Espagnols dans leur forteresse de Ceuta, et sollicités peut-être par un des prétendants, voulurent « faire parler la poudre. » — Quelques tribus, excitées par un prétendu chérif, prenant le nom traditionnel de Muhammed-ben-Addallah, violèrent notre territoire, surprirent des convoyeurs civils et des soldats isolés, puis attaquèrent un gros de chasseurs et de spahis qui opéraient une reconnaissance.

Bientôt le mouvement gagna de proche en proche : les douars arabes soumis à notre autorité furent impitoyablement saccagés par les partisans du chérif qui, peu après, vinrent au nombre de sept mille assaillir notre avant-poste. Défaites à Tiouly (11 sept.), les bandes marocaines durent repasser la frontière, abandonnant dans la fuite leurs morts et leurs bagages ; mais elles pouvaient reparaître plus nombreuses et recommencer la lutte : afin d'assurer l'avenir, une expédition fut résolue, et le ministre de la guerre ordonna la formation d'un corps expéditionnaire sous les ordres du général de Martimprey, alors Commandant supérieur des forces de terre et de mer.

Ce corps comprenait deux divisions d'infanterie, commandées par les généraux Walsin-Esterhazy et Jusuf, et une division de cavalerie aux ordres du général Desvaux. — Toutes les troupes furent promptement réunies sur l'Oued-Kiss, en face des Beni-Snassen. Mais, instruit par l'expérience des guerres précédentes, le général de Martimprey ne voulut commencer les opérations qu'après s'être créé une base solide par la construction de deux grandes redoutes, où il réunit, en quantités suffisantes, des approvisionnements de guerre et de bouche, pour satisfaire, pendant au moins vingt jours, aux besoins de la colonne.

Tandis que s'élevaient ces redoutes et que se formaient ces approvisionnements, deux colonnes légères se mettaient en mouvement, l'une sous les ordres du général Durrieu, l'autre sons les ordres du commandant de Colomb. Elles avaient pour mission de faire une diversion à l'attaque principale contre les Beni-Snassen, et d'empêcher les Mahias, les Angades et autres tribus nomades du Sahara-Marocain, d'inquiéter nos tribus du Sud, et de se réunir aux contingents Kabyles. — Bien que la chaleur fût accablante et que le choléra fît d'épouvantables ravages, nos troupes étaient pleines d'ardeur et demandaient à combattre : quand le moment d'agir fut venu, le général lança la brigade Deligny (1ʳᵉ division) contre les Beni-Snassen qui s'étaient groupés sur le col d'Aïn-Taforalt, point stratégique de la montagne, dont la possession devait désorganiser la résistance. Pour arriver au col, la brigade avait à franchir une distance de 6 kil. et à s'élever d'une hauteur de 800 mètres, environ, dans un terrain boisé, rocheux, particulièrement tourmenté, et où les Kabyles avaient, de longue main, multiplié les obstacles. — La brigade Archinard (division Jusuf) forma une seconde attaque, à droite de la première, à travers des difficultés analogues et sous le feu de villages fortifiés qu'occupaient leurs habitants en armes.

Au commandement du général en chef, l'action fut entamée des deux côtés avec un égal entrain, et poussée avec une extrême vigueur jusqu'aux objectifs assignés aux colonnes. Après une lutte opiniâtre, qui avait duré trois heures, la montagne était gravie : le général Deligny établissait sa brigade sur le plateau d'Aïn-Taforalt et le général Jusuf, maître du village de Tagma, poussait un bataillon à l'entrée d'un col secondaire, donnant accès sur le plateau principal. — Aux approches de la nuit, toute résistance avait cessé : l'armée tenait la clef du pays.

Les Beni-Snassen s'avouèrent vaincus : leur chef vint, en personne, trouver le général de Martimprey et implorer l'aman ; comme gage de sa soumission, il accepta, et garantit même, toutes les conditions que le général jugea nécessaire d'imposer à sa tribu et à celles qui avaient pris part au mouvement.

Les Angades et les Mahïas, également coupables, devaient être également châtiées : sur l'ordre du général en chef, le général Durrieu, exécutant une habile manœuvre, atteignit ces deux tribus alors qu'elles cherchaient à gagner le Sahara, et fit sur elles un immense butin. (5 novembre).

Ainsi se termina cette expédition, une des plus pénibles et des plus glorieuses de l'armée d'Afrique. Elle fut courte, mais décisive. Nos troupes y firent ample moisson de gloire, et le premier aide-de-camp du général de Martimprey, M. Mircher, chef d'escadron d'état-major, eut l'honneur de remettre à l'Empereur les bannières enlevées aux Mahïas et aux Angades, ainsi que les armes de prix et une riche djébira enlevées aux chefs marocains dans la journée du 5 novembre, et à l'attaque du col de Taforalt.

III

PROVINCE DE CONSTANTINE

La province de Constantine occupe la partie orientale de l'Algérie; elle est bornée : au Nord, par la Méditerranée, à l'Est, par la Régence de Tunis, à l'Ouest, par la province d'Alger, et au Sud par le Sahara.

La superficie de la province est de 175,000 kilomètres carrés, dont 73,000 dans le Tell et 102,000 dans le Sahara.

Le département est divisé en cinq arrondissements : Constantine, Bone, Philippeville, Guelma et Sétif; il comprend cinq districts (ou commissariats civils) et vingt-quatre communes.

La division militaire comprend quatre subdivisions : Constantine, Bone, Batna, Sétif, et seize cercles ou annexes.

CONSTANTINE.

Constantine. — Chef-lieu du département et de la division militaire de la province de l'Est. Pop. 29,687 hab., dont 24,000 indigènes, environ. — *Hôtels* : *de l'Orient*, rue du Commerce; *de France*, rue de la Poste; *des Colonies*, place de Nemours. — *Cafés* : *Moreau*, place du Palais; *Charles*, place du Palais. — *Café concert*; *cercle militaire*; *cercle civil*; *Musée*, place Négrier; *Postes*, rue de la Poste; — *Service régulier de diligences pour les principales villes de la province.*

La ville de Constantine a son cachet particulier; nous empruntons à une notice officielle publiée, en 1836, par le Ministère de la Guerre, la description de cette place, au moment de la conquête :

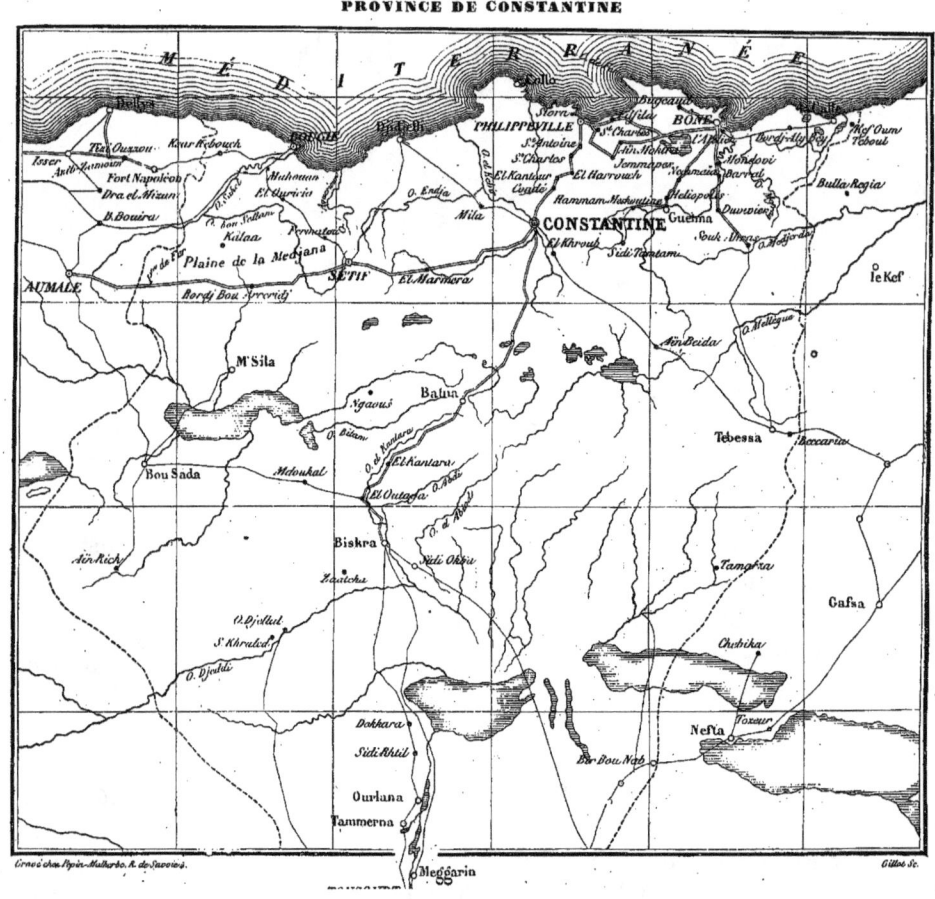

Constantine.

« La ville de Constantine (*Cirta* des anciens, *Cossentina* des Arabes), capitale de l'ancien Beylik de ce nom, est située au delà du Petit-Atlas, sur l'Oued-Rummel, au point où cette rivière traverse des collines élevées, contre forts de l'Atlas, et pénètre, du bassin supérieur, dans la plaine de Milah.

« Cette ville, placée entre Tunis et Bone, et à 40 lieues de distance de cette dernière, est à 22 lieues de Stora et à 10 lieues de Milah.

Constantine est bâtie dans une presqu'île contournée par la rivière et dominée par les hauteurs de Mansourah et de Sidi-Mécid, dont elle est séparée par une grande et profonde anfractuosité où coulent les eaux de l'Oued-Rummel, qui, au-dessus de la ville, reçoit le Bou-Merzoug dans un lieu appelé El-Kantara (les arceaux, aqueducs antiques). Ce ruisseau, de 7 à 8 lieues de cours, vient de l'E. et aboutit à la rive droite du Rummel.

« Au S. E. de la ville s'étend le plateau de Mansourah; il est dépouillé d'arbres, et la terre y est annuellement mise en culture. Ce plateau domine la ville à 300 et à 400 mètres. Au N. E. de Constantine s'élève le mont Mécid, lieu de sépulture des Israélites. De ses appendices rocailleux et couverts de cactus, on domine la ville à une distance de 350 mètres.

« Au S. O. de Constantine, à 1,000 mètres du faubourg, sont les hauteurs découvertes de Coudiat-Aty, précédées par un mamelon entièrement occupé par des santons et des tombeaux musulmans. Ces points culminants commandent également les approches de la ville.

« Constantine, entourée de terres labourables dépouillées d'arbres, domine des plaines étendues d'une grande fertilité. Elle est dans un site très-pittoresque. Au S. et à l'O., la vue s'étend très-loin; au delà des plaines et de pays peu accidentés, on aperçoit des montagnes souvent couvertes de neige. Au N. E., l'horizon, borné par le Djebel-el-Ouache, est peu étendu.

Cette ville est bâtie sur un plateau presque entièrement entouré de rochers, qui a la forme d'un trapèze dont les angles font face aux quatre points cardinaux, et dont la plus grande diagonale est dirigée du S. au N. L'Oued-Rummel s'approche de la ville par son angle S., à Sidi-Rached, où elle forme une cascade, et coule dans un grand ravin qui règne le long des côtés S. E. et N. E. : arrivée à l'extrémité septentrionale, où est bâtie la Casbah, elle forme une nouvelle cascade dite des Tortues, et quitte la ville en continuant son cours vers le N. Ce ravin n'a pas partout la même largeur : depuis Sidi-Rached jusqu'à l'angle E., nommé El-Kantara, il n'a que 30 mètres de profondeur et 60 mètres de largeur; à partir de ce point jusqu'à la Casbah, la coupure est beaucoup plus large et plus profonde. Il peut être considéré comme un immense fossé qui défend l'approche des murailles sur ces deux côtés. L'Oued-Rummel, qui coule au fond, présente une circonstance singulière : arrivées à la pointe El-Kantara, ses eaux s'engouffrent pendant quelques instants sous terre, et reparaissent ensuite pour disparaître de nouveau. Il y a jusqu'à quatre pertes successives qui forment des ponts naturels de 50 à 100 mètres de large. Sur le troisième côté, entre l'angle N. de la Casbah et l'angle O., nommé Assous, le terrain est aussi très-escarpé. Il y existe cependant une large brèche par laquelle on jette les ordures de la ville; elle est, il est vrai, très-rapide, mais cependant on peut la gravir.

« Reste le quatrième côté, entre le point Assous et Sidi-Rached, par lequel la presqu'île tient au massif dont elle n'est qu'un appendice. Ce côté est bordé de rochers à ses deux extrémités, mais ils diminuent de hauteur à mesure que l'on s'éloigne du ravin et que l'on se rapproche du point le plus élevé du contre-fort, où ils cessent d'être continus et de former une enceinte naturelle. — C'est là le seul point par lequel la ville soit facilement abordable.

« La ville de Constantine a quatre portes, dont trois se trouvent sur le même côté, au S. O. La première, la plus rapprochée vers Bordj-Assous, se trouve dans un angle rentrant sur le point le plus élevé du contre-fort, où les rochers ne se montrent plus; on nomme cette porte Bab-el-Djedid : le chemin d'Alger y aboutit. Celle du centre s'appelle Bab-el-Oued; elle conduit vers le S., et peut gagner, par un embranchement, le chemin d'Alger dit du Garb (de l'ouest).

« La troisième porte, nommée El-Ghabia, communique avec la rivière El-Rummel; elle est un peu dominée par la porte et le rempart Bab-el-Oued.

« Ces trois portes sont unies par une muraille antique, haute de 30 pieds, souvent sans fossés. Entre la porte El-Ghabia, et l'angle saillant de Sidi-Rached, existait autrefois la porte de Hennencha; elle est murée depuis longtemps.

« En avant des deux premières portes, il y a, sur le sommet du contre-fort qui se lie au Coudiat-Aty, un faubourg peu étendu habité par des artisans. On y tient les marchés de certaines productions; les autres denrées se vendent en ville. Diverses habitations, une mosquée, des fondoucks, et, plus loin, les vastes écuries du bey, situées entre la rive gauche du Rummel et Coudiat-Aty, dépendent de ce faubourg; ces écuries pouvaient loger de 700 à 800 chevaux. On trouve peu de ruines antiques dans cette partie de la ville.

« Le reste de l'enceinte est formé par des murailles peu solides et sans terrassements; des maisons sont adossées quelquefois contre ces murs, qui, élevés sur des rochers à pic, présentent une bonne défense.

« La quatrième porte, dite d'El-Kantara, est à l'angle en face du vallon compris entre le mont Mansourah et le mont Mécid. Le pont, d'où elle tire son nom, se trouve vis-à-vis; large et fort, élevé sur trois étages d'arches, il est de construction antique dans sa partie inférieure. Il est jeté sur la rivière et sur cette grande coupure qui sépare la ville de la montagne.

« Les chemins qui conduisent sur le littoral et ceux venant de l'E. aboutissent à cette porte. A côté du pont, le long des murs de la ville, est une rampe en mauvais état qui conduit au fond du ravin, véritable précipice où le ruisseau qui coule dans le vallon entre Mansoura et El-Mécid, vient se jeter dans le Rummel, et où commence la première des quatre portes dont nous avons déjà parlé.

« Sur l'angle N. du plateau, point le plus élevé de la ville, se trouve la Casbah, édifice antique qui sert de caserne; c'est une petite citadelle défendue par quelques pièces de canon. Dominant Constantine, elle couronne les rochers à pic qui entourent presque toute la ville, et c'est là que se trouvent les plus grands escarpements qui atteignent plus de 100 mètres de haut. Au-dessous de la Casbah sont des moulins à blé, mis en mouvement par les eaux détournées du Rummel. Des jardins et des vergers occupent les deux rives du fleuve, au N. de la ville, dans le quartier appelé El-Hamma.

« Constantine, qui, selon les Arabes, a la forme d'un burnous déployé, dont la Casbah représente le capuchon, a trois places publiques de peu d'étendue; les rues sont pavées, mais étroites et tortueuses; elles sout en pente roide de la Casbah vers le pont. Les maisons pour la plupart ont deux étages au-dessus du rez-de-chaussée; elles sont généralement bâties en briques crues ou en pisé. Les plus belles seulement le sont en briques cuites, et en pierre tirées des constructions romaines. Toutes ont des toitures en tuiles creuses posées sur des roseaux. Il existe dans la ville quelques monuments remarquables, notamment quelques mosquées et l'ancien palais du bey. Ce dernier édifice a été construit par le bey Ahmed depuis la prise d'Alger par les Français. Pour le décorer, il a fait prendre, dans les plus belles maisons de la ville, un grand nombre de colonnes de marbre que les propriétaires avaient fait apporter à dos de mulet de Bone ou de Tunis.

« Constantine possède treize mosquées principales et un grand nombre de petites chapelles.

« L'eau de source manque dans la place, et il y a peu de citernes; mais la rivière, à laquelle on parvient par un chemin couvert, fournit l'eau aux habitants.

« Une grande partie des terres qui avoisinent Constantine appartiennent au domaine public; la jouissance en était accordée aux hauts fonctionnaires du Beylick. Les Arabes qui les travaillent pour le compte de ceux-ci retenaient, seulement, un cinquième du produit: cette part était pour eux un salaire suffisant, à raison de la grande fertilité du sol.

« Les bêtes à cornes sont moins abondantes près de Constantine qu'aux environs de Bone; mais les moutons y sont plus communs.

« On ne trouve pas de boulangerie à Constantine ; car dans cette ville, comme dans toute la régence, les habitants, suivant un usage immémorial qui remonte aux temps bibliques, préparent le pain comme les autres aliments, dans la maison et au moment du repas. Il existe cependant dans la ville dix-huit fours banaux : c'est dans ces fours, dont chacun peut recevoir cent pains de deux rations, que se cuisait le biscuit nécessaire aux troupes du bey ; le chauffage s'en faisait avec le bois que quelques tribus de la montagne étaient tenues d'apporter comme contribution.

« Vingt-deux moulins à eau étaient en dehors de la ville, qui contient quelques moulins à manége.

« Les habitants de Constantine sont en général industrieux ; aussi l'on compte parmi eux un grand nombre de marchands et d'artisans. L'une des principales industries est la fabrication des selles, des bottes, des souliers et des guêtres à la mode arabe ; mais ce qui fait surtout la richesse des habitants, c'est la culture de leurs terres, c'est encore leur commerce avec l'intérieur de l'Afrique. Il partait, tous les deux mois, pour Tunis une caravane de 150 à 200 mulets, pour y porter les produits agricoles et industriels que le bey vendait autrefois à la compagnie française de la Calle, et en rapporter ceux qui lui étaient fournis par cette compagnie, et qui se tiraient dernièrement de l'Angleterre. On vend à Constantine des draps grossiers, fabriqués avec les laines du pays.

« Quelques forgerons fabriquent, avec le fer acheté à Tunis, les instruments aratoires, des mors de brides, des étriers et des fers pour les chevaux et les mulets ; les armes viennent de la montagne des Beni-Abbès, où on les fabrique.

« Sous la domination d'Ahmed, la poudre se fabriquait à Constantine, près de la Casbah ; une vingtaine d'hommes y étaient employés.

« Les femmes, outre les travaux domestiques, auxquels elles se livrent dans l'intérieur, filent la laine, qu'elles vendent au marché dit Souck-el-Azel, aux fabricants de haïks ; elles tissent aussi des burnous, même les plus estimés.

« Le climat de Constantine est très-sain, mais un peu froid, en raison de la position même de la ville. Dans les plaines qui l'avoisinent, il règne, au contraire, une température élevée pendant une grande partie de l'année.

« Il existe, dans le pays environnant, des sources d'eaux thermales très-abondantes ; elles alimentent des ruisseaux qui coulent en toute saison. A deux lieues de la place, vers l'Ouest, on trouve des carrières de plâtre de très-bonne qualité ; elles sont exploitées par des Arabes, mais sur une bien petite échelle.

« Sur plusieurs points, on rencontre des couches de terre rougeâtre qui sont blanchies par des efflorescences de salpêtre, et il est probable qu'elles en contiennent en assez grande quantité pour qu'on pût se livrer à une exploitation régulière. » (*Tabl. des Établ. Français.*)

Depuis 1836, le pays a quelque peu changé d'aspect : grâce à l'énergie des colons européens, la campagne s'est transformée, la terre est devenue plus féconde, et Constantine elle-même s'est embellie.

La ville se divise en deux parties nettement tranchées : d'un côté, les habitations françaises, des rues larges et propres, des cafés élégants, de riches magasins et des places spacieuses ; de l'autre, de sombres maisons où pullulent les Arabes et les Juifs, des rues étroites et sales et de misérables boutiques.

Les établissements les plus remarquables sont : le palais du général, commandant la division, l'hôtel de la préfecture, l'église, le musée, les principales mosquées arabes et les casernes. — Tous les services administratifs y ont leurs bureaux : — Justice de paix, conseil de guerre, Tribunal du Cadi; collége, écoles primaires, écoles indigènes, salle d'asile ; église et presbytère, oratoire, temple protestant, nombreuses mosquées; succursale de la banque d'Algérie, trésor, postes, service télégraphique ; chambre consultative d'agriculture, bureau de bienfaisance, société de secours mutuels ; hôpital civil et dispensaire; casernes d'infanterie et de cavalerie ; musée, théâtre ; vaste et belle pépinière aux environs de la ville. — Il se tient chaque jour, et sur les différentes places, des marchés très-importants en grains, haricots, peaux, laine, orfévrerie. Depuis peu, la ville possède une belle et vaste halle couverte dont la charpente est en fonte.

Constantine fut fondée par les Grecs sous le nom de Cyrtha, devint, plus tard, la capitale de la Numidie, tomba au pouvoir des Romains, fut détruite par un des lieutenants de Maxence (304 après J. C.), puis réédifiée par Constantin, qui lui donna son nom. — Sous la domination arabe, elle releva tantôt des rois de Tunis, tantôt des gouverneurs de Bougie. Prise par Kaïr-Eddin frère et successeur d'Aroudj (1520), elle fit, depuis cette époque, partie intégrante de la province d'Alger.— Attaquée par l'armée française (1836), elle se défendit vaillamment, puis se rendit l'année suivante, après un nouveau siége héroïquement soutenu.

Ces deux épisodes de notre histoire d'Afrique méritent d'être racontés :

La première expédition fut dirigée par le maréchal Clauzel, homme d'un rare mérite, mais qui eut le tort grave, en cette circonstance, de trop compter sur lui-même et de ne point tenir assez compte des difficultés qu'il avait à surmonter.

Partie de Bone (13 novembre 1836), l'armée arriva le 21 sous les murs de Constantine, sans avoir presque tiré un coup de fusil, mais déjà à moitié vaincue par les privations et la fatigue.

Les hommes avaient souffert du froid et de la faim : « La maladie et le découragement surtout appauvrissaient les esprits, s'ils n'éclaircissaient pas encore les rangs. » La nuit du 20 fut terrible entre toutes : « On n'avait pas trouvé un fétu de bois pour préparer les aliments ou pour réchauffer les membres mouillés et engourdis; pas un feu, pas une lueur ne brilla pendant ce sinistre bivouac. Le terrain n'était que fange ou aspérité de rochers ; la bise soufflait avec colère; une pluie glacée ne cessa de tomber à torrents, mêlée de nuages épais de neige tombant à gros flocons, ou d'ouragans de grêle. Le lendemain plusieurs cadavres marquaient la place où les troupes avaient couché... »

Le maréchal ne fut point troublé : on lui avait affirmé que les habitants se rendraient sans combat et il attendait patiemment la députation qui devait lui apporter les clefs de la ville, lorsque le feu d'une batterie, soudainement démasquée, vint détruire ses illusions.

La 1re et la 2e brigades sous le commandement du général de Rigny reçurent l'ordre de se porter sur Condiat-Ati, d'occuper les enclos et de s'emparer des approches : inquiétée dans sa marche par les tirailleurs arabes, la tête de la colonne fut un instant repoussée; mais bientôt, soutenue par le 17e léger, elle culbuta l'ennemi, qui s'enfuit en désordre. Le reste de l'armée s'établit à Mansourah. Le convoi, escorté par le 62e de ligne, fut forcé de s'arrêter en deçà, dans un site tellement fangeux que les soldats l'appelèrent dans leur style imagé, « le camp de la boue. » Le lendemain, 22, on fit de nombreux efforts pour dégager les prolonges et on ne put y parvenir.

Le 23, aux approches de la nuit, les troupes furent massées en silence, prêtes à donner l'assaut. Malheureusement, la lune brillait d'un vif éclat, et l'ennemi, mis en défiance par les tentatives de la veille, faisait bonne garde. Les sapeurs du génie se coulèrent sur le pont à travers une grêle de balles. Beaucoup furent atteints, et les attirails qu'ils portaient roulèrent avec eux dans le Rummel; le peu qui s'échappa parvint à se loger et se mit au travail. Le général Trézel, croyant la porte enfoncée, accourut aussitôt à la tête du 59e et du 63e de ligne; mais la porte résistait toujours, et la colonne, entassée sur le pont, fut littéralement hachée par la mitraille : — la position n'était pas tenable et c'eût été folie de s'engager plus avant. Le maréchal fit sonner la retraite. Au même moment la colonne Duvivier partait de Coudiat-Ati et cherchait à pénétrer dans la place par la porte d'El-Djabia ; mais faute de moyens mécaniques indispensables pour briser les portes, l'attaque échoua complètement. Clauzel s'avoua vaincu! l'armée dut battre en retraite. Elle était à peine en marche, que les assiégés, sortis en foule en poussant des cris sauvages, se jetèrent sur les flancs de la colonne. Nos tirailleurs les tinrent en respect ; mais la défense était molle, et, d'une minute à l'autre, nous pouvions être enveloppés.

C'est alors que le commandant Changarnier, ne prenant conseil que de lui-même, exécuta ce mouvement audacieux qui a fait sa fortune militaire. Son bataillon (2ᵉ léger) formait l'arrière-garde : Changarnier ralentit sa marche et laisse augmenter la distance qui le séparait du convoi. Bientôt il s'arrête, forme sa troupe en carré, l'enlève au cri de Vive le roi ! puis commande le feu : — Les Arabes étaient à vingt pas : à la première décharge les trois faces du carré furent couvertes d'hommes et de chevaux; ce qui ne tomba pas s'enfuit à toute bride et le bataillon rejoignit la colonne.

L'armée poursuivit sa marche, réglant son allure sur le pas des plus faibles; ce qu'elle eut à souffrir, un témoin l'a raconté : « Du monument de Constantin commença (24 novembre) le triste spectacle que nous eûmes constamment sous les yeux : des soldats, fatigués déjà, avaient de la peine à se traîner, quoique le temps fût beau : aussi, derrière nous s'offrit le spectacle le plus horrible ; des malheureux, tombant pour ne plus se relever, étaient égorgés devant nous ; les chasseurs d'Afrique n'étaient plus qu'un régiment d'infanterie ; officiers et soldats donnaient leurs chevaux pour les blessés et les malades ; souvent même ils chargeaient pour enlever à nos féroces ennemis des victimes qui, laissées sur la route, allaient devenir leurs martyrs. » Enfin, les troupes arrivèrent à Bone (1ᵉʳ décembre 1836). — Il était temps; officiers et soldats étaient à bout de forces !... Le maréchal confessa franchement son imprévoyance et s'accusa d'avoir cru trop aux promesses dont on l'avait bercé. Mais s'il se montra sévère pour lui-même il fut juste pour ses compagnons d'armes. Au moment de partir pour Alger, il se fit un devoir de complimenter les troupes du courage et de la résignation qu'elles avaient montrés, et se plut à constater que tous avaient supporté avec une admirable constance les souffrances les plus cruelles de la guerre ; et c'était vrai.

Peu de jours après, le corps expéditionnaire fut dissous, et le comte Clauzel se rendit à Paris. On le destitua.

Cependant, la France ne pouvait rester sous un pareil échec, et le général Damrémont, nouvellement nommé Gouverneur, reçut l'ordre de s'emparer de Constantine.

Le corps expéditionnaire montait à dix mille hommes, divisés en quatre brigades, commandées : la première par le duc de Nemours, la seconde par le général Trezel, la troisième par le général Rulhières, la quatrième par le colonel Combes. — L'artillerie avait à sa tête le général Valée; le génie, le général Rohault de Fleury. L'armée emportait dix-huit jours de vivres.

Elle se mit en marche le 1ᵉʳ octobre 1837, et, cinq jours après, elle était devant Constantine.

Après avoir disposé l'attaque et

formé les colonnes, le général en chef envoya faire aux assiégés les sommations d'usage. Ce fut un soldat du bataillon turc qui porta la dépêche. Il se hissa à une corde etée du rempart, et fut introduit dans la place. Le lendemain, il revint avec cette réponse verbale :

— « Il y a dans Constantine beaucoup de munitions de guerre et de bouche. Si les Français en manquent, nous leur en enverrons. Nous ne savons pas ce que c'est qu'une brèche ou une capitulation. Nous défendrons à outrance notre ville et nos maisons. On ne sera maître de Constantine qu'après avoir égorgé jusqu'au dernier de ses défenseurs. »

— Ce sont des gens de cœur, dit Damrémont. Eh bien ! l'affaire n'en sera que plus glorieuse pour nous.

Et il se rendit avec sa suite sur le plateau de Condiat-Ati pour examiner la brèche. Là, il mit pied à terre, fit quelques pas en avant et s'arrêta sur un point très-découvert ; le général Rulhières, craignant un malheur, le supplia de s'éloigner un peu :

— Laissez ! répondit Damrémont, je...

Il n'acheva pas ; un boulet, parti de la place, le renversa sans vie...

Le lieutenant général comte Valée prit le commandement des troupes. Il fit canonner la ville et ordonna l'assaut pour le lendemain. Les troupes furent réparties en trois colonnes : la première sous les ordres du lieutenant-colonel Lamoricière, la seconde et la troisième sous ceux des colonels Combes et Corbin.

A sept heures précises, par un soleil radieux, le duc de Nemours donne le signal : — la première colonne s'ébranle, gagne la brèche au pas de course, au milieu d'une ardente fusillade, et le capitaine Gardarens plante sur les remparts le drapeau tricolore. Mais à mesure que la colonne descend dans la ville, elle se heurte contre de nouveaux obstacles : chaque maison a été transformée en place forte, il faut briser les portes ; on se bat corps à corps et les assaillants sont décimés par un feu de mousqueterie tiré de mille embrasures. — Mais nos soldats ont juré de vaincre ; ils s'excitent les uns les autres, chargent avec furie, et font un épouvantable massacre. Tout à coup une maison s'écroule, qui écrase ou étouffe sous ses débris une centaine d'hommes. A peine ce danger passé, un autre survient : un magasin à poudre prend feu, et l'explosion sème dans nos rangs le désordre et l'effroi. Cependant les troupes arrivaient dans la ville par détachements de deux compagnies, à mesure que la première colonne gagnait du terrain ; on évitait ainsi le désordre et l'encombrement qui nous avaient été si funestes en 1836. Bientôt la place fut presque complétement envahie, grâce à un mouvement décisif du colonel Combes, qui fit habilement tourner une barricade. Mais le vaillant soldat paya de sa vie le succès qu'il venait d'obtenir. Atteint de deux blessures mortelles, il attendit sans faiblir que l'ennemi fût repoussé. Alors se passa une scène digne des temps héroïques : insensible à la douleur, le colonel Combes s'avança vers le duc de Nemours, pour lui rendre compte de la situation. Son pas était assuré, son visage calme ; à le voir, nul ne se fût douté qu'il portait la mort dans la poitrine. Il s'exprima noblement, avec simplicité, sans parler de lui autrement que par cette allusion mélancolique et sublime : — « Ceux qui ne sont pas blessés mortellement jouiront de ce succès. »

Pendant l'assaut, une partie des habitants tenta de fuir par un des côtés du ravin, à l'aide de cordages qui descendaient le long des rochers ; mais les cordes, incessamment tendues, se brisèrent sous le poids des fugitifs : une grappe d'hommes, de femmes, d'enfants et de vieillards roula dans l'abîme et périt dans une affreuse et lamentable agonie.

La ville était prise : le général Rulhières en fut nommé commandant supérieur : comme il arrivait, il reçut une lettre dans laquelle les autorités et les personnages influents de Constantine faisaient leur soumission et imploraient la clémence des vainqueurs. — Le général fit immédiatement cesser le feu, et se dirigea vers la Casbah, dont les derniers défenseurs furent promptement expulsés. Deux heures après, le drapeau de la France flottait sur tous les édifices, et le duc de Nemours prenait possession de la maison du bey (13 octobre.)

Le général Valée s'occupa tout aussitôt de régulariser les services administratifs, de manière à pourvoir aux besoins du pays. Après quoi il donna le signal du départ et revint à Bone, où l'attendaient la dignité de maréchal et le titre de Gouverneur.

ROUTES DE LA PROVINCE DE CONSTANTINE.

DE CONSTANTINE A ALGER.

(Diligences de Constantine à Sétif ; chevaux et mulets de Sétif à Aumale ; diligence d'Aumale à Alger.)

Sétif. — Ville à 130 kil. Pop. europ. 2,163 hab., ind. 900. — *Hôtels : de France, de Paris, d'Italie ; cafés : Pans, Dufour, Combes ; théâtre ; service régulier de diligences pour Constantine ; marché arabe tous les dimanches.* — Sous-préfecture, ch.-l. de subdiv. militaire, justice de paix ; mairie ; église, école communale pour les garçons, école pour les filles, salle d'asile ; casernes d'infant. et de caval., pavillon d'officiers, cercle et bibliothèque militaires, magasins de subsistances et autres ; hôpital ; télégraphe et bureau de poste ; pépinière ; station d'étalons ; rues larges et bien percées ; fontaines nombreuses, jolies places. — Marché arabe tous les dimanches — Les environs de la ville sont parfaitement cultivés par les Arabes. — Peu d'arbres.

Sétif (*Sitifis Colonia*) était, du temps des Romains, la capitale de la Mauritanie sitifienne; elle fut détruite par les Vandales. — Le général Galbois la visita en juin 1835, puis l'occupa définitivement l'année suivante.

Bordj-bou-Arreridj.— Ch.-l. de cercle à 193 kil., et à 63 kil. de Sétif, dans la plaine de la Medjana. Village et poste militaire. Popul. europ. 217. — *Auberges et cafés; bureau de poste et télégraphe*. — La population est positivement industrieuse; elle se compose principalement de maçons, charpentiers et menuisiers, et ne compte que peu de familles d'agriculteurs. — Jolis jardins bien cultivés, légumes, pommes de terre, maïs et tabac. — Marché arabe tous les jeudis, et particulièrement fréquenté par les Kabyles, qui y apportent leurs produits et s'y approvisionnent en blé et en orge.

A 40 kil. N. O. se trouvent les *Bibans*, ou *Portes de Fer* :

Portes-de-fer — (département de Constantine). Passage difficile, à quatre journées de marche d'Alger, dans la direction de Sétif. — Les Romains n'osèrent jamais s'y aventurer; l'armée française le franchit en 1839.

Deux divisions, l'une sous les ordres du duc d'Orléans, l'autre commandée par le général Galbois, partirent ensemble de Sétif, puis se séparèrent à l'entrée des montagnes. La seconde, rebroussant chemin, rentra dans la vallée de la Medjouad, où sa présence était nécessaire pour contenir quelques tribus; la première, guidée par des indigènes, marcha vers le passage. — La chaîne à travers laquelle ce passage est pratiqué, est formée par un immense soulèvement qui a relevé les couches de rochers, primitivement horizontales. — L'action des siècles a successivement corrodé les parties de terrains autrefois interposés entre les bancs de rochers, de telle sorte que ces derniers représentent, aujourd'hui, une suite de murailles verticales impossibles à franchir. Une seule issue a été ouverte par l'Oued-Biban et l'Oued-Bouketon, ruisseau salé, à travers les énormes remparts formés d'un calcaire noir; leurs faces verticales s'élèvent à plus de trente mètres de haut, et se réunissent, par des déchirements inaccessibles, à des murailles analogues qui couronnent le sommet de la chaîne. Le passage devient tout à fait impraticable pendant les grandes pluies; alors le courant, arrêté par le rétrécissement auquel on a donné le nom de *portes*, élève quelquefois son niveau jusqu'à 10 mètres au dessus du sol; les eaux s'échappent ensuite avec violence, et inondent entièrement la vallée qui les reçoit en aval.

Après avoir passé le défilé (29 octobre 1839), les troupes débouchèrent dans une campagne riante, puis arrivèrent à Beni-Mansour, harassées de fatigue et de soif. Il y avait cinquante-deux heures que les chevaux n'avaient pu boire. — Le lendemain, la colonne poursuivit sa route, faiblement attaquée par les Kabyles. Le 1er novembre elle arrivait au Fondouk ; le 3, elle rentrait à Alger, où elle fut accueillie par la population avec un véritable enthousiasme. — Cette paisible expédition ralluma la guerre.

Aumale. — 297 kil. V. p. 80.
Alger. — 408 kil. V. p. 125.

DE CONSTANTINE A BOUGIE.

(Diligences de Constantine à Sétif ; chevaux et mulets de Sétif à Bougie.)

De Constantine à Sétif, voy. p. 232.

Fermatou. — Ham. à 135 kil. et à 9 kil. de Sétif, sur les bords du Bou-Selam. — Les jardins sont des mieux entretenus, des plus productifs, et forment la principale ressource des habitants.

El-Ouricia. — Ham. à 142 kil., à 12 kil. nord-est de Sétif, fondé par la Compagnie génevoise. Pop. europ. 189 hab. — Temple protestant ; maison commune ; écoles de garçons et de filles, salle d'asile ; fontaine, lavoir et abreuvoir. — Terres labourables excellentes.

Mahouan. — Ham. à 145 kil. sur un monticule, d'où il domine une large vallée. Pop. europ. 135 hab. — Fondé par la Comp. génevoise. — Chapelle, école mixte, salle d'asile ; sol fertile ; eaux excellentes ; salubrité parfaite ; jardins en plein rapport ; céréales ; belles plantations.

Aïn-Roua. — 163 kil. — Caravansérail.

Beni-Abdallah. — 179 kil. — Caravansérail.

Guiffer. — 193 kil. — Caravansérail.

Oued-Amizour. — 200 kil. — Caravansérail.

Bougie. — 226 kil. V. p. 180.

DE CONSTANTINE A DJIDJELLI

(105 kil.)

(Route stratégique ; chevaux ou mulets. La route ne traverse ni vallées ni villages ; caravansérails.)

DE CONSTANTINE A PHILIPPEVILLE.

(Service régulier de diligences.)

Le Pont-d'Aumale. — Hameau à 3 kil.

Bizot. — Ham. à 15 kil. Pop. europ. 67 hab. — Position bonne et salubre ; eaux abondantes ; sol fertile ; culture des céréales.

Condé-Smendou. — Villag. à 30 kil. Pop. europ. 186 hab. — C'est un point de station des voitures de roulage et des diligences. — Terres fertiles, céréales, vignes, climat salubre.

El-Arrouch. — 56 kil. Pop. europ. 622 hab., y compris celle d'El-Kantour. — Maison commune ; église, écoles ; hôpital, caserne et brigade de gendarmerie ; bureau de poste ; eaux abondantes, fontaine, lavoir et abreuvoir publics ; terres bonnes ; culture des céréales, fourrages, belles plantations, beaucoup d'oliviers. — Élève du gros bétail et des races ovines et porcines. — Marché arabe tous les vendredis.

El-Arrouch était, dans l'origine, une station militaire : le camp, attaqué, en 1842, par les Arabes, fut vigoureusement défendu par le colonel Lebreton du 22° de ligne. Ce fut une brillante affaire.

Gastonville. — 62 kil. Pop. europ. 426 hab. — Église, mairie et écoles; eaux abondantes; bonnes terres; céréales, maïs, tabac et coton; bétail nombreux; beurre estimé; belles plantations d'arbres fruitiers. Climat salubre.

Saint-Charles. — 67 kil., dans la vallée du Saf-Saf, à l'embranchement des routes de Philippeville à Constantine, et de Philippeville à Jemmapes. Population europ. 288 habitants. — Bonnes res; cultures principales : orge, blé, tabac, coton et vignes. — La presque totalité des concessions est ensemencée.

Saint-Antoine. — Villag. à 77 kil. et à 6 kil. de Philippeville, dans la vallée du Zeramna. Pop. europ. 260 habitants. — Maison commune; chapelle; fontaine et abreuvoir; sol extrêmement fertile; céréales, tabac, coton, garance, sorgho; plantations considérables en oliviers greffés et en arbres fruitiers; prairies naturelles; jardins et vergers magnifiques. — Deviendra un centre très-important.

Philippeville. — V. p. 487.

DE CONSTANTINE A BONE.

1° PAR JEMMAPES (156 KIL.)
(Service de diligences; trajet non direct.)

De Constantine à St-Charles;

St-Charles;

Jemmapes. — 88 kil.; situé dans la vallée du Fendek, à 40 kil. Sud-Ouest de Philippeville. Pop. europ. 1,100 habitants, — Commissariat civil, justice de paix; église et presbytère, écoles de garçons et de filles; poste de gendarmerie; fontaines alimentées, au moyen d'une conduite, par les eaux d'une source (Sayafa); rues larges, bien aérées; hôtel pour les voyageurs; diligences publiques; moulins à manège, moulins à vent; marché couvert; marché arabe tous les lundis; terres excellentes : blé, orge, maïs et fèves; vignes aux environs; vastes forêts de chêne-liège, actuellement exploitées par une compagnie concessionnaire.

Aïn-Mokhra. — Ham. à 124 kil. et caravansérail, sur la route de Bone à Jemmapes, près du lac Fezzara. — Riches mines de fer.

Lac Fezzara. — Lac dont le niveau est à 12 mètres au-dessus du niveau de la mer; il a une superficie de 12 lieue carrées. Ses eaux ont une profondeur maxima de 2^m,60. — On y trouve en abondance des cygnes et des grèbes, dont les peaux, préparées, fournissent de coquettes fourrures.

Alélik. — 150 kil.; ham. à 6 k. de Bone. Pop. 110 hab. — Dépôt d'étalons. — Usine importante où l'on traite les minerais de fer qui fournissent une fonte aciéreuse d'une excellente qualité.

Bone. Voy. p. 190.

2° PAR GUELMA (160 KIL.).

(Route stratégique; chevaux ou mulets de Constantine à Guelma; diligence de Guelma à Bone.)

De Constantine à :

Sidi - Mabrouk. — Hameau à 3 kil.

Lamblèche. — Ham. à 12 kil. à l'entrée de la vallée du Bou-Merzoug. Pop. europ. 11 hab. — Les premiers concessionnaires, israélites pour la plupart, ont vendu les lots qui leur avaient été donnés, et le village (1,148 hectares) appartient, presque en entier, à deux ou trois individus.

L'Oued-Tarf. — Groupe de maisons à 26 kil.

El-Aria. — Caravansérail. à 30 k.

Oued-Zenati. — Caravansérail. à 68 kil.

Medjez-Amar, — Ham. à 14 k. de Guelma. Pop. europ. 9 hab. — L'armée française, lors de la première expédition de Constantine, y établit son camp. Plus tard (1849) l'abbé Landmann y créa un orphelinat, auquel étaient affectés 500 hectares de bonnes terres. L'abbé Plasson succéda à l'abbé Landmann; depuis l'orphelinat a été supprimé, et l'établissement vendu à un particulier qui en a fait une ferme. — Le territoire est couvert d'oliviers, greffés pour la plupart.

Guelma. — 100 k.; ch.-l. d'ar. Ville à 66 kil. S. O. de Bone, sur la rive droite de la Seybouse, dont elle est distante de 2 kil. Pop. europ. 1636, ind. 2039. — Sous-préfecture : justice de paix; jolie église et presbytère; mairie; école, asile, oratoire protestant; casernes d'infanterie et de cavalerie, bureau arabe; hôpital; bureau de poste; pépinière; rues tirées au cordeau, parfaitement aérées, places et promenades publiques, eaux abondantes, belles plantations d'arbres. Climat salubre. — Deux marchés très-fréquentés; l'un quotidien, affecté à la vente des céréales, l'autre à la vente des bestiaux et de tous les produits indigènes.

Guelma fut fondée par les Romains, sous le nom de *Calama*.

Hammam-Meskhoutine (le bain des Maudits). Des omnibus conduisent de Guelma à Hammam, en passant près de la belle exploitation agricole de Bou-Far, et par Medjez-Amar.

« Une route tracée dans la vallée de la Seybouse, et passant près de l'ancien orphelinat de Medjez-Amar, rend facile et rapide la course de Guelma à Hammam-Meskhoutine. — Mais le voyageur en quête d'impressions neuves et imprévues, préférera toujours les sentiers arabes qui sillonnent en zigzag les flancs des montagnes, s'il veut voir se dérouler devant lui les capricieuses beautés d'une nature orientale. Quelque route qu'il suive d'ailleurs, il devinera de loin l'emplacement des sources aux nuages des vapeurs qui s'en échappent comme de la surface des chaudières en ébullition.

« Elles sourdent sur la rive droite de l'Oued-Bou-Hamden, qui, réuni, à 10 kil. plus bas, à l'Oued-Cherf, donne naissance à la Seybouse. Le plateau d'où s'échappent ces eaux forme la partie inférieure d'un versant à pente douce, exposé au N., et n'offre pas moins d'intérêt par sa végétation que par les phénomènes géologiques, anciens ou modernes, dont il est le théâtre.

« Vues de haut, elles occupent le centre d'un large bassin, entouré d'une ceinture de montagnes modérément élevées. Sur le second plan, le Djebel-Debbar, le Taya, le Rassel-Akba, la Mahouna, contreforts atlantiques, dont l'altitude varie entre 1,000 et 1,300 mètres, dessinent leurs crêtes abruptes aux quatre coins de l'horizon, et encadrent le pays le plus pittoresque qu'il soit possible d'imaginer. Des montagnes aux fronts chauves et dénudés, des plateaux couverts d'une végétation luxuriante et primesautière, des ravins profonds, deux ou trois cours d'eau torrentueux, cachés dans une épaisse forêt de lentisques, de lauriers-roses et d'oliviers, le tout noyé dans un océan de lumière et d'azur, telle est la perspective qui se déroule aux regards et frappe l'âme la plus prosaïquement constituée.

« Le nombre des sources est, en quelque sorte, illimité ; des changements se sont opérés dans leur lieu de dégagement, à une époque reculée, et continuent, de nos jours, sur une moins large échelle. Il n'est pas rare, en effet, de les voir tarir dans un point pour ne plus reparaître, ou pour se faire jour dans un autre, généralement plus déclive ; quelquefois, au contraire, et cette circonstance est à noter, en creusant le sol à de faibles profondeurs, on en fait jaillir de nouvelles.

« Elles sourdent par groupes aux bassins distincts, et MM. Hamel et Grellois en admettent six sous les noms de : sources de la Cascade, des Bains, de la Ruine, de l'Est, Sources nouvelles, et Sources ferrugineuses. Les deux groupes de la cascade et des bains servent, seuls, aux besoins de l'établissement militaire ; ils fournissent 84,000 litres d'eau à l'heure. La source ferrugineuse principale donne 4,000 litres à l'heure.

« Un examen comparatif des eaux minérales connues assigne à celles de Meskhoutine une des premières places, sous le rapport du débit, à côté de Loëche et d'Aix en Savoie ; Plombières ne fournit à l'heure que :   10,416 litres.
Baréges   7,500
Saint-Sauveur 6,000
Bourbonne   5,000

Toutes les eaux thermales vont grossir l'Oued-Bou-Hamden, après s'être réunies à un ruisseau, important dans la topographie du pays, de l'Oued-Chedakra ou Sekhrouna, rivière chaude ; en s'y jetant, les sources de la cascade donnent naissance à une belle chute d'eau, et revêtent les ondulations du sol d'un vernis calcaire éblouissant de blancheur. Une teinte rouge uniforme remplace, par moments, la blancheur de la cascade. Elle résulte, pour M. le docteur Moreau, de Bone, de plantes textiles que les Arabes font rouir sur le griffon des sources.

« A mesure qu'elles s'éloignent de leur point de départ et s'épandent sur le sol, les eaux déposent les sels calcaires qu'elles tenaient en dissolution. Le dépôt s'effectue au lieu même d'émergence, quand la température approche du degré d'ébullition, et, en thèse générale, d'autant plus loin que la température est moins considérable. Par l'addition lente et progressive de nouveaux matériaux, une colonne s'élève autour de chaque source et produit, à l'état de complet développement, ces cônes bizarres qu'on croirait sculptés dans le roc, tant leur forme est régulière et bien dessinée. On en compte plus de cent ayant trois, quatre mètres, et plus, de hauteur, et autant de circonférence à la base. Une ouverture, existant suivant l'axe, représente le conduit ascendant d'une source tarie. La terre, qui s'y est accumulée avec le temps, en fait des espèces de pots à fleurs naturels, où les graines entraînées par le vent viennent germer. Quand, dans la brume du soir et à travers les vapeurs des sources, on voit de loin blanchir ces pyramides, on croit avoir sous les yeux, dit M. le docteur F. Jacquot, les pierres tumulaires d'un cimetière de géants.

« En présence de toutes ces choses, l'imagination ne pourrait manquer de se donner carrière. Dépourvue de notions scientifiques, ignorant des plus simples lois de la nature, l'Arabe fait appel au merveilleux pour expliquer les faits qui dépassent son intelligence; et, voici entre autres légendes spéciales à Hammam-Meskhoutine, celle qui a le plus de crédit :

« Un Arabe, riche et puissant, avait une sœur : mais la trouvant trop belle pour la fiancer à un autre qu'à lui, il voulut l'épouser, malgré l'interdiction formelle de la loi musulmane, malgré les remontrances et les supplications des anciens de la tribu, dont il fit rouler les têtes devant sa tente. — Alors commencèrent les fantasias, les danses, terminées par un immense festin ; puis, comme le couple maudit allait se retirer, les éléments furent bouleversés : le feu du démon jaillit de terre, les eaux sortirent de leur lit, le tonnerre retentit effroyablement. Puis, quand tout revint au calme, on retrouva l'Arabe et sa sœur, les gens de loi, les invités, les danseuses et les esclaves pétrifiés : — les cônes représentent tous les acteurs de ce drame. — Si, dans certains points, le sol résonne sous les pieds des chevaux, c'est la musique infernale de la noce. Si l'une des sources de la Cascade rejette au dehors des corps ronds ou ovoïdes, gros comme de petites dragées, les indigènes ne manquent pas de vous dire que ces petits corps, pisolithes, formés dans une colonne liquide tenant des sels en solution, sont les graines de kouskoussou du repas de noce. Et, ajoutent-ils, quand vient la nuit, fuyez cet endroit : chaque pierre reprend sa forme ; la noce recommence, les danses continuent, et malheur à celui qui se laisserait entraîner; quand le jour reviendrait, il augmenterait le nombre des cônes.

« Les eaux d'Hammam-Meskhoutine, celles de la Cascade, comptent parmi les plus chaudes que l'on connaisse : leur température s'élève à 95°. Celles de Geyser, en Islande, sont de 109°, et celles de Las Trincheras de 66°. Les Arabes utilisent cette haute température pour dépouiller de leurs parties solubles certaines plantes textiles, qu'ils emploient à la confection de cordes et de nattes, ou pour laver leur linge et détruire les parasites dont il est trop souvent rempli ; pour faire cuire des œufs, des légumes, de la volaille, etc.

« Les sources de la Ruine font monter le thermomètre à 90°. La source ferrugineuse a atteint 78°25, Les eaux d'Hammam-Meskhoutine rentrent dans la classe des eaux salines ; chlorurées sodiques simples, selon M. Durand-Fardel ; tout aussi bien sulfatées calcaires, selon M. Hamel, le sulfate de chaux étant représenté par le même chiffre que le chlorure de sodium. Elles se rapprochent de plusieurs eaux thermales importantes et tiennent à la fois des Eaux-Bonnes, de Bagnères, de Plombières, de Loëche, de Bath, d'Aix en Savoie, et Hammam-Rir'a (Milianah.)

« La source ferrugineuse sort des flancs de marnes ferrifères, sur la rive droite de l'Oued-Chedakhra, à environ 1,000 mètres de l'établissement militaire. C'est une eau ferrugineuse sulfatée, presque identique aux eaux de Spa, de Bussang et de Pyrmont. L'existence d'une eau de cette nature, à côté de sources salines et sulfureuses, est d'une utilité reconnue. En permettant d'élargir le cercle des indications thérapeutiques, elle contribuera, pour sa part, à faire d'Hammam-Meskhoutine une station thermale des plus importantes.

« Les eaux de Hammam-Meskhoutine se prêtent aux applications les plus larges de la médication thermale ; elles sont indiquées dans les cas suivants, pour lesquels de nombreuses guérisons ont été obtenues : — hémiplégies et paraplégies, cachexies palustres, affections cutanées, accidents syphilitiques, névralgies sciatiques, plaies d'armes à feu, anthropathies, fistules, douleurs, engorgements glandulaires chroniques, ulcères atoniques, douleurs rhumatismales, arthritiques et musculaires.

« L'efficacité de ces eaux était du reste connue des Romains :

« Les *Aquæ Tibilitinæ* ont précédé Hammam-Meskhoutine. Ces thermes ont laissé des vestiges à différents endroits du plateau. Quelques piscines ont, surtout, résisté à l'action destructive du temps et des révolutions. L'une d'elle n'a pas moins de 55 mètres de long ; mais la hauteur où elle est placée n'a pas permis de l'utiliser, les eaux ayant baissé de niveau depuis des siècles, et ne sortant de terre qu'à un point de beaucoup inférieur. Les autres piscines, plus petites, mais situées au-dessous des sources actuelles, ont repris leur ancienne destination; restaurées par les soins du génie, elles ont formé jusqu'à ce jour les piscines de l'établissement militaire.

« De nouvelles baignoires, récemment terminées, sont au nombre de neuf, renfermées dans un grand bâtiment, et assez spacieuses pour que quatre à cinq personnes y prennent place à la fois. L'appareil y a donc été installé dans une anfractuosité de rocher, et les bains de vapeur, établis dans une hutte en planches, divisée en deux compartiments, laissent beaucoup à désirer.

« Toutefois, le mode d'administration des eaux en douches, en bains de vapeur et en piscines, en boisson et par inhalation, a lieu à Hammam-Meskhoutine comme dans les établissements thermaux les plus fréquentés. Leur efficacité est authentiquement démontrée, et nul doute qu'on leur restituera, au profit de la colonisation algérienne, l'importance qu'elles avaient au temps des Romains. » — (Dr Hamel.)

Héliopolis. — Villag. à 104 k., et à 5 kil. de Guelma. Pop. europ. 332 hab. — Église, écoles; fontaine, abreuvoir et lavoir publics; terres fertiles, abondamment irriguées : céréales, tabac, vignes, belles et nombreuses plantations d'arbres fruitiers; plusieurs moulins. — Héliopolis est, sans contredit, le plus beau centre de l'arrondissement.

Guelaat-bou-Sba. — Villag. à 109 k., et à 10 kil. de Guelma. Pop. europ. 239 hab. — Église et presbytère; conduite d'eau qui alimente une fontaine, avec abreuvoir et lavoir ; céréales, tabac et vignes; plantations d'arbres fruitiers.

Nechmeya. — Villag. à 118 k , à 22 k. de Guelma et à 47 k. de Bone. Pop. europ. 171 hab. — Chapelle, école, salle d'asile; poste d'infanterie; fontaine, lavoir et abreuvoir; terres d'une fertilité extrême: céréales de qualité supérieure; belles plantations.

Penthièvre. — Villag. à 126 k. et à 32 k. de Bone. Pop. europ. 196 hab. — Maison commune, église, salle d'asile; fontaine, lavoir et abreuvoir publics; céréales, fourrages; élève du bétail, et, surtout, de la race ovine.

Dréan. — Ham. à 140 k. et à 24 kil. de Bone. — Ce fut, dans le principe, un camp militaire.

Duzerville. — Villg. à 150 k., et à 11 kil. de Bone. Pop. europ. 200 hab. — Céréales ; fermes environnantes bien entretenues.

Hippone. — Ham. à 158 k. et kil. est de Bone; n'a d'importance que par les souvenirs qui s'y rattachent. — Fut fondée par les Carthaginois, sous le nom d'*Ubbo* : devint, plus tard, le siège d'un évêché qu'administrait saint Augustin (396); prise et, en partie détruite, par les Vandales (430) ; reprise par Bélisaire (534), et détruite de fond en comble par les Arabes en 667 : il n'en reste plus que des ruines. On a élevé sur le tertre qui domine ces ruines un petit autel en marbre, surmonté de la statue de saint

Augustin, et environné d'une grille de fer. — On y célèbre chaque année, et en grande pompe, une messe commémorative.

DE CONSTANTINE À LA CALLE.

(De Constantine à Bone, diligences ou voitures particulières; de Bone à La Calle, chevaux ou mulets.)

De Constantine à Bone, voy. p. 235.
De Bone à :
Hippone, voy. p. 240.
Oued-Mafrarg. — 20 kil.; caravansérail.
Bordj-Aly-Bey, — 44 kil.; caravansérail.
Camp-des-Liéges, — 55 kil., maison isolée.
La Calle, 60 kil., voy. p. 192.

DE CONSTANTINE A SOUK-AHRAS

PAR GUELMA.

(156 kil. Route stratégique : chevaux ou mulets.)

De Constantine à Guelma, voy. p. 236.
Millesimo. — Villag. à 104 kil., et à 4 kil. de Guelma, sur la rive droite de la Seybouse. Pop. europ. 372 hab. — École et salle d'asile ; église et presbytère ; terres excellentes : céréales, tabac; plantations d'arbres très-bien entretenues.
Petit. — (Comm. de Guelma). Villag. à 7 k. de Guelma, sur la route de Souk-Ahras. Pop. europ. 250 hab., ind. 180. — Église et école mixte; fontaine et abreuvoir; jardins potagers, céréales ; belles plantations d'arbres; bétail nombreux et estimé.

Medjez-Sfa. — Villag. sur la route de Bone à Souk-Ahras. à 170 kil. de la première de ces villes et à 30 kil. de la seconde. Ce centre se compose 1° du village de Medjez-Sfa ; 2° du hameau annexe d'Aïn-Tahamine. Pop. europ. 60 habitants. — Les habitants actuels sont presque tous ouvriers d'art.
Duvivier. — Villag. à 34 kil. de Souk-Ahras, sur la route de Bone à cette dernière ville. Population europ. 98 hab. — Point d'établissements publics. — Céréales, tabac, vignes. — Prendra de l'extension.
Souk-Ahras. — Ch.-l. de distr. à 100 kil. de Bone, et à 67 kil. de Guelma, à la jonction des routes de Tunis à Constantine, et de Tébessa à Bone. Pop. europ. 744 hab., ind. 509. — Commissariat civil ; chapelle, école mixte, salle d'asile ; casernes d'infanterie et de cavalerie, magasins de subsistances et autres, hôpital-ambulance ; fontaines et abreuvoir; bureau de poste. — Marché arabe très-important. — Terres fertiles ; vastes forêts.

Souk-Ahras a été créé spontanément, en 1856, par les colons qui étaient venus se grouper autour de la garnison, placée là pour surveiller la frontière tunisienne ; elle a pris rapidement de l'extension et deviendra, sans aucun doute, un de nos centres les plus actifs et les plus prospères. — C'est le *Thagaste* des Romains.

DE BONE A SOUK-AHRAS.
(85 kil. Diligences.)

Duzerville. — 11 k., v. p. 240.
Mondovi. — Villag. à 25 kil., sur la rive gauche de la Seybouse. Pop. europ. 519 hab. — Maison commune; église, école et salle d'asile; sol fertile : céréales et tabac; élève et engraissement du bétail. — Aux environs plusieurs fermes importantes.
Barral. — Villag. à 32 kil., sur la rive gauche de la Seybouse. Pop. europ. 303 hab. — Sol fertile et bien cultivé. Céréales; tabac; bétail nombreux.
K'sar-Zakour, — 48 kil.; caravansérail.
Medjez-S'fa. — 63 kil., voy. p. 241.
Souk-Ahras. — 83 kil, voy. p. 241.

DE CONSTANTINE A TEBESSA.
(188 kil. Chevaux et mulets.)

Constantine :
Le Kroubs. — 16 kil., voy. p. 244.
Aïn-Beïda-Kebira. — Villag. à 106 kil. Pop. 512 hab. — Centre de commandement d'un cercle établi, depuis 1851, au milieu de la tribu des Haractas; bureau arabe, maison de kaïd et caravansérail; smala de spahis; chapelle, synagogue pour les Juifs; bureau de poste; marché arabe tous les mercredis et les dimanches. — Prendra de l'extension; la pierre à chaux et à bâtir se trouve sur les lieux; une source, dont l'eau est d'excellente qualité, débite 400 litres à la minute.
Oued-Meskiana. — 140 kil.; caravansérail.
Tebessa. — Ch.-l. d'un cercle milit., dans une riche vallée et au pied des Nemenchas, à 188 kil. Pop. europ. 170 hab. — Visitée en 1842 par le général Négrier; occupée définitivement depuis 1851. — Casernes, hôpital militaire; chapelle catholique. — Les sources d'eau y sont nombreuses, et les jardins d'une admirable fertilité. Il s'y tient, deux fois par semaine, le dimanche et le mardi, des marchés où il se fait un commerce considérable de bétail, de laines et de tissus indigènes.

Tebessa (la *Thevaste* des Romains) était autrefois une ville de premier ordre. On trouve, parmi ses ruines, des restes considérables de temples et de monuments publics; un arc de triomphe, sur lequel on lit que l'ancienne Thevaste, détruite par les Barbares, a été relevée par Salomon, vainqueur des Vandales; un cirque qui pourrait contenir six mille spectateurs; une forteresse, encore debout avec son mur d'enceinte, flanqué de quatorze tours; un temple de Minerve et une basilique.

Tebessa. — Vue intérieure.

DE CONSTANTINE A BISKARA.

(243 kil. Diligences.)

Le Kroubs. — Ham. à 16 kil., nouvellement créé, sur une haut. qui domine la vallée du Bou-Mezroug. Pop. europ. 76 hab. — Église, école; bonnes cultures. — Il s'y tient tous les samedis un marché considérable de bestiaux.

Ouled-Ramoun. — Villag. à 26 kil. Pop. europ. 75 hab.; de création récente.

Aïn-Mlilia. — 45 kil.; caravansérail.

Aïn-Yacouts. — 70 kil.; caravansérail.

Après avoir dépassé le caravansérail d'*Aïn-Yacouts*, on trouve de nombreuses ruines romaines : la plus curieuse est le Tombeau des rois de Numidie (*Medrasen*). Ce monument, qui, par sa forme, se rapproche beaucoup du *Tombeau de la Chrétienne* (voy. prov. d'Alger), est situé au pied du mont Bou-Arix. « C'est, peut-être, dit M. Bérard, le seul édifice encore debout qui marque la transition entre l'art égyptien et l'art grec. Sa base a 55 mètres de diamètre, sa hauteur 18^m,60. — Soixante colonnes coniques, sans piédestaux, ayant, avec leurs chapiteaux, 2^m,60 de hauteur, sont engagées dans un mur circulaire. Au-dessus d'une corniche d'ordre pæstum, 25 degrés de 58 centimètres chacun de hauteur et de 98 centimètres de large, s'élèvent, en diminuant de circonférence, progressivement, jusqu'au sommet, qui ne présente qu'une plate-forme de 4 mètres de diamètre. — Le pourtour du soubassement est divisé en trois parties égales, par des fausses portes. On a trouvé à l'E. l'entrée d'un couloir au-dessous du troisième gradin à partir de l'entablement, fermé par une pierre rectangulaire, qui descendait, à peu près, au niveau de la corniche couronnant la base du bâtiment. On a déblayé un escalier descendant dans un couloir dont les parois sont revêtues de pierre de taille, et dont le plafond est formé de longues pierres, portant sur les deux parois. Toute cette partie, jusqu'à deux mètres au delà, est un pallier parfaitement conservé. Une nouvelle fouille a fait découvrir des ossements humains. Le caveau, placé après le couloir, est détruit, par suite de l'affaissement de la plate-forme et de l'éboulement intérieur. »

(Voy., au sujet de ce monument, la notice publiée, par M. Foy, dans L'ANNUAIRE DE LA SOCIÉTÉ ARCHÉOLOGIQUE DE LA PROVINCE DE CONSTANTINE, 1856-1857.)

Oum-el-Isnam. — 95 kil.; caravansérail.

Ferdis. — 110 kil.; groupe de maisons.

Batna. — Ch.-l. de subd. mil. (commiss. civ.) à 120 kil. Pop. 1786 hab. dont 500 ind. — Hotels : *d'Europe, de France;* cafés : *du Monde, de France, de l'Univers;* théâtre militaire; poste et télégraphie électrique. Ville toute française, avec rues spacieuses et tirées au cordeau; fondée en 1844. — Elle est située sur l'Oued-Batna, au milieu d'une vaste plaine qu'environnent, au Nord, sur un périmètre de trente mille hectares, de magnifiques forêts de cèdres et de chênes verts. — Hôpital; casernes; église; justice de paix; pépinière; cercle militaire; jolies promenades; climat salubre et tempéré; sol fertile; eaux abondantes. On y remarque de belles usines, notamment les moulins à blé. — Voitures publiques qui conduisent à Constantine et à Biskara. — Ses routes sont jalonnées de caravansérails.

A 12 kil. S.-E. de Batna est située :

Médracen. — Tombeau des rois Numides dans la subdivision de Batna.

Lambessa. — Ham. dans une plaine fertile, au pied des monts Aourès. Pop. europ. 400 hab. — Lambessa fut affectée, en 1848, aux transportés politiques. C'est aujourd'hui une maison centrale et de détention ; vaste jardin complanté d'arbres fruitiers et de vignes ; pépinière ; bureau de poste.

Sous la domination romaine, Lambessa était une ville de la plus haute importance ; adossée à l'Aourès, elle gardait, de ce côté, l'entrée de la Numidie méridionale. C'est là que résidait la fameuse *Légion d'Auguste* qui construisit la voie romaine de Carthage à Tipasa. — Notre compatriote Peyssonnel la visita au dix-huitième siècle. M. Delamarre, membre de la commission scientifique de l'Algérie, l'explora en 1844, et en dessina les principaux monuments. Parmi les ruines immenses qui couvrent encore le sol, et qui n'ont pas moins de 12 kil. de circonférence, on remarque principalement : 1° un temple encore debout, mais ruiné, et qu'on suppose avoir été consacré à la Victoire, parce que, sur les bas-reliefs qui le décorent, on reconnaît encore une femme tenant de la main droite une couronne et de la gauche une palme ; 2° un temple, dédié à Esculape ; 3° un théâtre immense et qui, à lui seul, prouverait que Lambessa devait être habitée par une population considérable ; 4° des monuments divers dont il est difficile d'apprécier la destination, et un grand nombre d'inscriptions dont l'une, très-belle et très-bien conservée, est dédiée à Jupiter Tutélaire.

Les K'sours. — 146 kil. ; caravansérail.

Les Tamarins. — 162 kil. ; caravansérail.

Biskara. — Ville et ch.-l. de cercle, à 234 k., capitale des oasis du Zab, située sur le versant méridional de l'Aourès et à l'entrée du Désert, à 126 kil. de Batna. Pop. europ. 860 hab. — *Hôtels du Sahara ; cafés. — Diligences pour Constantine.*

Le fort Saint-Germain domine la ville ; il contient les citernes et tous les établissements militaires : casernes, hôpital, magasins des subsistances, cercle pour les officiers. — Biskara est appelée à devenir un centre important : on y fabrique des burnous, des haïcks, des tapis renommés, des poteries et de la chaux. — Le marché, qui se tient tous les jours en hiver, est très-fréquenté : les principaux objets d'échange sont les dattes, le blé, la laine et les bestiaux. Les gens du Souf et de Touggourt y apportent leurs produits.

Un *jardin d'essai* a été établi à 1 kil. du fort, dans l'oasis des Beni-Morra ; de jeunes Arabes, pris dans les tribus avoisinantes, y sont admis comme élèves jardiniers : on leur apprend les soins à donner aux arbres de toute sorte, et notamment aux oliviers, qui abondent dans le pays ; on les initie, en outre, aux détails de la culture du tabac, de l'indigo, du riz, de la patate, des plantes textiles et oléagineuses, du pavot à opium et du coton.

La température est excessivement élevée; le thermomètre marque souvent, du 15 juin au 15 octobre, jusqu'à 45 degrés centigrade.

Biskara fut prise et occupée (4 mars 1844) par une colonne française aux ordres du duc d'Aumale.

LOCALITÉS DIVERSES.

SIDI-OKBA.

Division de Constantine, cercle de Biskara, ville sainte des Arabes, à 26 kil. de Biskara, soumise à la France en 1844, par le duc d'Aumale. — Le prince fut accueilli avec bienveillance par les notables qui le conduisirent à la principale mosquée. Les tolbas l'y attendaient en chantant la prière pour le souverain, prière qui correspond, dans la religion musulmane, à notre *Domine salvum fac regem*. Après la prière, le prince entra dans la kobba où est inhumé Sidi-Okba, un des premiers conquérants du Maghreb, tué, en 682, dans une bataille que lui livrèrent les Berbères.

Les Romains y avaient fondé une colonie : les édifices qu'on y retrouve encore, prétoires, cirques, amphithéâtres, arcs de triomphe, thermes, etc., attestent une civilisation longue et florissante.

SIDI-RACHED.

Division de Constantine, subdivision de Batna, cercle de Biskara, ville arabe à 26 kil. Nord de Touggourt. Pop. 132 hab. — « L'oasis de Sidi-Rached était menacée d'une ruine prochaine; moitié de ses palmiers avait péri; le flot de sable montait chaque jour. Les habitants avaient tenté de creuser un puits; mais, à quarante mètres de profondeur, ils avaient rencontré un banc de gypse terreux, très-dur, qu'ils n'avaient pu percer : les eaux parasites avaient envahi et noyé leurs travaux. Enfin l'instant était marqué où cette population allait devoir se disperser.

« C'est dans ces circonstances critiques qu'un atelier français arrive à Sidi-Rached. Une colonne de tubes est descendue dans le puits abandonné, le trépan perce la couche de gypse devant laquelle les indigènes avaient dû avouer leur impuissance; et, après quatre jours de travail, une nappe jaillissante de 3.300 litres d'eau par minute s'élance comme un fleuve bienfaisant.

« Des scènes touchantes eurent lieu alors : aussitôt que les cris de nos soldats eurent annoncé que l'eau venait de jaillir, les indigènes accoururent en foule, se précipitèrent sur cette rivière bénie, arrachée aux mystérieuses profondeurs de la terre; les mères y baignaient leurs enfants. Le vieux cheikh de Sidi-Rached, à la vue de cette onde qui rend la vie à sa famille, à l'oasis de ses pères, ne peut maintenir son émotion, et, tombant à genoux, les yeux remplis de larmes, il élève vers le ciel ses mains tremblantes, remerçiant Dieu et les Français. — En quatre jours, dit le général Desvaux dans son rapport au Ministre, nous avions eu le bonheur de rendre la vie à un groupe de population menacé dans ses plus chers intérêts. »

ZAATCHA.

Division de Constantine, subdiv. de Batna, cerc. de Biskara, oasis à 30 kil. S. de Biskara, prise et détruite, en 1849, dans les circonstances suivantes :

Au récit des événements qui se passaient en France (1849), les populations sahariennes, voisines de Biskara, avaient prêté l'oreille aux conseils d'un fanatique et s'étaient livrées à quelques actes d'hostilité. Le colonel Carbuccia et le général Herbillon marchèrent simultanément contre elles ; mais, peu à peu, l'insurrection gagnait du terrain : toutes les tribus du Sud s'excitaient à secouer un joug qu'elles avaient subi sans combattre, et l'un des sheikhs les plus en renom, Sidi-bou-Ziam, prêchait la guerre sainte.

M. Séroka, chef du bureau arabe de Biskara, accourut aussitôt avec quelques spahis et tenta d'enlever le farouche prédicateur, alors à Zaâtcha, où il avait réuni tous les guerriers des Zibans et de l'Aourès ; mais le rusé kabyle parvint à s'échapper. Peu de temps après (juillet 1849), le colonel Carbuccia tenta, sans plus de succès, un nouveau coup de main. Une guerre générale pouvait s'ensuivre, et le général Herbillon, qui commandait alors la province de Constantine, résolut de frapper un grand coup. Après avoir reçu les renforts qui lui vinrent d'Alger, le général se mit en marche et prit de nouvelles troupes à Batna et à Biskara : la colonne, forte de près de 4,000 hommes, arriva le 7 octobre devant les palmiers de Zaâtcha, qui masquaient absolument la place. Les premières reconnaissances firent découvrir deux sentiers étroits et tortueux qui menaient à la ville, un fossé de sept mètres, deux murailles d'enceinte crénelées à différentes hauteurs ; une porte surmontée d'une tour et des jardins garnis de murs, qui formaient autour de la ville une nouvelle enceinte.

Dès le premier jour, le colonel Carbuccia se rendit maître, après une lutte acharnée, d'une zaouïa située près de la ville, ainsi que de ses dépendances ; puis, le soir venu, on dressa la batterie de brèche. Le 12, le colonel de Barral arriva de Sétif avec 1,500 hommes ; quatre jours après, le génie avait atteint le bord du fossé. Cependant la résistance était vive, et l'armée s'impatientait de ces lenteurs et de ces pertes. Le 20, deux colonnes furent lancées sur les brèches; mais, accueillies par un feu terrible, elles durent se replier dans leurs retranchements. Les Arabes, glorieux de notre insuccès, redoublèrent d'audace et multiplièrent leurs sorties. Par surcroît de malheur, le choléra qui, depuis quelques mois, sévissait en Afrique, envahit les ksours et fit d'épouvantables ravages.

Enfin, le 8 novembre, le colonel Canrobert arriva d'Aumale, amenant avec lui un bataillon de zouaves. Et, l'armée qui apprécie sainement ses officiers, plaçait le colonel au nombre de ces *soldats de nuit* qu'aucun danger n'épouvante et qui se plaisent à payer de leur personne : elle l'aimait ; aussi, quand on le vit arriver avec ses intrépides zouaves, la confiance reparut. Les travaux furent repris avec une énergie toute française; et l'assaut fut fixé pour le 26.—Avant de commencer l'attaque, le général Herbillon somma la ville de capituler ; les assiégeants renvoyèrent dédaigneusement les parlementaires, coururent à la mosquée et jurèrent, à l'exemple de Bou-Ziam, de se faire tuer jusqu'au dernier, plutôt que de se rendre.

A l'aube du jour, le colonel Canrobert choisit dans sa colonne seize hommes et quatre officiers, auxquels il imprima un rapide élan. A peine entré dans la ville, il était déjà presque seul ; mais l'exemple était donné, et les troupes qui le suivaient au pas de course, commencèrent aussitôt une guerre de ruelles et de maisons. De chaque croisée, de chaque étage, de toutes les ouvertures pratiquées dans les murailles partaient des coups mortels : les assaillants brisent les portes à coups de crosse de fusil, pénètrent dans les habitations et luttent corps à corps avec les Arabes. Point de cris, point de bruit : on s'attaque, on se défend à l'arme blanche... Bientôt, cependant, le combat se ralentit, et les assiégés, pressés de toutes parts, se dispersent.— Bou-Ziam fut pris et fusillé. Le lendemain, la mine fit sauter les deux mosquées, celle de la ville et celle de la zaouïa ; l'oasis n'offrait plus qu'un immense monceau de ruines !...

FIN DU GUIDE EN ALGÉRIE.

TABLE ALPHABÉTIQUE

DES LIEUX DÉCRITS OU CITÉS DANS CE VOLUME

A

Affreville, 167.
Aïn-Beida, 169.
Aïn-Beida-Kebira, 242.
Aïn-Beurd, 148.
Aïn-Mokhra, 235.
Aïn-Ousera, 158.
Aïn-Temouchent, 212.
Alélick, 235.
Alger, 125.
Alma (L'), 143.
Ameur-el-Aïn, 143.
Arbah (L'), 148.
Arzen, 177.
Assi-Ameur, 204.
Assi-bou-Nif, 204.
Aumale, 148.
Azib-ben-Zamoun, 143.

B

Batna, 244.
Ben-Chicao, 157.
Ben-Nechoud, 143.
Beni-Mered, 150.
Beni-Snassen, 219.
Birkadem, 135.
Bir-Rabalou, 148.
Birmandreïs, 135.
Birtouta, 149.
Biskara, 246.
Blidah, 150.
Boghar, 157.
Bone, 190.
Bordj-Ali-Bey, 241.
Bordj-bou-Arrerid, 235.
Boufarick, 149.
Bougie, 180.
Bourkika, 144.
Bou-Roumi, 143.

Bou-Fielis, 212.
Bouzaréah, 136.
Bréa, 214.
Bugeaud, 190.

C

Cheragas, 140.
Cherchell, 172.
Chiffa (La), 143.
Collo, 189.
Condé-Smendou, 254.
Constantine, 222.

D

Damiette, 157.
Dellys, 179.
Djelfa, 158.
Djidgelli, 182.
Douaouda, 141.
Douéra, 138.
Dra-el-Mizan, 149.
Dréan, 240.
Duperré, 168.
Duvivier, 241.
Duzerville, 240.

E

El-Afroun, 143.
El-Aria, 256.
El-Arrouch, 234.
El-Biar, 140.
El-Ouricia, 234.

F

Frais-Vallon (Le), 135.
Fermatou, 234.

Ferme (La), 169.
Fezzara (Lac), 235.
Filfila, 187.
Fleurus, 204.
Forêt de Muley-Ismaël, 207.
Fort de l'Eau, 138.
Fort des Anglais, 137.
Fort Génois, 189.
Fort Napoléon, 147.

G

Gastonville, 235.
Gorges de la Chiffa, 152.
Guelaat-bou-Sba, 240.
Guelma, 236.
Guyotville, 138.

H

Hammam-Meskoutine, 236.
Hammam-Rir'a, 162.
Héliopolis, 240.
Hennaya, 214.
Hippone, 240.
Hussein-Dey, 149.
Hydra, 135.

I

Isly, 216.

J

Jardin d'acclimatation, 135.
— du dey, 157.
Jemmapes, 235.

K

Kabylie, 144.

TABLE ALPHABÉTIQUE

Koléah, 141.
Kouba, 158.
Kroubs (Le), 244.

L

La Calle, 192.
Laghouat, 158.
Lalla-Maghrnia, 215.
Lambessa, 246.
Lamblèche, 256.
Lavarande, 168.
Lodi, 156.
Lourmel, 212.

M

Macta (La), 204.
Maison-Blanche, 145.
Maison-Carrée, 149.
Marengo, 144.
Mascara, 208.
Matifou, 158.
Mazagran, 205.
Médéah, 152.
Medjez-Amar, 256.
Medjez-Sfa, 241.
Mefessour, 204.
Mekera-Guedera, 214.
Mers-El-Kebir, 178.
Milianah, 161.
Millesimo, 241.
Misserghin, 212.
Mondovi, 242.
Montenotte, 169.
Mostaganem, 175.
Mouzaïa-Mines, 156.
Mouzaïa-Ville, 145.
Mustapha, 152.

N

Nechmeya, 240.

Nédroma, 214.
Négrier, 213.
Nemours, 214.

O

Oran, 201.
Orléansville, 168.
Oued-Fodda, 168.
Oued-El-Hammam, 208.
Oued-Zitoun, 214.
Ouled-Ramoun, 244.

P

Pelissier, 177.
Penthièvre, 240.
Petit, 241.
Philippeville, 187.
Pointe-l'escade, 137.
Pont-de-l'Isser, 143 (A).
— — 213 (O).
Pontéba, 168.
Portes-de-Fer, 233.

R

Rassauta, 158.
Reghaïa, 145.
Relizane, 206.
Rocher (Le), 158.
Rouïba, 143.
Rovigo, 159.
Ruisseau (Le), 154.

S

Saccamody, 148.
Sénia (La), 207.
Saint-Antoine, 235.
Saint-Augustin, 240.
Saint-Charles, 235.
Saint-Cloud, 204.

Saint-Denis-du-Sig, 207.
Saint-Eugène, 137.
Sainte-Barbe-du-Tlélat, 207.
Sainte-Léonie, 204.
Sénia (La), 207.
Sétif, 252.
Sidi-Bel-Abbès, 211.
Sidi-Brahim, 211.
— — 215.
Sidi-Ferruch, 169.
Sidi-Maklouf, 158.
Sidi-Okbea, 247.
Souk-Ahras, 241.
Staouéli, 140.
Stidia (La), 205.
Stora, 185.

T

Tablat, 148.
Tebessa, 242.
Ténès, 174.
Teniet-el-Haad, 169.
Tiharet, 210.
Tipasa, 170.
Tizi-Ouzou, 146.
Tlemcen, 215.
Tombeau de la Chrétienne, 170.
Tombeau des rois Numides, 244.
Trembles (Les), 214.

V

Valmy, 207.
Vesoul-Bénian, 162.

Z

Zautchas, 248.
Zeralda, 141.
Zurich, 144.

FIN DE LA TABLE ALPHABÉTIQUE

PARIS. — IMP. SIMON RAÇON ET COMP., RUE D'ERFURTH, 1.

www.ingramcontent.com/pod-product-compliance
Lightning Source LLC
Chambersburg PA
CBHW050344170426
43200CB00009BA/1727